001un Foto: ut

Weitere KulturSchock-Titel:

Afghanistan, Ägypten, Argentinien, Australien, Brasilien, VR China/Taiwan, Cuba, Ecuador, Finnland, Frankreich, Großbritannien, Indien, Indonesien, Irland/Nordirland, Italien, Japan, Jemen, Kambodscha, Kleine Golfstaaten/Oman, Laos, Madagaskar, Marokko, Mexiko, Mumbai (Bombay), Pakistan, Peru, Polen, Portugal, Rumänien, Russland, Slowenien, Spanien, Tansania, Thailand, Thailands Bergvölker und Seenomaden, Tuareg, Türkei, Ukraine, USA, Vietnam, Vorderer Orient

KulturSchock – Familienmanagement im Ausland

Arpad Bari

KulturSchock Ungarn

„Ungar zu sein ist eine Kollektivneurose."
(*Arthur Koestler,* 1937)

056un Foto: ba

Impressum

Arpad Bari
KulturSchock Ungarn

erschienen im
Reise Know-How Verlag Peter Rump GmbH
Osnabrücker Str. 79
33649 Bielefeld

2., neu bearbeitete und komplett aktualisierte Auflage 2011

Gestaltung
Umschlag: Günter Pawlak (Layout), Klaus Werner (Realisierung)
Inhalt: Günter Pawlak (Layout), Anna Medvedev (Realisierung)
Abbildungen: siehe Bildnachweis S. 205

Lektorat: travel@media, Klaus Werner
Lektorat (Aktualisierung): Dhaara P. Volkmann

Druck und Bindung: Fuldaer Verlagsanstalt GmbH & Co. KG

ISBN 978-3-8317-1383-7
Printed in Germany

Dieses Buch ist erhältlich in jeder Buchhandlung Deutschlands, der Schweiz, Österreichs, Belgiens und der Niederlande.
Bitte informieren Sie Ihren Buchhändler über folgende Bezugsadressen:

Deutschland
Prolit GmbH, PF 9, D-35461 Fernwald (Annerod) sowie alle Barsortimente
Schweiz
AVA-buch 2000, Postfach, CH-8910 Affoltern
Österreich
Mohr Morawa Buchvertrieb GmbH, Sulzengasse 2, A-1230 Wien
Niederlande, Belgien
Willems Adventure, www.willemsadventure.nl

Wir freuen uns über Kritik, Kommentare und Verbesserungsvorschläge, gern per E-Mail an info@reise-know-how.de.

Alle Informationen in diesem Buch sind vom Autor mit größter Sorgfalt gesammelt und vom Lektorat des Verlages gewissenhaft bearbeitet und überprüft worden.

Da inhaltliche und sachliche Fehler nicht ausgeschlossen werden können, erklärt der Verlag, dass alle Angaben im Sinne der Produkthaftung ohne Garantie erfolgen und dass Verlag wie Autor keinerlei Verantwortung und Haftung für inhaltliche und sachliche Fehler übernehmen.

Der Verlag sucht Autoren für weitere Bände.

Arpad Bari

KulturSchock Ungarn

Inhalt

Geschlechter und Familie 112

Exkurse zwischendurch

Der Alltag von A bis Z 122

Als Fremder in Ungarn 152

Anhang 178

Vorwort

Ein geheimnisvoller Schleier des Unbekannten hüllt die Ungarn ein: Woher kommen sie überhaupt, was ist es für eine Sprache, die sie sprechen? Für einige Deutsche klingt es slawisch, andere meinen es klingt irgendwie türkisch. Viele kennen die offizielle (für viele Mitstreiter die einzig wissenschaftliche) Version: Ungarisch gehört zu den finnisch-ugrischen Sprachen, was auch immer dies bedeuten mag ...

Die Republik Ungarn befindet sich am südöstlichen Rand Mitteleuropas mit insgesamt sieben Nachbarländern: Sie grenzt im Westen an Österreich, im Norden trennt sie die Donau und das Nördliche Mittelgebirge von der wieder auferstandenen Slowakei, im Nordosten grenzt sie an die Ukraine, im Osten an Rumänien, im Südosten an Serbien, im Süden an Kroatien und im Südwesten an Slowenien.

Doch genau diese geografische Umklammerung von slawischen Völkern verleitete einige Ungarn in der jüngeren Geschichte immer mal wieder dazu, vor dem „Untergang im slawischen Meer" zu warnen ...

Das heutige Ungarn ist nach dem Ersten Weltkrieg auf ein Viertel des Staatsgebietes des ehemaligen Ungarischen Königreichs geschrumpft. Dass die Sieger des Ersten Weltkrieges, die die neuen Grenzen Ungarns zogen, über keine lokalen Kenntnisse verfügten, wird dadurch klar, dass der im Norden zum „Grenzfluss" ernannte *Ipoly* mit bestem Wohlwollen gerade mal als ein größerer Bach betrachtet werden kann.

Dieser für die Ungarn tragische, bis heute kaum verkraftete Verlust (d. h., die meisten der bedeutenden Städte und ca. 30–40 % der ungarischsprachigen Bevölkerung sind außerhalb der heutigen Grenzen geblieben) hat sicherlich zu vielen politischen Turbulenzen und Konflikten des vergangenen Jahrhunderts beigetragen. Der aufmerksame westliche Autofahrer kann heutzutage auf der Rückseite einiger ungarischer Pkws als „Landeszeichen" einen rot-weiß-grünen Aufkleber entdecken, dessen Form nicht dem Ausschnitt des aus den Karten bekannten Staatsgebietes von heute entspricht. Ja, er stellt das ehemalige königliche „Großungarn" dar, mit dem großen „H" für Hungary in der Mitte.

Unter den heutigen Grenzen ist das Land durch die zwei großen Flüsse Donau und Theiß (*Tisza*) praktisch dreigeteilt: in das traditionell fortschrittlichste Westungarn (ungarisch *Dunántúl*), die Ebene zwischen Donau und Theiß mit dem Nordgebirge und das unterentwickelte *Tiszántúl* (auf Deutsch „Jenseits der Theiß").

Das durch die zwei großen Ströme Donau und Theiß geteilte Land dürfte wenigstens für die Deutschen wohl bekannt sein, denn selbst die jüngste Geschichte knüpft Schicksalsgemeinschaften zwischen den zwei Völkern: Die Flüchtlinge aus der DDR sammelten sich 1989 nicht nur in der Deutschen Botschaft in Prag, sondern auch zu Tausenden in verschiedenen Bezirken Budapests, um auszuharren, bis ihnen die Ausreise in die Bundesrepublik gestattet wurde. Die Ungarn wagten als erste, den Eisernen Vorhang, vor allem für die ostdeutschen Flüchtlinge, zu öffnen. Damit haben sie eine entscheidende Rolle bei der Beendigung des Kalten Krieges gespielt.

Die „Lustigste Baracke des Ostblocks" mit ihrem „Salamisozialismus" war jahrzehntelang fast das einzige Urlaubsland für die Ostdeutschen, der Plattensee entwickelte sich zu einem regelrechten Treffpunkt für sie und ihre Verwandten oder Freunde aus dem Westen. Trotzdem halten sich heute selbst bei erfahrenen deutschen Ungarn-Besuchern noch hartnäckig Fehlinformationen, Halbwahrheiten und Klischees über diese, für viele Westler doch ein bisschen exotischen Osteuropäer.

Dies scheint der oft ausgestrahlte Werbespot im deutschen Fernsehen zu bestätigen, der den angeblich „ungarischen" Rotwein namens „Balaton" (der ungarische Name des Plattensees) zum Kauf anbietet. Abgesehen von der Tatsache, dass rund um den Plattensee – wie dies jeder ungarische Weinkenner bestätigen kann – traditionell fast ausschließlich Weißwein produziert wird, stellen die Bilder und die Musik dieses Werbespots eine schillernde Reminiszenz des Films „Ich denke oft an Piroschka" aus den 1950er-Jahren dar.

Die Ungarn waren für Westeuropäer schon immer ein ziemlich unbekanntes, vergessenes Volk. Kaum schafften sie es, in die Medienwelt und damit in das Bewusstsein des übrigen Europas „einzubrechen" – zuletzt mit der Öffnung des Eisernen Vorhangs –, gerieten sie genauso schnell wieder in Vergessenheit. Bis zur Aufnahme in die EU hörte man lange nichts mehr von ihnen. Was die Welt über die ungarische Kultur und über Ungarn überhaupt zu wissen scheint, sind: Paprika, Piroschka, Gulasch, Zigeunermusik und Puszta. Und das wäre dann schon alles. Die Ungarn sind jedoch nicht ganz unschuldig an diesem kitschigen Bild, sie präsentieren sich kaum anders: Die Prospekte und Reiseführer sind voll von solchen „romantischen" Bildern. Das kommt scheinbar gut an. Vor allem bei den Deutschen.

Pardon – noch etwas! Es kommt noch Dracula dazu, den viele für einen ungarischen Grafen halten und dessen bekanntester Darsteller in Hollywood in der Tat Ungar war: *Béla Lugosi.* Aber der Graf, der als Vorbild für den berühmtesten Vampir aus *Stokers* Roman diente, war *Vlad Dracul* aus der Walachei, er konnte also höchstens Rumäne sein. Es gab allerdings eine weibliche Ausgabe des Vampirs in der Geschichte: die ungarische Gräfin *Elisabeth Báthory.* Sie hat es indessen nicht ganz zu Weltruhm gebracht.

Ungarn gehört seit dem 1. Mai 2004 der Europäischen Union an. Es war ein langer Weg bis hierher. Es mag sich pathetisch anhören, aber das Volk ist in dem Europa angekommen, für dessen Verteidigung es sich mehrfach aufgeopfert hat. Es wäre schon an der Zeit, etwas mehr über dieses Volk und sein Land zu erfahren.

Wann ist der Kulturschock größer? Wenn einer mit der „kaum erlernbaren" Sprache konfrontiert wird oder wenn man die Diskrepanz zwischen städtischem und ländlichem Leben (vor allem im östlichen Teil des Landes) erlebt? Es ist schwer zu entscheiden. Ziemlich sicher ist aber der „Kulturschock", wenn der Reisende aus dem Westen zum Essen bei einer ungarischen Familie nach Hause oder zu einer Weinprobe in einen Weinkeller eingeladen wird. Dem Gast wird über das Maß hinaus alles aufgetischt, was vorhanden ist. Die fast sprichwörtliche Gastfreundschaft der Ungarn kennt (auch heute noch, in den Zeiten der vieles vernichtenden Globalisierung) kaum Grenzen, wenn es ums Auftischen geht ...

Allgemeine Fakten über die Ungarn findet jeder, der im Lexikon, im Internet oder in den Reisebüchern danach sucht. In diesem Buch dagegen finden sicherlich auch viele Ungarn-Kenner manche ihnen bisher unbekannte Informationen über das ungarische Dasein, die ich aus dem Blickwinkel der Ungarn darstellen möchte. Einiges, das bestimmt jedem zugute kommt, der mit einem (oder mehreren) Ungarn zu tun hat ...

Arpad Bari

003un Foto: kw

DIE GESCHICHTLICHEN WURZELN

Vom nomadenhaften Reitervolk zum christlichen Königreich

Die Herkunft der Ungarn ist nur teilweise bekannt, Sagen und Legenden aus dem Nebel der Vergangenheit lassen nur Vermutungen zu, was die Urgeschichte und die ursprünglichen Siedlungsgebiete der ungarischen Stämme betrifft. Diese werden nur bruchstückhaft mit archäologischen Funden untermauert. Viele Forscher meinen, die Urheimat der Ungarn in den weiten Steppen Mittelostasiens gefunden zu haben, ganz an der nordwestlichen Grenze des Chinesischen Kaiserreichs.

Im 4. Jahrhundert nach Christi Geburt entstand auf diesen riesigen Weiten ein Reich, dessen unheimlich eroberungslustige Militärmacht rasch nach Westen drängte: die **Hunnen.**

Turulvogel an der Budapester Burg

Etzel, der König aller Hunnen, den die Ungarn als **Attila** kennen, setzte sich im Machtkampf gegen seinen Bruder *Bleda* (auf ungarisch: **Buda**) durch. Anschließend eroberte er mit seinen äußerst kampfesstarken Truppen fast die ganze damals bekannte Welt außerhalb des Römischen Reiches, von den Grenzen Chinas bis zu den Gebieten Galliens, des heutigen Frankreichs.

Um sein Reich trotz der gewaltigen Entfernungen regieren zu können, organisierte der „König aller Hunnen" einen hervorragend funktionierenden Nachrichtendienst, womit die Mobilisierung der Kämpfer vor entscheidenden Schlachten sehr schnell erfolgen konnte. Seine Armee würde man im heutigen Sprachgebrauch „multinationale Truppen" nennen, denn viele verbündete Volksgruppen, wie sicherlich auch die Vorfahren der heutigen Ungarn, kämpften unter *Attilas* Führung. Wenn das Wort „Hunne" fällt, bedeutet es für die Deutschen, Franzosen und Italiener Barbarei, Schrecken und blutrünstige Zerstörung. Nach Meinung einiger Historiker waren sie es, die die griechisch-römische Zivilisation in Europa endgültig vernichteten. Die Ungarn empfinden das ganz anders. Für sie ist die Geschichte der Hunnen die heldenhafte, romantische und stolze Vergangenheit, die das Gefühl von Verwandtschaft auslöst. Die Tatsache, dass in der Sagen- und Gefühlswelt der Ungarn die Hunnen ein Brudervolk waren, erklärt diese etwas andere Sicht der Ungarn auf die frühere Geschichte Europas und ihre Sympathie den Hunnen gegenüber.

Diese positive Einstellung mag jemanden aus dem Westen überraschen, aber man sollte bedenken, dass die Hunnen zu ihren Zeiten sicherlich nicht schlimmer waren als die spanischen Konquistadoren bei der Eroberung Südamerikas oder die britischen Kolonialherren in der Ausbeutung von Asien und Afrika. Ohne ihre **Zerstörungswut** beschönigen zu wollen, muss man sagen, dass die Hunnen, wie später auch die Ungarn, nicht so primitiv waren, wie es in den späteren Schriften dargestellt wurde. Grabfunde, die die hohe Qualität ihrer Waffen- und Goldschmiedekunst beweisen, korrigieren römische Vorurteile über die angeblich barbarischen Hunnen. *Attila* selbst verbrachte einen Teil seiner Jugend am Hof des römischen Kaisers *Honorius,* als Garant für den Frieden im Rahmen eines Geiselaustausches zwischen Rom und den Hunnen, was zu jener Zeit nicht ungewöhnlich war. Er lernte Latein und machte sich mit dem christlichen Glauben und den Stärken und Schwächen seiner späteren Gegner bekannt.

1. etruskische Schriftzeichen; 2. Schrift der Phönizier;
3. Schriftzeichen der Türken; 4. ur-ungarische Keilschrift

052un Foto: ba

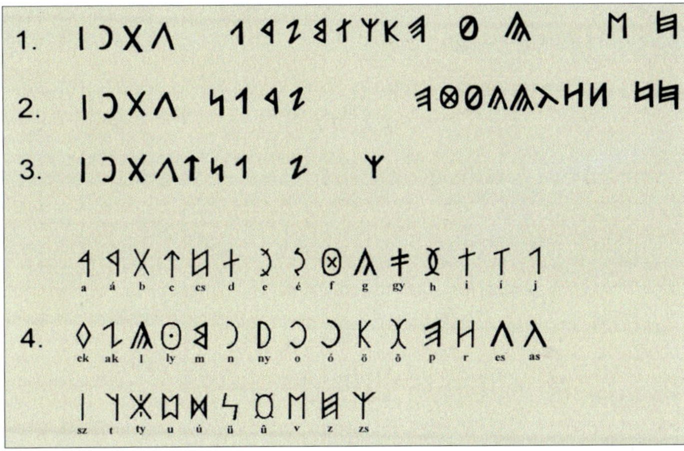

Dass die Hunnen eine eigene **Schrift** besaßen, steht ohne Zweifel fest, allerdings ist sie nicht erhalten geblieben. Die mit dieser Schrift wahrscheinlich fast identische Keilschrift der Ur-Ungarn ist hingegen wohl bekannt und sogar in den Geschichtsbüchern der ungarischen Grundschüler abgebildet. Die Zeichen weisen eine überraschende Ähnlichkeit mit den Schriftzeichen der Etrusker, Phönizier und Türken auf.

Die **Sekler** (*székely*), die in Siebenbürgen lebenden Ungarn, die sich für die Nachfahren von *Attilas* Sohn *Csaba* (sprich: Tschaba) halten, gaben noch vor einiger Zeit eine eigene Zeitung heraus, die in dieser Keilschrift geschrieben wurde. Die Sekler halten in ihrem Glauben und ihren Legenden heute noch an der engen Verwandtschaft mit den Hunnen fest. Sie erzählen von der „Straße der Kämpfer", der Milchstraße, in der Fürst *Csaba* mit seinen Mannen reitet. Wenn die Sekler bzw. die Ungarn verloren scheinen, würden ihnen diese Kämpfer in der Gefahr beistehen.

Attila wählte für sein **Riesenreich** als Zentrum das Gebiet, das ab dem 1. Jahrhundert v. Chr. zum Römischen Reich gehört hatte: die **Provinzen Pannonien und Dakien.** Pannonien war das westlich der Donau liegende heutige Dunántúl **(Transdanubien).** Sein Hauptquartier, die Hauptstadt seines Riesenreiches, befand sich auf dem Gebiet des heutigen Ungarns, dort wo die zwei Flüsse, die Tisza (auf Deutsch: Theiß) und der Maros (Marosch) zusammenfließen – etwa dort, wo sich die heutige ungarische Stadt Szeged befindet.

Die „Peitsche Gottes", wie der gefürchtete Führer der Hunnen genannt wurde, starb übrigens unter mysteriösen Umständen im Jahr 453, ausge-

Die Abstammungssage

Die Abstammungssage, von der die Kinder in Ungarn schon in den ersten Klassen der Grundschule hören und lesen, erzählt über diese Verbundenheit: Es war einmal vor langer, langer Zeit irgendwo in den weiten asiatischen Steppen ein großes, mächtiges Königreich. *Ménrot,* der König des Landes (nach einigen Quellen ist er identisch mit dem biblischen König *Nimrod,* der Ninive erbaut hat) hatte zwei Söhne: *Hunor* und *Magor.* Sie waren beide geschickte, leidenschaftliche Jäger.

Einmal, als die Brüder zusammen ausritten, um ein neues Jagdgebiet zu erkunden, erblickten sie plötzlich einen wunderschönen, leuchtend weißen Hirsch mit mächtigem Geweih. Ihre Herzen schlugen hoch, sie stürzten sich in die Jagd nach dem Wundertier, wollten es unbedingt erbeuten. Sie verfolgten es den ganzen Tag und die ganze Nacht. Sie jagten es am nächsten Tag, schließlich sieben Tage und sieben Nächte hindurch. Auf einmal war der Wunderhirsch verschwunden. Sie schauten nach rechts, sie schauten nach links, aber der wundersame weiße Hirsch war nirgendwo zu sehen, als wäre er vom Erdboden verschluckt. Ratlos schauten sie sich um. Von ihrer Heimat waren sie nun viel zu weit entfernt, um den Weg zurück zu finden. Aber das Land, das vor ihren Augen lag, war wunderschön: Wohin sie nur schauten, sahen sie grüne Wiesen und Wälder reich von Tieren und Flüsse voll mit Fischen. „Warum können wir denn nicht für immer hier bleiben?", fragten sie einander und entschlossen sich, das Land unter sich aufzuteilen. Sie nahmen sich die benachbarten Königstöchter zu Frauen und gründeten ihre eigenen Reiche.

Von *Hunor* stammte das Volk der Hunnen, die Nachfahren von *Magor* wurden die Magyaren. Die Urväter der zwei Völker, der Hunnen und der Magyaren, waren also Brüder. Für die Ungarn heißt dies, dass die Hunnen ihre Verwandten waren. Sie waren schon immer stolz auf diese Vergangenheit und lasen begeistert die Geschichten ihres ehemaligen Brudervolkes, der mächtigen und siegreichen Hunnen, des Volkes von *Attila.* Die Kinder konnten sie in Form von Comics in den Zeitschriften lesen.

In der ungarischen Literatur gibt es unzählige Publikationen und Romane zu dieser Thematik, denn die Sagen und Legenden von den Heldentaten der Hunnen gehören zu den behüteten Schätzen der ungarischen Kultur.

rechnet in seiner Hochzeitsnacht mit der germanischen Prinzessin *Ildikó* (oder *Kriemhilde,* wie sie von den Deutschen genannt wird). Ein unerwarteter und unwürdiger Tod für einen Welteroberer und es wird auch heute noch darüber gerätselt. Für einige Historiker liegt es auf der Hand: Er wurde vergiftet! Andere Behauptungen, dass ihn die germanische Prinzessin erwürgt hätte, sind nicht ernst zu nehmen, selbst wenn Attila betrunken und damit nicht in der Lage gewesen wäre sich zu wehren. Die wahrscheinlichste Theorie scheint eine Gehirnblutung als Folge einer hypertonischen Krise zu sein. Die Hunnen ahnten, dass mit **Attilas Tod** ihr Stern erlosch. Sie bereiteten eine Trauerzeremonie vor, die einem der größten Herrscher aller Zeiten würdig war. Seine Krieger schnitten sich die Haare ab, ihre Gesichter verunstalteten sie mit tiefen Wunden, sodass sein Tod nicht mit Frauentränen, sondern mit Männerblut betrauert wurde.

Sein Leichnam soll der Legende nach in einem dreifachen Sarkophag aufgebahrt worden sein: einem aus Gold wie die Sonne, weil er „die Sonne der Hunnen" war, einem aus Silber wie der Mond, weil er für seine Kämpfer „das Licht in der Dunkelheit" war und schließlich einem aus Eisen, wie die schwarze Nacht, weil sich mit seinem Tod eine dunkle Nacht über seine Untertanen gesenkt hat.

Laut einer in Ungarn erhalten gebliebenen Sage soll er im Flussbett der Theiß beigesetzt worden sein, mit ihm das Heer seiner Sklaven, Frauen, Diener, Pferde und Leibwächter. Damit seine ewige Ruhe niemals gestört werden kann, soll der ganze Fluss umgeleitet und nach der Beisetzung wieder zurückgeleitet worden sein. Um den genauen Ort seiner Grabstätte geheim zu halten, wurden angeblich auch alle Teilnehmer an der Zeremonie nach ihrer Rückkehr getötet.

Nach *Attilas* Tod zerfiel sein Reich. Von der chinesischen Mauer bis hin nach Lutetia – dem heutigen Paris – flammten **Machtkämpfe** auf. Es entstanden überall kleinere, von der zusammenhaltenden Macht plötzlich losgelöste Stammesgebiete, auf denen die verschiedensten Völker versuchten, die Vorherrschaft über die anderen zu erzwingen. Es tauchten wieder und wieder neue, **kämpferische Nomadenvölker** auf, die, von Osten nach Westen ziehend, inzwischen schon sesshaft gewordene Völker verdrängten. Die Historiker sind sich weitgehend einig, dass die Vorfahren der heutigen Ungarn irgendwo zwischen den Flüssen der Wolga und der Kama in Asien, in ihrer ersten bekannten Urheimat Levedia, lebten.

Als sie dann einige hundert Jahre (falls die Zeitangaben der Wahrheit entsprechen) nach *Attilas* Tod in Westeuropa wieder auftauchten, wurden sie wegen ihres Aussehens und ihrer Kampftaktiken aus Verwirrung Hunnen, Hunnugoren oder Onoguren genannt. Daher rührt die heutige (englische) Landesbezeichnung Hungary.

Mit der bewährten **Kampftaktik** aus den großen Zeiten der Hunnen waren sie wieder genauso erfolgreich wie zu *Attilas* Zeiten. Was war ihr Geheimnis, das ihnen die Überlegenheit im Kampf sicherte? Einerseits ihre leichte, aber äußerst effektive und praktische Ausrüstung, andererseits ihre Kampfstrategie, in der sie sich – wie die Hunnen früher – inmitten der Schlacht plötzlich umdrehten und Flucht vortäuschten. Als die Gegner ihre geschlossenen Reihen vergessend die Fliehenden verfolgten, drehten sich die Reiter in sicherer Entfernung im Sattel um und schossen ihre Pfeile auf die Verfolger ab. Ihre Bogen, eine Art Wunderwaffe, schossen dreimal so weit wie die damals in Europa gebräuchlichen Bogen und konnten sogar die Panzer der schwerbeweglichen Ritter durchschlagen.

Diese Taktik wurde durch die Erfindung und Nutzung der Steigbügel erleichtert, auf denen die Reiter sich praktisch stehend umdrehen und ihre Pfeile abschießen konnten.

Im 9. und 10. Jahrhundert, in denen sie ihre **Beutezüge** (die man im Geschichtsunterricht in Ungarn die „Abenteuer" nennt – in Deutschland werden sie „Raubzüge" genannt ...) bis zum heutigen Paris nach West und Byzanz nach Ost geführt hatten, lautete der letzte Satz des Abendgebets in den frühmittelalterlichen Klöstern: *„De sagitis hungarorum libera nos Domine!"* (Von den Pfeilen der Ungarn errette uns oh Herr!).

Im Jahre 955 verwüsteten sie das heutige Burgund. Noch im selben Jahr wurden sie aber von dem deutschen Kaiser **Otto I.** auf dem Lechfeld in der Nähe von Augsburg vernichtend geschlagen. Die Zeiten der Abenteuer schienen zu Ende. Die Ungarn mussten sesshaft werden, denn es drohte ihnen dasselbe Schicksal, wie vielen anderen Nomaden während der **Völkerwanderung:** das Verschwinden in den Stürmen der Geschichte.

Aber wie und wann tauchten die Ungarn inmitten Europas mehr als vierhundert Jahre nach *Attila* wieder auf? (Falls in unserer heutigen Geschichtsschreibung die Zeitangaben stimmen. Sehr merkwürdig ist es nämlich, wie wenig sich die Welt in Europa in fast fünf Jahrhunderten geändert hat ...) Laut der offiziellen Version bestand das Volk, das in das Karpatenbecken kam, aus **sieben Stämmen,** deren Namen samt Stammesfürsten noch bekannt und in vielen Ortsnamen in Ungarn erhalten geblieben sind. Die Stämme *Tarján, Jenö, Nyék, Keszi, Kér, Megyer* und *Kürt Gyarmat* tauchen in Ortsnamen wie Salgó*tarján*, Boros*jenö*, Kápolnás*nyék*, Buda*keszi*, Hajmás*kér*, Békás*megyer*, Balassa*gyarmat* usw. wieder auf. Die Namen der Stammesführer kann jeder Besucher unter der jeweiligen Statue auf dem Heldenplatz in Budapest selber lesen: *Álmos* (bzw. dessen Sohn *Árpád*), *Elöd, Ond, Kund, Tas, Huba* und *Töhötöm*.

Andere Quellen geben die Zahl der Stämme mit mindestens zehn oder elf an. Jeder Stamm hatte etwa zehntausend Kämpfer.

Bevor sie die Karpaten überquerten, legten die Führer der Stämme einen **„Bluteid"** ab: Die Stammesfürsten ritzten mit Schwertern ihre Arme auf, ließen ihr Blut in einen Kelch fließen und tranken jeder von dem vermischten Blut. Dadurch wurden sie ein Blut und ein Volk. Sie schworen, in der Zukunft immer zusammenzuhalten unter der Führung des stärksten Stammes, der **„Magyar".** Die anderen Stämme übernahmen den Namen des führenden Stammes, der bis heute erhalten blieb. Sie wählten **Árpád,** den Sohn des Stammesoberhauptes der Magyaren zum gemeinsamen

Den ersten Führer Árpád verewigt das „Millenium-Denkmal" in Budapest

Foto: ba005un

Führer. Die Nachfolger bzw. die späteren Könige Ungarns bezeichneten sich „aus dem Hause *Árpáds*".

Das von vielen Touristen besuchte und gerne fotografierte **„Millennium-Denkmal"** auf dem Heldenplatz in Budapest stellt den Führer *Árpád* dar, umgeben von den sieben Stammesführern unter der Siegessäule, an deren Spitze der Erzengel Gabriel die ungarische Krone Richtung Himmel hebt. Im Hintergrund in den Zwischenräumen der im Halbkreis aufgereihten Säulen stehen die Statuen der größten ungarischen Könige und Staatsmänner der ungarischen Geschichte.

Unter dem Befehl *Árpáds* und seiner Nachfolger wurden die Ungarn im 10. Jahrhundert eine der stärksten militärischen Mächte des damaligen Europas. Gut vorbereitet und diszipliniert marschierten sie im Jahre 895 in das **Karpatenbecken** ein, wo sie später ihren eigenen Staat gründeten und den christlichen Glauben übernahmen.

Die Vertreter der Theorie von der **„zweifachen Landnahme"** *(kettös honfoglalás)* behaupten, dass ein Teil der ungarischen Stämme sich schon um 670 dort niedergelassen hatte. Dies würde die Tatsache erklären, dass die „Landnahme" ohne größere Eroberungskämpfe vonstatten ging. In Ungarn heißt der Einmarsch übrigens „Heimatbesetzung" *(honfoglalás)* und nicht wie in der deutschen Geschichtsschreibung „Staatsgründung"!

Das Land war nämlich den Magyaren nicht unbekannt. Mehrmals marschierten ihre Truppen durch diese Gebiete, denn schon in den Jahren

862, 885, 892 und 894 führten sie als angeheuerte Mitkämpfer Feldzüge durch das Karpatenbecken, um den westlichen Herrschern, unter anderem dem römischen Kaiser *Arnulf,* gegen den Bulgaren *Swatopluk* zu helfen. Das Land, das sie in Besitz nehmen wollten, kannten sie also sehr gut. Im nördlichen Teil wohnten die **Awaren** (ein weitgehend unbekanntes Volk und nach einigen Theorien mit den Ungarn verwandt – sie mussten also nicht bekämpft werden), in den Gebieten östlich der Theiß und in Transsilvanien herrschten die **Bolgaren.**

Im Gegensatz einiger Darstellungen über ein „Hals über Kopf" fliehendes Volksgemisch vor dem Angriff der **Petschenegen** (für die Ungarn: *„Besenyö"* – sprich: Beschenjö), überquerten die Ungarn die Karpaten nach einem halben Jahrhundert Aufklärung – gut vorbereitet, ohne größere Verluste. (Was die Petschenegen betrifft: Sie wurden auch nach Westen gedrängt. Sie baten nicht viel später die ungarische Führung um Einlass in das Land und übernahmen als Gegenleistung die nicht leichte Aufgabe, die Grenzen zu schützen.)

Die ungarischen Stämme marschierten im Frühling des Jahres 895 aus der östlich der Karpaten, nördlich des Schwarzen Meeres liegenden Etel-Ebene los und im Herbst hatten sie wie geplant und vollzählig mit ihren Frauen, Kindern, Alten und den Tieren die **neue Heimat** erreicht. Sie mussten spätestens im Herbst ankommen, um genügend Zeit für die Wintervorbereitungen und die Sicherung von Lebensmitteln, Feuerholz, Tierfutter und Unterkünften zu haben. Laut einiger Quellen war den Frauen schon Monate vorher, gleich nach dem Bluteid, verboten worden, schwanger zu werden, denn es war nicht möglich, den 1500 bis 2000 km langen Weg mit Schwangeren und Säuglingen durchzumarschieren. Die Bewegung der mehreren Hunderttausend Menschen und Tiere, für deren Schutz die Hälfte der Kämpfer zurückblieb, war keineswegs eine einfache Aufgabe.

Ohne sorgfältige Vorbereitung, Aufklärung und Strategie (z. B. welcher Stamm führt, welcher schließt die Reihen und welcher bleibt als Schutztrupp zurück) wäre es unvorstellbar gewesen.

Zwei Stämme kamen entlang der Donau, südlich der Karpaten, während die anderen unter *Árpáds* Führung durch den Bergpass von Verecke in die Donau-Theiß-Ebene einmarschierten. Vorne die Kämpfer, gefolgt von den Frauen, Kindern und Alten auf den berühmt gewordenen Ochsenkarren. Überall in Europa baute man später nach diesem Vorbild die **„Kutschen"** und übernahm auch den Namen von den ungarischen *Kocsi* (sprich: Kotschi).

Die zwei ungarischen Armeen haben das Land in die Zange genommen und von dem Bolgarenreich abgetrennt. (Mit der schweigenden Unterstützung von Byzanz, denn die Ungarn waren Verbündete des Kaiserreiches in dessen Krieg gegen die Bolgaren.)

Die „Heimatbesetzung" war also eine nicht zu unterschätzende militärische und diplomatische Leistung mit der Folge, dass Ungarn über ein halbes Jahrtausend, bis die Schlacht 1526 bei Mohács gegen die Türken verloren wurde, eine der **Großmächte Europas** war.

In den folgenden Jahrhunderten zeigte sich, dass sie von den immer stärker werdenden westlichen Nachbarn, vor allem dem Deutschen Kaiserreich, nur dann akzeptiert und geduldet werden könnten, wenn sie sich anpassen, ihre alte schamanistische Religion aufgeben und sich christianisieren lassen würden.

Die schwierige Aufgabe, die Magyaren zu einem christlichen Volk zu bekehren, hat Fürst *Vajk* von seinem Vater Fürst *Géza* geerbt. Er wurde getauft und bekam den Namen **Stephan** (auf Ungarisch: *István*). Er heiratete die bayrische Prinzessin *Gisela* und mit ihr kamen deutsche Priester und Ritter an seinen Hof.

Die ständige Präsenz fremder Ritter und die zum Teil mit Gewalt durchgesetzte **Christianisierung** führten im Jahre 998 zu einem Aufstand gegen *Stephan,* unter der Führung von **Koppány,** des Sohnes des Stammesfürsten *Zerinds*. Der Aufstand richtete sich auch gegen eine Gesetzesänderung, die *Stephan* bei der **Thronfolge** bevorzugte. Nach dem alten Gesetz der Ungarn sollte *Koppány,* der rechtmäßige Nachfolger, dem verstorbenen Fürsten auf den Thron folgen. Die Gesetzesänderung enterbte ihn. Einem alten nomadischen Brauch zufolge hatte *Koppány,* als ältester männlicher Nachkomme *Árpáds,* aber das Recht, die Witwe des verstor-

Vertonte Geschichte

Über diese Epoche der ungarischen Geschichte erzählt die von den erfolgreichsten Rockmusikern Ungarns Anfang der 1980er-Jahre geschriebene, sehr populäre Rockoper *„Stephan, der König"*. Die offensichtliche geschichtliche Parallele zum Aufstand 1956, nämlich *Kádár* (alias *Stephan*) mit fremder Hilfe (die der Russen) gegen *Imre Nagy* (alias *Koppány*), gab dem Musikstück eine delikate Bedeutung und verleitete einige Verantwortliche des Kádár-Regimes dazu, zu versuchen die Aufführung und vor allem die Verfilmung zu verhindern, obwohl die Botschaft des Stücks eher eine Lehre von „historischen Notwendigkeiten" war. Dass die Rockoper trotzdem ein durchschlagender Erfolg wurde und eine Stärkung des nationalen Selbstbewusstseins gegenüber der verordneten Politik des Ostblock-Internationalismus bewirkte, war ein Zeichen der nahenden Wende, zumindest in Ungarn. Die ungebrochene Popularität des Multimediaspektakels zeigt sich darin, dass es bis heute mit wechselnder Besetzung über Grenzen und Generationen hinweg am Tag des Heiligen Stephans vor großem Publikum aufgeführt wird.

benen Großfürsten *Géza* zur Ehefrau zu nehmen. Die Witwe *Sarolt*, die sich in der Burg von *Veszprém* aufhielt, setzte sich gegen die angreifenden Truppen von *Koppány*, die die Festung belagerten, zur Wehr bis der damals 17-jährige *Stephan* mit seinen Truppen eintraf. *Stephan* schlug die gegen ihn und die fremde Religion rebellierenden Aufständischen mit Hilfe deutscher Ritter nieder.

Nach dem gewonnenen blutigen Bruderkrieg ließ *Stephan* den Körper von *Koppány* vierteln und ihn auf die Tore der vier wichtigsten Burganlagen *Székesfehérvár, Veszprém, Györ und (Gyula) Fehérvár* in Transsilvanien (dt. Siebenbürgen) - gehört heute zu Rumänien - nageln. Dann fing *Stephan* an, einen christlichen Staat aufzubauen.

Die Rätsel der ungarischen Königskrone

Dass die politische Lage des jungen Staates nicht einfach war, bezeugt auch die merkwürdigste und geheimnisvollste aller europäischen Kronen: die ungarische Königskrone, auch „Stephanskrone" genannt. Sie ist mit vielen Fragen und Rätseln verknüpft: Wo und wann wurde sie angefertigt? Wie ist sie nach Ungarn gekommen? Es gibt dazu nur Vermutungen und Erklärungsversuche, bewiesen sind diese nicht.

Eine ziemlich aus der Luft gegriffene Theorie äußert sogar die Vermutung, dass *Otto III.* die Krone aus dem Grab von *Karl dem Großen* geholt hätte, als er das Grab im Jahr 1000 öffnen ließ. Er soll die Krone Papst *Silvester II.* gegeben haben. So soll sie dann von Rom nach Ungarn weitergeschickt worden sein. *Karl der Große* hätte sie ursprünglich hundert Jahre vorher mit anderen Schätzen von den im Karpatenbecken lebenden Avaren erbeutet und in sein Reich mitgenommen. Niemand im damaligen westlichen Europa hätte die Emailbilder, die auf der Krone zu sehen sind, anfertigen können. Diese Technik beherrschten damals nur Handwerker in Persien und Armenien.

Die Krone ist aus zwei Teilen zusammengesetzt: einem unteren, vermutlich aus Byzanz stammenden und einem oberen, eventuell aus Rom kommenden Teil. Tatsache ist, dass das Gold der beiden Teile unterschiedlicher Qualität ist und die Aufschriften auf dem oberen Teil in Latein und auf dem unteren Teil in Griechisch sind. Nach der Meinung einiger Forscher könnte dies darauf hindeuten, dass es nicht ganz entschieden war, welche Kirche dem jungen ungarischen Staat die besseren Überlebenschancen sichern würde: die orthodoxe aus dem ehemals verbündeten Byzanz oder die katholische aus Rom.

Es wird gerätselt, wie diese Doppelkrone entstand: Hatte *Stephan* „Schaukelpolitik" betrieben und beide Seiten - den Patriarch von Byzanz und den Papst in Rom - um die Krone gebeten oder hatte *Koppány*, der nach dem alten Gesetz der rechtmäßige König sein sollte, die byzantinische Krone erhalten und *Stephan*, der die römische Krone besaß, nach seinem Sieg die zwei Teile symbolhaft zusammenbauen lassen? Auch dies sind nur Theorien.

Die Krönung von Stephan des Heiligen (Denkmal in Esztergom)

Leicht war die Aufgabe nicht, denn die **Missionare** waren bei vielen heidnischen Ungarn nicht willkommen, wie das Schicksal des in Venedig geborenen **Bischofs Gellért** zeigt. Ihn sollen der Legende nach die heidnischen Ungarn in einem von innen mit Nägeln bestückten Fass von einem hohen Berg heruntergeworfen haben. Der Berg inmitten der heutigen Hauptstadt Ungarns heißt deshalb Gellért-Berg. Die übergroße Statue des Märtyrers an der steilen Felswand begrüßt die Autofahrer und Fußgänger, die heute über die Elisabeth-Brücke von Pest nach Buda kommen.

König *Stephan* hat den Ungarn mit Schwert und Blut den christlichen Glauben aufgezwungen. Rom sprach ihn für diese Erfolge 1083, einige Jahre nach seinem Tod, heilig und verlieh ihm den Titel „apostolischer König".

007un Foto: ba

Viele der Emailbilder, die auf der Krone zu sehen sind, stellen Personen dar, die zu *Stephans* Zeiten noch nicht geboren waren. Wie beispielsweise der byzantinische Kaiser *Michael Dukas* (1071–1078) oder der ungarische König *Géza I.* (1074–1077). Diese Bilder müssen also später auf die Krone montiert worden sein. Es scheint auf jeden Fall bewiesen, dass die zwei Teile schon im Mittelalter zusammengebaut wurden.

Für die Gültigkeit der Krönungszeremonie wurde vorgeschrieben, dass der rechtmäßige König Ungarns mit der Originalkrone *Stephans,* in seiner Hauptstadt Székesfehérvár durch den Erzbischof von Esztergom (die Hauptstadt vor *Stephans* Zeiten) gekrönt werden muss. Die Kopfbedeckung die auf einer bekannten Abbildung zu sehen ist und die *Stephan* mit den Reliquien der ungarischen Könige zeigt, erinnert nicht mal annähernd an die heute bekannte „Heilige Krone Ungarns". Dass er aber eine Krone hatte, steht ohne Zweifel fest. Die Krönungszeremonie fand im Jahre 1000 statt und *Stephan I.* hat – zwar mit fremder Hilfe – das Land stabilisiert und ihm einen guten Stand in Europa gesichert.

Die sogenannte Stephanskrone wurde schon im frühen Mittelalter das Symbol der ungarischen Staatlichkeit und schmückt heute wieder das Wappen der demokratischen Republik Ungarn. Es ist das einzige Staatswappen einer bürgerlichen Demokratie, das eine Krone enthält, ohne dass das Land einen König hat. Diese, aus tiefem Herzen empfundene Verehrung des ungarischen Volkes gegenüber der „Heiligen Krone" ist nur mit der wundersamen Herkunft und mit ihrer – in Anbetracht ihres stürmischen, abenteuerlichen Schicksals – an ein Wunder grenzenden Erhaltung zu erklären. Sie wurde immer wieder gestohlen und schien etliche Male verloren (siehe auch Kapitel „Ungarn im Mittelalter").

Jede Episode der unglaublichen Geschichte der Krone könnte einen würdigen Platz in Tolkiens Monumentalwerk „Der Herr der Ringe" einnehmen. Denn die Bedeutung der Heiligen Krone, deren Besitz die Macht über das Land sicherte, verleitete immer wieder einige Aspiranten zum Diebstahl. Wie die Habsburger, die schon früh ein Auge auf das Land mit dem ausgestorbenen Königshaus geworfen hatten. *Ludwig dem Großen von Ungarn* (1342–1382) folgte seine Tochter *Maria* und deren Ehemann *Zsigmond (Sigismund) von Luxemburg* auf den Thron. Der Adel und die hohen Priester Ungarns haben ihn aber ins Gefängnis geworfen und die Krönungsreliquien an sich genommen. Unter der Macht der Krone regierten sie drei Monate lang das Land, bis sie sich mit *Zsigmond* einigen konnten und ihn auf den Thron zurückkehren ließen. Die Krone und die Symbole der Macht haben sie aber dem Erzbischof von Esztergom gegeben. Dort konnte der erste Habsburger König auf dem ungarischen Thron, *Albert von Habsburg,* der Schwiegersohn von *Zsigmond,* sie entgegennehmen. Er ließ sie in der königlichen Burg von Visegrad bewachen. Von hier wurde 1401 die Heilige Krone nach *Alberts* Tod mit Hilfe eines heimtückischen Plans gestohlen. Die Witwe von *Albert* war schwanger und wusste, dass sie nur mit dem Besitz der Heiligen Krone die Thronfolge für ihr Kind sichern konnte. Einer ihrer Hofdamen, *Kottanner Jánosné,* gelang es, den Plan zu verwirklichen und die Krone an sich zu bringen. Die Königin ließ ihren Sohn *László V.* in Székesfehérvár mit der gestohlenen Krone zum König krönen.

Die Mehrheit der ungarischen Orden hatte aber den Polen *Ulászló* zum rechtmäßigen König Ungarns gewählt und notgedrungen mit einer „Ersatzkrone" gekrönt. Die entmachtete Königin *Elisabeth* gab dann ihren Sohn samt Heiliger Krone, wie ihr verstorbener Ehemann dies gewünscht hatte, dem österreichischen Herzog und späteren deutsch-römischen Kaiser *Friedrich.* Diese „Gefangenschaft" der Heiligen Krone war die längste: Sie dauerte 23 Jahre. Nach dem Tod von *Ulászló* im Jahr 1444 haben die Ungarn *László V.* anerkannt, aber *Friedrich* ließ ihn nur nach einem bewaffne-

Ungarn im Mittelalter

Nach *Stephans* Tod folgten zweihundert Jahre der Stabilität unter großen und starken Königen, die in vielen Kriegen das Land verteidigten und sein Ansehen stärkten. Erst mussten sie sich gegen **Invasionen der Germanen** behaupten. *Ladislaus I.* gliederte das Gebiet des heutigen Kroatien, Bosnien und Transsilvanien in sein Reich ein. Er schloss ein **Bündnis mit Papst Gregor VII.,** wodurch Ungarn zu einem der mächtigsten Königreiche in Europa erstarkte. Auch er wurde, wie *Stephan,* später vom Vatikan heilig gesprochen.

Durch die Einmischung des byzantinischen Kaisers *Manuel Komnenos* erstarkte der Großadel, was für die Weiterentwicklung des Feudalismus eine wichtige Grundlage war, aber die Macht der Könige beschränkte.

Andreas II. versuchte, die Zentralherrschaft wiederherzustellen. Er erließ 1222 die **„Goldene Bulle"** Ungarns, die dem Adel verschiedene Sonderrechte sicherte. Dies war zwar eine für die Weiterentwicklung des Feuda-

ten Aufstand frei. Die Krone jedoch behielt er bei sich, denn er wollte Ungarn an das Habsburgreich anschließen.

Zum besseren Verständnis der Eigentümlichkeiten und einiger Aspekte der „Andersartigkeit" der Ungarn führt kein Weg an der Krone vorbei. Die ihr zugedachte Rolle hat sie zuletzt am 21. November 1916 erfüllt, als *Karl IV.*, der Nachfolger des verstorbenen Franz *Josef I.*, in Budapest zum König Ungarns gekrönt wurde.

Während der chaotischen Zeiten nach dem verlorenen Ersten Weltkrieg wurde die Krone in der Burg von Buda aufbewahrt. Am Ende des Zweiten Weltkrieges haben die Pfeilkreuzler die Krone und die Reliquien der Krönungszeremonie vor den heranrückenden Sowjets nach Westungarn und später nach Österreich „gerettet". In der Nähe von Salzburg haben sie diese dann in einem Benzinfass vergraben, kurz bevor sie von den Amerikanern gefangen genommen wurden. Nach ihren Hinweisen haben die Amerikaner das Benzinfass gefunden. Die Reliquien wurden erst nach Frankfurt gebracht, später an einem geheim gehaltenen Ort aufbewahrt. Sie wurden schließlich, nachdem die USA und Ungarn ihre Beziehungen normalisiert hatten, dank dem US-Präsidenten *Jimmy Carter* am 5. Januar 1978 wieder dem ungarischen Volk zurückgegeben. Erst wurden sie im Ungarischen Nationalmuseum aufbewahrt und am 1. Januar 2000 feierlich ins Parlamentsgebäude überbracht, denn die Heilige Krone hat für die Ungarn eine elementare Bedeutung für die Legitimität ihrer Staatsmacht.

Die einbalsamierte rechte Hand des Heiligen Stephan wird in Budapest seit 1989 wieder jedes Jahr am Tag seiner Heiligsprechung, am 20. August („Tag des Heiligen Stephans"), in einer feierlichen Prozession am Stephansdom herumgetragen. Zwischenzeitlich hatten die Kommunisten beginnend ab 1950 an diesem Tag den „Tag der Verfassung" gefeiert. Mittlerweise wurde der Tag durch die 2010 an die Macht wiedergekehrten FIDESZ zum „Tag der nationaler Zusammenarbeit" umgetauft. Gleichzeitig will Ministerpräsident *Orbán* den besonderen Status der Krone in die für 2011 geplante neue Verfassung aufnehmen.

lismus nützliche Notwendigkeit, aber im Kampf um die Machteinschränkung der regionalen Fürsten wenig hilfreich.

Über diese Epoche erzählt Ungarns **Nationaldrama „Bánk Bán",** das von **József Katona** (1791–1830) Anfang des 19. Jahrhundert geschrieben wurde. Er hatte das Stück eigentlich für einen Dramenwettbewerb 1815 geschrieben, uraufgeführt wurde es allerdings erst am 15. Februar 1833, drei Jahre nach seinem Tod. Der Komponist **Ferenc Erkel,** Schöpfer der ungarischen Nationalhymne, schrieb 1861 eine seiner bedeutendsten Opern nach der Vorlage des Dramas.

Es ist eine tragische Geschichte shakespeareschen Formats: Während der König *Andreas II.* um 1200 seinen Kreuzzug für das Heilige Land führt, plündert seine aus Meran stammende Frau, umgeben mit den Rittern aus ihrer Heimat, Ungarn. Sie quält das Volk und unterdrückt auch die ungarischen Adligen. Die Geschundenen rufen *Bánk Bán* zu Hilfe, einen edlen und dem König gegenüber loyalen Herrn. Er ist ein nachdenklicher Charakter und lehnt zuerst eine offene Rebellion ab, ist er doch als „Bán" Stellvertreter des Königs in dessen Abwesenheit. Aber als seine Frau durch ein Komplott des Neffen der Königin geschändet wird, versucht er, die Königin zur Rechenschaft zu ziehen. Während des hitzigen Schlagabtauschs tötet er die Königin. Gerade jetzt kehrt König *Andreas II.* von seinem Kreuzzug heim. Als er die Umstände im Land sieht, verzeiht er dem tragischen Helden *Bánk,* dessen Frau inzwischen vor Scham und Schande Selbstmord begangen hatte, anstatt ihn zu bestrafen ...

Der nächste Schicksalsschlag, der das Land heimsuchte, waren die **Tataren,** die Horden von *Batu Khan.* Diesmal mussten die Ungarn ein von Osten angreifendes, kämpferisches Nomadenvolk fürchten lernen, denn die Tataren haben nach der entscheidenden **Schlacht bei Mohi 1241** das Land völlig vernichtet. Die Ungarn verbluteten, aber Westeuropa geschah nichts, weil *Ügedej Großkhan,* Sohn von *Dschingis Khan* unerwartet starb und *Batu Khan* Ungarn und damit Europa verließ, um nach Hause zu eilen. Als *Dschingis Khans* Enkelsohn hatte er die besten Chancen, zum Nachfolger gewählt zu werden.

Der ungarische König *Béla IV.,* der sich nach der Schlacht bei Mohi retten konnte und auf die dalmatinische Insel Trau flüchtete, kehrte nach dem Abzug der Tataren in das **verwüstete, völlig ausgestorbene Königreich Ungarn** zurück. Er begann mit dem **Neuaufbau des Landes.** Ihm ist es zu verdanken, dass Ungarn wieder auferstanden ist. Er wird in den ungarischen Geschichtsbüchern als „zweiter Staatsgründer" genannt.

009un Foto: eb

Es geschah nicht zum ersten und nicht zum letzten Mal in der Geschichte Ungarns, dass man zur Wiederbelebung ausgestorbener Gebiete andere Völker ins Land ließ. Diesmal waren es ehemalige Feinde, die **Kunen,** deren Nachfahren heute im östlichen Ungarn leben.

Das Land hat sich erholt und noch zu *Bélas* Zeiten fielen weitere Gebiete unter die Herrschaft der ungarischen Krone. 60 Jahre nach dem Tatarensturm, im Jahre 1301, starb **Andreas III., der letzte König aus dem Árpádenhaus.** Es gab keinen männlichen Nachfolger, der nach dem christlichen Gesetz rechtmäßig den Thron hätte erben können, und damit brachen die **Macht-**

kämpfe um die ungarische Krone aus. Erst wurde *Wenzel*, der Sohn aus der Ehe zwischen *Anna*, der Tochter von *Béla IV.*, und dem tschechischen König *Ottokar II.* mit der ungarischen Krone gekrönt. Aber der Papst und die Mächtigen Ungarns unterstützten den Anjou *Karl*, der auch mit dem Árpádenhaus verwandt war, ebenfalls auf der weiblichen Linie. Im Oktober 1305 verzichtete *Wenzel* auf den ungarischen Thron und übergab die Krone mit den anderen Krönungsinsignien *Otto*, dem Fürst von Bayern (einem weiteren Enkelsohn von *Béla IV.*). Dieser kam selbst nach Ungarn und brachte die Krone heimlich mit sich. Angeblich hat auch er sie unterwegs verloren, aber als er sofort umkehrte, soll er die Krone im Staub der Straße wiedergefunden haben. Als *Otto* in Ungarn eintraf, wurde er samt Krönungsreliquien von *László*, dem Fürst von Transsilvanien, gefangen genommen.

Nur die päpstliche Drohung, aus der Kirche ausgeschlossen zu werden, bewirkte, dass *László* die Krone und die anderen Symbole der königlichen Macht wieder freigab. So wurde Anjou *Karl Robert*, den die Orden zwei Jahre davor notgedrungen mit einer „Ersatzkrone" zum König geweiht hatten, am 20. August 1310 endlich der rechtmäßige König Ungarns.

Damit begann die **Reihe der „fremden" Könige,** als 1308 *Karl Robert* das Haus Anjou in die ungarische Thronfolge einführte. Er stärkte das Reich weiter, indem er ihm neue Gebiete einverleibte. Teile des heutigen Bosniens und Serbiens kamen unter die ungarische Krone. *Karl Robert* heiratete Elisabeth, die Schwester des Königs *Kasimir III.* von Polen, und sicherte dadurch seinem Sohn *Ludwig I.* auch die polnische Krone.

„Drei Meere spülten einmal die Grenzen Ungarns" hieß es im nostalgischen Nationalismus, in den Zeiten, als die Ungarn der verlorenen Größe nachtrauerten. In der Tat wurde Ungarn durch den Erwerb der polnischen Königskrone und durch erfolgreiche Eroberungszüge gegen Venedig zu einem der größten Reiche Europas.

Ludwig I. führte zahlreiche Reformen durch, stärkte die Zentralmacht und führte das **Münzsystem** ein. Das Zahlungsmittel wurde der **„Forint"** (nach dem italienischen *Fiorini*, was Blümchen bedeutet), wie die ungarische Währung heute wieder heißt. Die letzten Jahre der Herrschaft *Ludwigs* wurden vom **kontinuierlichen Vordrängen der Türken** (d.h. des Osmanischen Reiches) Richtung Norden überschattet. *Ludwig* starb im Jahr 1382. Es folgten einige Jahre der **Machtkämpfe** mit und unter einigen wieder erstarkten Oligarchen (s. Exkurs: „Die Rätsel der ungarischen Königskrone").

Die Burg von Gyula – eine der wenigen Burgen Ungarns, die unbeschadet erhalten geblieben ist

Im Jahr 1387 wurde *Sigismund (Zsigmond)* zum König gekrönt. Er versuchte die Türken zurückzudrängen, erlitt aber 1396 eine schwere Niederlage. Genauso erfolglos war er gegen die Venezianer und gegen die Hussiten. Als *Sigismunds* habsburgischer Schwiegersohn *Albert* zum ungarischen König gekrönt wurde, kamen das erste Mal die **Habsburger** auf den ungarischen Thron. *Albert* starb bereits zwei Jahre nach seiner Krönung und während die Gefahr an der Südgrenze Ungarns durch die Osmanen immer bedrohlicher wurde, entbrannten erbitterte Streitigkeiten um seine Thronfolge.

Die jüngere Geschichte

Um die Seele und den Charakter der heutigen Magyaren zu verstehen, ist es unabdingbar, ihre jüngere Geschichte zu kennen.

Zwei bedrohliche Worte aus der Vergangenheit markieren den Untergang des Königreichs Großungarn. Ihre Ewähnung stürzt auch heute noch viele Ungarn in eine Art Resignation: „Mohács" und „Trianon".

Das alte, historische, mittelalterliche Königreich existiert schon lange nicht mehr. Nur noch einige wenige Ungarn erwähnen traurig-stolz, dass auch die neuen Hauptstädte rund um Ungarn wie die Krönungsstadt der ungarischen Könige, *Pozsony* (heute Bratislava, Hauptstadt der Slowakei), *Nándorfehérvár* (heute die Hauptstadt Serbiens: Belgrad), aber auch Transsilvaniens größte Stadt *Kolozsvár* (Cluj-Napoca) ehemals ungarische Großstädte bzw. Festungen waren.

Nur die Ungarn scheinen zu wissen, dass das **Mittagsläuten** (das in vielen Teilen Österreichs immer noch „Türkenglocke" heißt) von **Papst Callixtus III.** als Erinnerung an einen großen ungarischen Sieg verordnet worden war. Im Jahr 1456 bedrohten die Türken ganz Europa und es kam bei der ungarischen Festung Nándorfehérvár (heute Belgrad) zum Kampf. Aus dem restlichen Europa wurde keine Unterstützung geschickt; der Papst konnte – wie immer – nur mit seinen Segen dienen. Doch der ungarische Landesherr **János Hunyadi** schaffte es mit einer aus seinem eigenen Vermögen finanzierten Armee und mithilfe eines Volksaufstandes, die Türken allein zu besiegen. (Die Rumänen behaupten allerdings, dass er Rumäne war ...) Europa, vor allem Austria und Italien, die schon verloren schienen, waren für Jahrzehnte gerettet. **Der türkische Sultan war gefallen** und das Osmanische Reich brauchte viel Zeit, um sich von dieser Niederlage zu erholen. Der Papst *Callixtus III.* verordnete damals aus Dankbarkeit, dass in jeder Kirche der Welt mittags die Glocken läuten sollen – bis ans Ende aller Zeiten.

Auch der Sieg von *Hunyadi* trug dazu bei, dass die Ungarn ihren Stolz und ihr Selbstwertgefühl trotz Unterdrückung und Fremdherrschaft über Jahrhunderte bis zum heutigen Tage erhalten haben.

Bezeichnenderweise für das Selbstmitleid der Ungarn wird die Schlacht von Nándorfehérvár - die an Bedeutung mit der 105 Jahre später geschlagenen Seeschlacht von Lepanto auf dem Mittelmeer (siehe Glossar) gleichzusetzen war - in vielen europäischen Geschichtsbüchern nicht einmal mit einem Satz erwähnt!

Hunyadi fiel einer Pestepidemie zum Opfer, aber sein Sohn **Mathias Corvinus** (1458–1490) wurde einer der bemerkenswertesten Renaissance-Könige Europas. Er war ein Mäzen der Kunst und Literatur, an seinem Hof in seiner Hauptstadt *Visegrád* am Donau-Knie wimmelte es von Künstlern, Philosophen, Wissenschaftlern und Dichtern, hauptsächlich aus Italien, aber auch aus anderen Ländern Europas. Er führte **Verwaltungsreformen** durch und stellte ein **starkes Heer** („Schwarzes Heer") auf. Er nutzte während der Kriege der Husiten die Gelegenheit, gegen den tschechischen König, *Podjebrad George,* zu marschieren. Die katholischen Adligen Tschechiens haben *Mathias* zu ihrem König gewählt, aber in den **Kampf um den tschechischen Thron** waren auch der deutsch-römische Kaiser *Friedrich III.* und der polnische König *Kasimir* involviert. Nach dem Tod von *Podjebrad* haben die Orden von Tschechien auch *Ulászló*, den Sohn von *Kasimir,* zum tschechischen König gewählt. Die Entscheidung fiel bei der Belagerung von *Boroszló* (Breslau, das heutige Wrocław). Im Frieden von *Olmütz* (das heutige Olomouc in Mähren) wurde zwar beschlossen, dass die beiden, sowohl *Mathias* als auch *Ulászló,* den Titel „König von Tschechien" tragen dürfen, aber *Mathias* bekam Morawien, Silesien und die Lausitz (ung.: *Luzsica*). Da er auch ein genialer Befehlshaber war, gelang ihm die **Übernahme Österreichs von den Habsburgern.** Die Belagerung von Wien 1485 wurde von ihm persönlich geführt und 1487 kapitulierte auch die Wiener Neustadt. *Mathias* verlegte seinen Hof nach Wien.

Die Zeit der Herrschaft von *Mathias* war in jeder Hinsicht ein **Goldenes Zeitalter** für Ungarn. Er sorgte mit starker Hand für Gerechtigkeit. Legenden und Anekdoten erzählen noch heute, dass er sich als einfacher Bauer verkleidet unter das Volk mischte. Wo immer er Unmenschlichkeit oder Demütigung an armen Menschen sah, gab er sich zu erkennen und bestrafte die Schuldigen hart. König *Mathias* ist bis heute ein Symbol der Gerechtigkeit für die Ungarn. „König Mathias ist gestorben, die Gerechtigkeit ist hin" (*Meghalt Mátyás, oda az igazság*) sagt ein ungarisches Sprichwort. „Seit König *Mathias* haben wir keinen einzigen Krieg mehr gewonnen" ist ein weiterer, häufig zitierter Satz, der das Selbstmitleid und den Weltschmerz der Ungarn ausdrückt.

Foto: ba008un

Die Eroberungen von König *Mathias* blieben allerdings nicht lange erhalten, denn er starb in Wien am 6. April 1490. Und nach seinem Tod - er ist ohne rechtlichen Thronfolger gestorben - flammten die **Machtkämpfe** wieder auf. Diese und der von **György Dózsa** blutig niedergeschlagene **Bauernkrieg** (1514) schwächten das Land so sehr, dass es schon bald eine leichte Beute für die Türken wurde.

Die vernichtende und für die Ungarn zum Mahnmal gewordene **Schlacht gegen die Türken bei Mohács** wurde am 28. August 1526 geschlagen. 20.000 Männer aus der Elite des ungarischen Adels fielen in dieser Schlacht. Der junge König *Ludwig II.* ertrank während der Flucht in seiner schweren Rüstung in einem vom Gewitter zum reißenden Fluss gewordenen Bach. Von dieser **Niederlage** haben sich die Ungarn nie wieder erholt und das Ungarische Königreich als eigenständiger Staat hat seitdem aufgehört zu existieren.

Ungarn widerfuhr nach seiner Niederlage eine **Dreiteilung:** Der schmale nördliche Teil kam unter Habsburger Herrschaft, der östliche - Transsilvanien - wurde zu einem selbstständigen Fürstentum (ein Vasallenstaat der Türken) und das mittlere und größte Stück blieb 150 Jahre lang Teil des Osmanischen Reiches.

Die folgenden 150 Jahre sind die Geschichte von **Dauerkonfrontationen und Kriegen** zwischen den habsburgischen Kaisern, den Türken und den ungarischen Adligen vor allem aus Transsilvanien. Während der **Reformation** haben sich die übrig gebliebenen Ungarn von der katholischen

Kirche abgewandt. Dies vertiefte die Feindschaft zwischen ihnen und den katholischen Habsburgern und deren päpstlichen Verbündeten.

Gegen Ende des 17. Jahrhunderts eroberten die **Habsburger** – zusammen mit spanischen Söldnern und ungarischen Verbänden – das von den Osmanen besetzte Land zurück und **vertrieben die Türken.** Was die Ungarn dabei bis heute nicht wahrhaben wollen: Dies taten sie nicht aus irgendeinem humanitären Grund, etwa um dem übrig gebliebenen Magyarenvolk eine Heimat zu geben, sondern um Ungarn in das Habsburgerreich eingliedern zu können. Der Habsburg-Kaiser wurde auch zum „König von Ungarn" gekrönt. In die völlig entvölkerten Gebiete wurden in dieser Zeit Siedler gelockt, vor allem eine große Anzahl von Schwaben aus Deutschland. Diese mussten billig reisen und kamen daher meist auf dem Wasserweg nach Ungarn – darum heißen sie bis heute **„Donau-Schwaben".** Die Verwaltungssprache war natürlich Deutsch, wie überall im Reich der Habsburger. Die massenhafte Einwanderung verschiedener Ethnien führte dazu, dass der Anteil der Ungarn auf dem Gebiet des ursprünglichen Königreichs auf 50 % gesunken war.

Mehrere Anführer der Ungarn nahmen den **Kampf gegen die Politik der Habsburger** auf. Unter Graf *Imre Thököly,* Fürst von Transsilvanien, der die Unterstützung der Osmanen bekam, errangen die Aufständischen einige Siege gegen Kaiser *Leopold I.* Seine Frau *Ilona Zrinyi,* die die Festung Munkács gegen die angreifenden Habsburg-Truppen verteidigt hatte, wurde gefangen genommen. Die Habsburger nahmen ihnen ihre Kinder weg und brachten sie zum Erziehen zu den Jesuiten.

Als die Truppen des Kaisers die Osmanen aus allen Teilen Ungarns, schließlich auch aus Transsilvanien, vertrieben, bedeutete dies auch das Ende des Thököly-Aufstandes.

In dem anschließenden Friedensvertrag sicherten sich die **Habsburger auch die Herrschaft über Transsilvanien.** Außerdem zwang der Kaiser die Ungarn dazu, die ungarische Monarchie für alle Zeiten zu einer Erbmonarchie des Hauses Habsburg zu erklären.

Für die Unabhängigkeit Ungarns zog auch **Ferenc Rákóczi II.** in den Kampf – Sohn aus der ersten Ehe von *Ilona Zrínyi,* der in Frankreich aufgewachsen und erzogen wurde. Die aufständischen **Kuruc-Banderien** (Kuruc, sprich Kuruz: aus dem Lateinischen *Crux* = Kreuz; Banderium: militärische Einheit aus mehreren Hundertschaften der Freiheitskämpfer) haben ihn nach Hause gerufen und zu ihrem Fürsten gewählt. *Rákóczi* hatte ei-

Sultan Sulaiman II. in der Schlacht von Mochács 1526 gegen die Ungarn in einer zeitgenössischen Darstellung

nes der größten Fürstentümer Ungarns geerbt. Mit seinem von 1703 bis 1711 dauernden **Freiheitskampf** gegen die Habsburger hat er alles riskiert, aber er rechnete mit der Unterstützung Frankreichs, die er - das ist das ungarische Schicksal - natürlich nicht bekam. Die anfängliche Unterstützung Frankreichs ist mit der Zeit immer geringer geworden, bis sie ganz eingestellt wurde. Die Schweden und Polen haben auch einen Rückzieher gemacht. Der russische Zar *Peter der Große* hat zwar Hilfe versprochen, es wurde aber am Ende nichts daraus.

In einer militärisch aussichtslosen Situation legten die Kuruzen am 1. Mai 1711 bei *Majtény* die Waffen nieder. *Rákóczi* lehnte nach der **militärischen Niederlage** seine Begnadigung ab. Statt sich zu unterwerfen, ließ er alles zurück und ging mit fünf seiner Getreuen ins **Exil in die Türkei.** Er starb 1735 einsam in Rodosto (heute Tekirdag), einer türkischen Kleinstadt am Marmarameer. Über seine letzten Jahre erzählen die *„Briefe aus der Türkei"*, geschrieben von seinem Privatsekretär *Kelemen Mikes,* die einen hoch geschätzten Teil der ungarischen Literatur darstellen. Er folgte seinem Herrn freiwillig in die Verbannung und schrieb unzählige „Briefe" an eine fiktive Person in Ungarn, die er als seine Tante bezeichnete.

Über *Rákóczi* selbst ist praktisch nur ein einziges authentisches Gemälde erhalten geblieben, dessen Kopien die Unterdrückten durch die Jahrhunderte wie eine Art Reliquie bei sich bewahrten. Tausende seiner Freiheitskämpfer versteckten sich nach dem verlorenen Kampf in den Wäldern und Moorgebieten - sie wurden zu Heimatlosen im eigenen Land.

010un Foto: ut

Die ungarische Sprache und Volkskunst wurde nicht zuletzt durch diese, sich vor der Rache der Habsburger versteckenden, herumirrenden Patrioten *(bújdosó)* gerettet. Auf jeden Fall wurde die Sprache durch den **Wortschatz der „Kuruzenzeiten"** bereichert.

In der ungarischen Literatur tauchten später die Ausdrücke und Begriffe des von den Kuruzenfürsten *Rákóczi* geführten verlorenen Freiheitskampfes als gefühlsstarke Symbole auf, die bei jedem Ungarn bis heute tiefe, mit Trauer gemischte, nostalgisch-romantische Emotionen wecken. Der Ausdruck *„bújdosó Kuruz"* (ungefähr: sich nach dem verlorenen Kampf immer wieder versteckender, einsamer Freiheitskämpfer) hat für einen Ungarn in der modernen Sprache eine schmerzend romantische Bedeutung. Das Wort *„Kuruz"* selbst ist ein Symbol für den unbeugsamen, flammend revolutionären, sich für die Freiheit und das Volk aufopfernden Rebellen.

Die Volkslieder und Musikstücke, die sich auf diese Zeiten beziehen, nehmen einen ganz besonderen Platz im nationalen Kulturschatz der Ungarn ein (siehe Glossar „Kuruc kesergö").

Der **„Rákóczi-Marsch"**, das orientalischste aller europäischen Militär-Musikstücke, wurde von dem französischen Komponisten *Hector Berlioz* für die Nachwelt verarbeitet und somit gerettet. Wie schön, dass es immer wieder Europäer mit breiterem Horizont gab. Denn die Ungarn waren im 18.–19. Jahrhundert immer noch mit ihren Freiheits- und Überlebenskämpfen beschäftigt, sodass der Name des Komponisten des Rákóczi-Marsches im Dunkeln blieb. In den 1970er-Jahren versuchte der namhafte ungarische Komponist und Musikforscher *Tihamér Vujicsics* die Ursprünge im Orient zu finden. Während seiner Nachforschungen im Libanon kam er bei einem Flugzeugabsturz ums Leben.

Viele der Kämpfer von *Rákóczi* suchten Zuflucht im französischen Königreich, wo sie beim französischen Militär wegen ihrer eigenartigen Kampftaktik und ihren Erfahrungen im Kampf gegen die Habsburger gern gesehene Experten waren. Sie konnten besonders gut mit Pferden umgehen und bildeten die beste leichte Kavallerie in Europa. In der französischen Sprache gab es sogar zwei Worte für berittene Soldaten: *„hussard"* und *„houssard"*. Letzteres, um die ungarischen **Husaren** von den übrigen zu unterscheiden, denn die Aussprache der zweiten Variante kam dem ungarischen Wort näher. Die ungarischstämmige leichte Kavallerie, die ungarischen Husaren, waren in dieser Zeit in fast allen europäischen Armeen vertreten.

Rákóczi-Statue vor dem Parlamentgebäude in Budapest

Währenddessen hatten die Habsburger, um weiteren „Rebellionen" vorzubeugen, fast alle bedeutenden ungarischen Festungen gesprengt. Heute sieht man im ganzen Land nur noch die Ruinen der ehemaligen Burganlagen.

Mitte des 18. Jahrhunderts rettete die Habsburg-Dynastie durch **Proklamation des weiblichen Thronerbfolgerechts** ihren Fortbestand. Der Anspruch der Habsburger auf den ungarischen Thron wurde festgelegt und das Verhältnis zwischen Österreich und Ungarn in der sogenannten **„Pragmatica sanctio"** (= gesetzliche Regelung) von 1723 geregelt.

Das Dokument, das in erster Linie die Erbfolge auf die weibliche Linie ausdehnen (denn keiner der Habsburger Herrscher jener Zeit hatte männliche Nachfolger) und außerdem die Unteilbarkeit des Reiches festlegen sollte, wurde bereits im Jahr 1713 verfasst. Die rechtsverbindliche Verkündung der „Pragmatica sanctio" erfolgte aber erst im Jahr 1723. Der ungarische Adel hatte die Gefahr nicht erkannt, die Regelung wurde Teil der ungarischen Gesetzgebung und eine eventuelle Trennung Ungarns vom Habsburgerreich gesetzeswidrig. *„Indivisibiliter et inseparabiliter"* (unteilbar und unzertrennlich), wie der Grundsatz der späteren Österreichisch-Ungarischen Monarchie dies formulierte.

In den Kriegen unter Kaiserin *Maria Theresia* (1740–1780) spielten die berühmten ungarischen Husaren eine der Hauptrollen der Streitkräfte, wie z. B. im Erbfolgekrieg der Habsburger gegen *Friedrich den Großen von Preußen.* Oder im Siebenjährigen Krieg, in dem die ungarischen Husaren unter der Führung von *András Hadik* bis nach Berlin vorgedrungen waren und die Stadt zur Zahlung eines Kriegszolls gezwungen hatten. Eine merkwürdige Epoche der ungarischen Geschichte war es, als die Ungarn mit dem Aufschrei *„Vitam et sanguinem!"* („Unser Leben und unser Blut" – für die Kaiserin) ihre Truppen für fremde Interessen einsetzten und dafür nur die Befreiung von der Steuerlast verlangten.

In den folgenden Jahrzehnten blieben die Beziehungen zwischen den Habsburgern und den Ungarn relativ friedlich. Die Ungarn blieben auch nach der Französischen Revolution und während der Kriegszüge *Napoleons* ihrem Habsburger König gegenüber loyal und wiesen die Aufforderung *Napoleons* zu einem Aufstand gegen ihren Herrscher zurück.

Der nächste Versuch, die nationale Unabhängigkeit wiederzuerlangen, war die **Revolution,** die ihren Anfang mit der **Demonstration am 15. März 1848** unter der Führung des Dichters **Petőfi,** des Politikers **Kossuth** und anderer junger Intellektuellen nahm.

Die Demonstranten marschierten vom Kaffeehaus *„Pilvax"* (bis heute in der Pester Innenstadt erhalten) zum Nationalmuseum, wo *Petőfi* sein revolutionäres Gedicht *„Nationallied"* auf dem Podest des Museums vorlas.

Die 12 Punkte

„Was wünscht sich die ungarische Nation?"
Es soll Frieden, Freiheit und Einstimmigkeit herrschen!

- Wir wünschen die Freiheit der Presse, das außer Kraft setzen der Zensur.
- Verantwortliches Ministerium in Buda-Pest.
- Jährliche Nationalversammlung in Pest.
- Gleichheit vorm Gesetz im bürgerlichen und religiösen Sinne.
- Nationale Heimwehr.
- Gemeinsame Steuerlast.
- Das Aussetzen der Feudallasten.
- Schwurgericht, Vertretung auf der Basis der Gleichheit.
- Eine Nationalbank.
- Die Soldaten sollen auf die Verfassung vereidigt werden; ungarische Soldaten sollen nicht ins Ausland gebracht werden, die ausländischen (Soldaten) sollen entfernt werden.
- Die politischen Gefangenen sollen freigelassen werden.
- Wir wünschen die Union mit Transsilvanien.

Gleichheit, Freiheit, Brüderlichkeit.

Die immer größer werdende Masse brüllte den Refrain mit ihm: „*... Auf den Gott der Ungarn schwören wir, wir schwören es: Gefangene werden wir nie mehr sein! ...*" Es folgte eine politische Proklamation **„Die 12 Punkte"** (siehe Exkurs), die von *Petöfi* verfasst wurde. Der im Landerer & Heckenast Presseverlag vervielfältigte Text wurde zusammen mit dem Nationallied auch als Faltblatt verteilt.

Dann marschierte die Menge zur Burg Buda und befreite den dort gefangen gehaltenen linken Politiker *Mihály Táncsics*. Es formierte sich eine unabhängige ungarische Regierung, fortan nahmen Politiker die Führung in die Hand. Dieser Aufstand weitete sich zu einem anderthalb Jahre dauernden Freiheitskampf aus.

Nach der **Entmachtung der Habsburger** wurde *Kossuth* Gouverneur der jungen Republik. Das ganze Staatsgebiet des ungarischen Königreiches wurde bis Sommer 1849 von der ungarischen „Heimwehr" (*Honvédség*), wie sich die neu aufgestellte **unabhängige Nationalarmee** nannte, befreit. Ungarn wurde nach langer Zeit wieder eigenständig und es wurde zum ersten Mal die **bürgerliche Republik** ausgerufen.

Die **Habsburg-Reaktion** konnte nur mit der Hilfe des russischen Zaren die für die Unabhängigkeit kämpfende aufständische Nation wieder unterwerfen. Erst dankte der schwache Habsburger Kaiser und ungarische König *Ferdinand V.* am 2. Dezember 1848 ab und wurde durch seinen jüngeren Neffen, den damals 18-jährigen *Franz-Josef I.* auf dem Thron ersetzt. Dieser ging mit eiserner Hand gegen das eigene Volk vor und stellte die kaiserliche „Ordnung" in der Regierungsstadt Wien und im ganzen Österreich wieder her. Dann bat er den russischen Zaren um militärische Hilfe gegen die Magyaren. Gegen diese Übermacht hatten die ungarischen Regimente trotz Volksaufstandes keine Chancen.

Der Nationaldichter *Sándor Petöfi* soll in der entscheidenden Schlacht gegen die übermächtige russische Armee bei Segesvár (heute Sigisoara in Rumänien) im Jahr 1849 gefallen sein. Er war 26 Jahre alt, sein Leichnam wurde nie gefunden. Es hielten sich bis vor Kurzem noch Gerüchte, dass er als Gefangener nach Russland verschleppt wurde und in einer Bleimine als Zwangsarbeiter irgendwo in Sibirien starb. Bewiesen wurde dies allerdings nicht.

Nach der **Niederlage der ungarischen Armee** kapitulierte deren Oberbefehlshaber, *Arthur Görgey,* betont nur vor den Russen, nicht aber vor der Habsburger Armee. Der russische Zar garantierte jedoch nur für ihn, *Görgey,* freies Geleit. Alle anderen ungarischen Offiziere übergab er *Baron Haynau* mit einer Bitte um „Barmherzigkeit". Die Habsburger jedoch, verärgert darüber, dass die Ungarn sich „nur" den Russen ergaben, nahmen blutige Rache. Als erstes wurden 13 hohe Offiziere der ungarischen Heimwehrarmee am 6. Oktober 1849 in Arad (heute Rumänien) hingerichtet. Zwei Generäle, *Ernö Kiss* und *József Schweidel,* wurden erschossen. *Lajos Aulich, János Damjanich, Aurél Deseffy, Károly Knézich, György Lahner, Vilmos Lázár, József Nagy-Sándor, Graf Károly Leiningen, Ernö Pöltenberg, Ignác Török* und *Graf Károly Vécsey* wurden gehängt. Der Tag des Martyriums der **„Arader 13"** (wie sie in Ungarn genannt werden) gilt – obwohl dies nie gesetzlich geregelt wurde – als nationaler Trauertag.

Baron Haynau leitete eine Epoche des Terrors ein. Die Statthalter der Habsburger verhafteten unzählige ungarische Patrioten und richteten sie hin. Viele Ungarn mussten emigrieren.

Ehemalige 1848er ungarische Offiziere wie *Alexander (Sándor) Asboth, Charles (Károly) Zágonyi* und *John (János) Fiala,* um nur die berühmtesten zu erwähnen, kämpften später auch im amerikanischen Bürgerkrieg (siehe Internet: Hungarians in Civil War Missouri).

Gouverneur Kossuth emigrierte nach der Niederlage in die Türkei. Er versuchte bis zu seinem Lebensende, vom westlichen Ausland Hilfe für die Sache der Ungarn zu bekommen. Er reiste in die USA, wo er für seine Reden und seine Liebe zu seinem Land hoch geschätzt wurde, und nach England, wo er 17 Jahre lang blieb. Am 20. März 1894 starb *Kossuth* in Turin in Italien. Für viele Ungarn war es das erste wahre Zeichen der Aussöhnung mit der Habsburger Staatsmacht, als sein Leichnam nach seinem

Tod 1894 nach Ungarn zurückgeführt und nach einer großen Trauerfeier mit allen Ehren auf dem Prominentenfriedhof von Budapest *(Kerepesi temetö)* beigesetzt wurde. (*„Ja, beerdigen, das können wir schon ...!"*, bemerkte bitter-ironisch fast hundert Jahre später der berühmte Kabarettist *Géza Hofi*, nachdem in einem ähnlichen Prozess des politischen Konsenses im Sommer 1989 der 30 Jahre zuvor hingerichtete ehemalige Ministerpräsident *Imre Nagy* aus dem bis dahin geheim gehaltenen Grab geholt wurde und die Massen ihn feierlich zu einem Ehrengrab trugen.)

Kossuth kehrte also nur noch als Leichnam nach Ungarn zurück, wie viele andere ungarische Prominente auch, die ihr Leben in Emigration irgendwo im Ausland beendeten. Nur ein toter Ungar ist ein guter Ungar? Die Geschichte scheint sich zu wiederholen. In Ungarn auf jeden Fall ...

Der **15. März,** der Tag, an dem die Revolution ausbrach, die Geburtsstunde der modernen ungarischen Nation, ist vielleicht der einzig wahre **Nationalfeiertag** der Ungarn, an dem sie jedes Jahr, wie damals 1848, rot-weiß-grüne „Kokarden" (kreisförmig zusammengeschnürte Bändchen mit den Nationalfarben nach dem französischen Vorbild) tragen.

Merkwürdigerweise war es früher nie erlaubt, diesen Tag offen und frei zu feiern. Erst wegen den sich vor „Rebellion fürchtenden" Habsburgern, später wegen den Rechtsregierungen von Gouverneur *Horthy* und nach dem Zweiten Weltkrieg wegen der von den Sowjets verordneten Politik des proletarischen Internationalismus und aus Angst der regierenden Kommunisten vor dem „gefährlichen Nationalismus".

Ungarisches Schicksal: „Die 12 Punkte" vom Nationaldichter *Petöfi* haben ihre Gültigkeit nie verloren. Die Forderungen wie z. B. ungarische Soldaten nicht ins Ausland zu schicken (um für fremde Interessen zu kämpfen) und die fremden Truppen aus Ungarn abzuziehen waren leicht auch anders zu interpretieren und auf die sowjetische Besatzungsarmee zu beziehen. Die Russen haben Ungarn schon längst verlassen, bald danach wurden und sind heute noch NATO-Truppen, vor allem Amerikaner, in Ungarn stationiert. Bis lange nach der Wende war der 15. März immer noch kein arbeitsfreier Feiertag. Erst während der Zeit der ersten Orbán-Regierung wurde dies geändert und mehr als zehn Jahre nach dem Ende der sozialistischen Diktatur erklärte die Regierung endlich auch den 15. März neben dem 23. Oktober, dem Tag des Ausbruchs der Revolution von 1956, zum offiziellen Feiertag.

Nach der Niederschlagung der Revolution 1848/49 war es in Ungarn wieder verboten, ungarisch zu sprechen; die offizielle Amtssprache war deutsch. Die Normalisierung kam mit dem „Ausgleich", der Schaffung der Österreichisch-Ungarischen Monarchie, bei dem Ungarn im Jahr 1867 weitreichende Autonomie bekam. Zu verdanken war dies nicht zuletzt ei-

011un Foto: eb

nem geschickten ungarischen Politiker mit Weitblick: **Ferenc Deák.** Er wird bis heute „Weiser der Heimat" genannt. Abgesehen vom Außen-, Kriegs- und Geldwesen wurde Ungarn von Österreich unabhängig. Die knapp 50 Jahre der k. u. k. (kaiserlichen und königlichen) Monarchie existieren in den Köpfen der Ungarn als „gute alte Zeiten", denn sie ermöglichten – bis zum Ausbruch des Ersten Weltkrieges – endlich wieder eine friedliche Entwicklung.

Der zweite Untergang – die Last der Geschichte

Das historische Königreich Ungarn umfasste einstmals ein Gebiet von 360.000 km²(!). Das heutige Ungarn, das **nach dem Ersten Weltkrieg** auf ein bedeutend kleineres Gebiet schrumpfte, ist mit 93.000 km² nicht viel größer als Bayern.

Ungarn, bestraft von den Ungarn hassenden französischen Politikern (v. a. *Clemenceau*), musste auf Siebenbürgen, Kroatien und auf die Slowakei verzichten. So bestimmten es die Sieger in den Friedensverträgen von Versailles bzw. für die Ungarn im **Vertrag von Trianon.** Die Deutschen haben ihre Kapitulation im Spiegelsaal des königlichen Palastes von Versailles unterschrieben. Die Ungarn als „Nebenverlierer" mussten in dem ehemaligen kleinen Lustschloss der Königin *Marie-Antoinette* die Friedensverträge unterzeichnen und damit den **Verlust von über 70 % des ursprünglichen Staatsgebietes** und fast zwei Dritteln der Gesamtbevölkerung akzeptieren. Selbst Transsilvanien, das mit Rumänien vereinigt wurde, ist mit ca. 103.000 km² größer als das ganze übrig gebliebene Ungarn.

Deshalb klingt das Wort „Trianon" für die Ungarn neben „Mohács" wie ein böses Omen. Es wurde zum Symbol der nationalen Tragödie, der größten Ungerechtigkeit in der jüngsten Geschichte.

Diese **neue Zerteilung des historischen Ungarns** verursachte große **Spannungen zwischen den Nationalitäten in den Nachfolgestaaten** (vor allem in Rumänien und der Tschechoslowakei). Sie verschärfte die für Osteuropa so bezeichnende traurige Situation, in der alles, was mit der Geschichte, Archäologie, Sprachforschung und nationale Tradition zusammenhängt, bis heute eine besondere politische Bedeutung und Gewichtung bekommt. Recht schnell wird derjenige, der über diese Themen spricht, des Nationalismus, Chauvinismus und Irredentismus (d. h. des Zurückforderns ehemaliger Landesteile) bezichtigt.

Das übrig gebliebene kleine Ungarn von heute, durch die zwei großen Flüsse Donau und Theiß geografisch wie nach der türkischen Eroberung wieder dreigeteilt, hat keine nennenswerten **Rohstoffe.** Zwar verfügt das Land über einige Bauxit-, Kohle-, Mangan-, Erdgas-, Kupfer-, Eisen- und Uranerzvorkommen, aber die meisten Bodenschätze sind nur in geringeren Mengen vorhanden. Die für die Industrie benötigten Rohstoffe müssen meistens importiert werden. Ungarn ist deshalb auch keine große Wirtschaftsmacht. Alle historisch bedeutenden größeren Städte – abgesehen von Budapest – liegen außerhalb der heutigen Grenzen.

Die Ungarn haben nur ihre Vergangenheit, ihre Kultur (die nur sie kennen) und ihren Stolz, verbunden mit einer manchmal krankhaften Empfindlichkeit. Sie hatten immer das „Glück", in der Mitte aller Stürme und Kriege Europas zu stehen. Die nationale Vergangenheit ist in ihren Köpfen noch sehr lebendig – eine mehr als tausendjährige Geschichte, geprägt von Niederlagen. Die Ungarn haben gelernt, trotz ständiger harter Herausforderungen zu überleben.

Einige erklären die verhältnismäßig vielen Berühmtheiten, die Ungarn hervorgebracht hat, mit den unzähligen Konfliktsituationen, die die hier Geborenen meistern mussten. Sie waren gezwungen, immer sehr viel mehr zu leisten als die Bewohner von Ländern mit ruhigerer Geschichte, wenn sie weiterkommen wollten. Sicherlich hat auch der geschichtliche Hintergrund damit zu tun, dass die Ungarn ein **Volk der extremen Gegensätze** sind.

Auf der Margaretheninsel, mitten in der Donau, steht das Denkmal zur Erinnerung an den Zusammenschluss von Buda und Pest zur Hauptstadt

Sie belegen einen der vordersten Plätze in der Weltstatistik hinsichtlich der **Selbstmordrate** und im Verhältnis der **Nobelpreisträger** zur Bevölkerungszahl. So erhielt beispielsweise 1914 *Dr. Bárány Róbert* den Nobelpreis für Medizin für die Entdeckung des vestibulären Systems, des Gleichgewichtsorgans des Menschen. Er konnte allerdings den Preis erst 1916 entgegennehmen. Erst musste er nämlich aus der russischen Kriegsgefangenschaft entlassen werden. 1937 bekam Prof. *Szentgyörgyi Albert* für die Entdeckung des Vitamin C den Nobelpreis für Medizin und 1971 *Dénes Gábor* den Nobelpreis für Physik für die Entdeckung der Holografie. Der erste aus Ungarn stammende Nobelpreisträger für Literatur, *Imre Kertész,* erhielt den Preis im Jahr 2002 für sein Buch „Roman eines Schicksalslosen".

Allerdings lebten die meisten Ausgezeichneten in der jüngsten Vergangenheit nicht mehr innerhalb der Staatsgrenzen Ungarns oder keiner von

Ungarische Nobel-Preisträger und Wissenschaftler, die das 20. Jahrhundert mitgestalteten

- LÉNÁRD, Fülöp – 1905 Nobelpreis (Physik) für seine Arbeiten mit dem Kathodenstrahl
- Dr. BÁRÁNY, Róbert – 1914 Nobelpreis (Medizin) für die Entdeckung des Vestibularapparats, des menschlichen Gleichgewichtsorgans
- ZSIGMONDY, Richard – 1925 Nobelpreis (Chemie) für den Nachweis der Heterogenität der Kolloidlösungen
- Dr. SZENTGYÖRGYI, Albert – 1937 Nobelpreis (Medizin) für die Entdeckung des Vitamin C
- HEVESY, György – 1943 Nobelpreis (Chemie) für isotopische Spurenfolge der chemischen Elemente
- BÉKÉSY, György – 1961 Nobelpreis (Medizin) für den Nachweis des Funktionsmechanismus des Innenohrs
- WIGNER, Jenö – 1963 Nobelpreis (Physik) für seine Theorien über den Atomkern und den Elementarpartikeln, vor allem für die Entdeckung und Verwendung der elementaren Symmetrie
- GÁBOR, Dénes – 1971 Nobelpreis (Physik) für die Entdeckung der Holografie
- GAJDUSEK, Daniel Carleton – 1976 Nobelpreis (Medizin) für die Entdeckung neuer Mechanismen der Infektionskrankheiten
- FRIEDMANN, Milton – 1976 Nobelpreis (Wirtschaftswissenschaft) u.a. für den Nachweis der Komplexität der Stabilisationspolitik
- POLÁNYI, John – 1986 Nobelpreis (Chemie) für die Entwicklung neuer Wege der Forschung der Dynamik der chemischen Reaktionen
- WIESEL, Elie – 1986 Friedensnobelpreis für seine „Botschaft des Friedens und der menschlichen Würde", er führte das Wort „Holocaust" in die Literatur ein
- HARSÁNYI, János – 1994 Nobelpreis (Wirtschaftswissenschaft) für die Analyse des Gleichgewichts der nonkooperativen Spiele

ihnen war noch – zum Zeitpunkt der Verleihung – ungarischer Staatsbürger.

Wenn man auf dem Gebiet der Wissenschaft – Medizin, Chemie, Physik, Wirtschaftswissenschaften – oder der Musikwelt nach Prominenten mit ungarischen Wurzeln suchen würde, wäre die Liste mindestens genauso so lang wie bei den berühmten Künstlern.

Eine ungarische Redewendung beteuert, dass es auf der Erde nur zwei Sorten von Menschen gibt: „Die einen, die eine ungarische Abstammung haben, und die anderen, von denen es noch nicht herausgefunden wurde."

Aber welcher Trost sollte denn der **schrumpfenden Nation der Ungarn** bleiben, als der Glaube, dass die ganze Weltbevölkerung beginnend mit Adam und Eva eigentlich ungarischer Herkunft ist?

- OLÁH, György – 1994 Nobelpreis (Chemie) für seine Leistungen in der Chemie der Karbon-Kationen
- KERTÉSZ, Imre – 2002 Nobelpreis für Literatur
- HERSHKO, Avram – alias Herskó Ferenc, 2004 Nobelpreis (Chemie) für seine Forschungen im Stoffwechsel der Proteine

Personen, die keinen Nobelpreis bekamen, ihn aber vielleicht verdient hätten

- *SELYE, János* – Erfindung der Stress-Theorie
- *SZILÁRD, Leó* – Patente, z.B. Atomreaktor mit Fermi, Neutronen-Kettenreaktion
- *KLEIN, György* – Institut für Krebsforschung, Stockholm
- *TELLER, Ede* – einer der führenden Physiker, die die Atombombe gebaut haben
- *NEUMANN, János* – Entwicklung des modernen Rechners
- *KÁRMÁN, Tódor* – Aerodynamisches Design, Windkanal, Düsenjets
- *ERDÖS, Pál* – Forscher der Primzahlen
- *KEMÉNY, János* – Entwicklung der BASIC, E-Mail
- *GRÓF, András* (=Andy Grove) – Chef von INTEL (Intelligente Elektronik)
- *SOROS, György* – Magier der Börsen
- *LÁNCZOS, Kornél* – Mathematiker, Physiker
- *KOESTLER, Artur* – Schriftsteller, Journalist
- *BAY, Zoltán* – Radarantwort vom Mond
- *TELEGDI, Bálint* – Nichtspiegelsymmetrie der ß-Spaltung
- *KÜRTI, Miklós* – Physiker, hat experimentell die niedrigste Temperatur erreicht
- *ERNSTER, László* – die Erforschung der Membranprozesse der Mitochondrien
- *SIMONYI, Károly* – Entwickler bei Microsoft: WORD + WINDOWS Software
- *GALAMB, József* – Designer des Ford-T-Modells
- *GOLDMARK, Péter* – Erfinder der Mikrospur-Schallplatten und des Farbfernsehens, Leiter des Fernsehsenders CBS

„Es genügt nicht, Ungar zu sein ...“

Dass eine Berühmtheit nicht im Land lebt, scheint zweitrangig zu sein, die Ungarn halten jeden, egal wo er geboren wurde und was für einen Pass er besitzt, für einen Ungarn, wenn er ungarische Vorfahren hat. Vor allem diejenigen, die zu den Prominenten der Weltgeschichte und der heutigen Medienwelt gehören.

In diesem Sinne sind und bleiben für sie neben *Albrecht Dürer, Tony Curtis, Vercors* oder *Franz Liszt* auch *Victor Vasarely, Ede Teller* und *Zsazsa Gábor* Ungarn. Man ist stolz auf die Anekdote, wonach in Hollywood kurz nach den Gründungsjahren angeblich für die Arbeitsuchenden aus aller Welt an die Eingangstür des Unternehmens Paramount ein Schild gehängt wurde mit der Aufschrift: *„Being Hungarian is not sufficient!“* („Es genügt nicht, Ungar zu sein!“ – Man brauchte auch ein bisschen Talent dazu.)

Denn so übermäßig viele Regisseure, Operateure, Filmmusik-Komponisten, aber auch Schauspieler, die die Anfänge des amerikanischen Kinos mitgestalteten, stammten aus dem Magyarenland. Das Paramount Filmunternehmen wurde von *Adolf Zukor* (1872–1976) gegründet. *Vilmos Friedmann* (1878–1955) gründete unter dem Pseudonym *William Fox* die 20th-Century-Fox-Filmfabrik. Die „Traumfabrik“ (*Dream Works*) wurde 1994 von *Steven Spielberg* ins Leben gerufen, dessen Wurzeln ebenfalls in den Karpaten waren. Es leben noch Verwandte von ihm in Budapest, die *Spielberger* heißen. Die Weltklassiker „Der Dieb von Bagdad“ und „Das Dschungelbuch“ sind Werke des Regisseurs *Sándor Korda*, der, nachdem ihn der König von England zum Ritter geschlagen hatte, seinen Namen in *Sir Alexander* wechselte. Einer der berühmtesten Filme aller Zeiten, „Casablanca“, ist das Werk von *Mihály Kertész*, der unter dem Pseudonym *Michael Curtiz* gearbeitet hat. „Rambo“ und „Evita“ sind Werke von *Endre Vajna*. Der in Csákánydoroszló geborene *József Eszterházy* schrieb unter dem Namen *Joe Esterhas* die Story zu den Filmen „Flashdance“ und „Basic Instinct“. Bei den Dreharbeiten der Filme „Easy Rider“, „Free Willy!“, „Ghostbusters“ usw. stand der in Cece (Ungarn) geborene *László Kovács* hinter der Kamera.

Aus der langen Liste der Schauspieler-Stars Hollywoods mit ungarischen Wurzeln sind *Béla Lugosi* (geboren in Lugos – heute Rumänien) der bekannteste unter allen Dracula- und Frankenstein-Darstellern, *Leslie Howard*, der in Budapest als *Steiner László* auf die Welt kam (bekannt durch z. B. „Vom Winde verweht“), *Zsazsa Gábor*, aus z. B. „Moulin Rouge“, *Tony Curtis* (alias *Kertész Antal*) aus „Manche mögen's heiß“ und nicht zuletzt *Paul Newman*, dessen Mutter *Trézsi Fecskó* in der südungarischen Stadt Makó geboren wurde, zu erwähnen, um nur die berühmtesten zu nennen.

(Angaben aus *Marx György:* „Die Ankunft der Marsbewohner“)

Laut glaubwürdigen Quellen wird die ungarische Sprache von ca. 15–17 Millionen Menschen gesprochen. Davon leben 10 Millionen im heutigen Ungarn und ca. 3–5 Millionen in den Nachbarstaaten. Der Rest lebt in Emigration auf allen Kontinenten verstreut.

Was in den letzten Jahren der k. u. k. Monarchie sporadisch mit den nichtungarischen Nationalitäten im Ungarischen Königreich geschah, widerfuhr noch heftiger den Ungarn selbst, die nach dem Ersten Weltkrieg außerhalb der Grenzen des Mutterlandes geblieben waren. Sie wurden bei der Vergabe bestimmter Positionen benachteiligt, die Benutzung ihrer Muttersprache war nicht erwünscht bzw. zum Teil sogar verboten, viele von ihnen wurden gezwungen ihre Vornamen in die nun offizielle neue Sprache zu übersetzen. Im schlimmsten Fall wurden sie nach Restungarn zwangsausgesiedelt.

In den Zeiten des Ostblock-Internationalismus, nach dem Zweiten Weltkrieg, wurden die **Konflikte zwischen den Nationalitäten** bagatellisiert bzw. in den Hintergrund gedrängt. Nach dem Ende des Kalten Krieges kam es in einigen Nachbarländern Ungarns zum Teil zu offenen Konfrontationen zwischen den Ethnien. Aber die Welt ging in Bezug auf diese Thematik schnell wieder zur Tagesordnung über, denn für die Medien waren die Kriege im zerfallenen Jugoslawien wesentlich wichtiger und interessanter als die ethnischen Zusammenstöße z. B. in Rumänien oder in der Slowakei.

Man kann nur hoffen, dass der Prozess hin zu einem vereinigten Europa die historisch belasteten Beziehungen zwischen den Ethnien der ehemaligen Vielvölkerstaaten Osteuropas, wie die Österreichisch-Ungarische Monarchie es auch war, verbessern wird.

Die jüngste Vergangenheit und Gegenwart

Am Ende des Ersten Weltkrieges haben Revolutionen das Schicksal der kriegsführenden Monarchien besiegelt. Die heimkehrenden ungarischen Soldaten haben die Embleme auf ihren Soldatenmützen mit Chrysanthemen ersetzt. Daher rührt der Begriff **„Chrysanthemen-Revolution"**, wie man ihn in der ungarischen Geschichtsschreibung findet.

Mit der Unterstützung der revolutionären Massen hat Graf *Mihály Károlyi* die **Unabhängigkeit Ungarns** von der k. u. k. Monarchie proklamiert. Am 11. November 1918 wurde das Kaiserreich offiziell aufgelöst und kurz darauf rief der von Graf *Károlyi* gegründete Nationalrat die **Demokratische Republik Ungarn** aus.

Die unheimlich harten Friedensbedingungen wie enorme Gebietsverluste und hohe Reparationszahlungen und die chaotischen Umstände im Land begünstigten die **Machtübernahme der Kommunisten** und die Errichtung einer **Räterepublik** unter der Führung von *Béla Kun* im März 1919.

Nach drei Monaten Überlebenskampf und politischer Isolation scheiterte die kommunistische Diktatur in einer militärisch aussichtslosen Situation. Mit der Unterstützung der Entente-Mächte besetzten von Norden tschechische, von Süden serbische und von Osten rumänische Truppen das Land.

Der ehemalige Admiral von Österreich-Ungarn **Miklós Horthy** hatte schon während der Räterepublik eine konterrevolutionäre Armee und eine **Gegenregierung** aufgestellt. Er marschierte an der Spitze seiner Truppen in die Hauptstadt ein und ließ sich später zum Gouverneur (Reichsverweser) Ungarns ernennen. Er blieb über zwei Jahrzehnte an der Macht. Am Anfang seiner Alleinherrschaft wehrte er sich erfolgreich gegen den früheren König *Karl IV.*, der zweimal versuchte, auf den ungarischen Thron zurückzukehren.

Nachdem das ungarische Parlament 1920 den Friedensvertrag von Versailles-Trianon ratifiziert hatte, wurde die Monarchie wiederhergestellt. Es entstand ein **„königloses Königreich".** Die von *Horthy* ernannten Ministerpräsidenten (*Graf Bethlen* 1921–1931, gefolgt von dem Faschisten *Gyula von Gömbös*) betrieben einen nationalistischen, rechtskonservativen, klerikalen Kurs mit einer ziemlich **aggressiven Außenpolitik** gegenüber den benachbarten Demokratien in den Nachfolgestaaten der ehemaligen k.u.k. Monarchie.

Als logische Folge dieser Entwicklung wurde Ungarn einer der ersten und **engsten Verbündeten Hitlerdeutschlands** und trat aus dem Völkerbund aus.

Bei Ausbruch des **Zweiten Weltkrieges** verhielt sich Ungarn vorerst neutral. Aber die Versprechen *Hitlers,* die nach dem Ersten Weltkrieg verlorenen Gebiete zurückzugeben, wurden zum Teil erfüllt. Kleinere Gebiete wurden von der Slowakei schon nach dem Wiener Schiedsspruch vom 2. November 1938 an Ungarn zurückgegeben. Der nördliche Teil Transsilvaniens wurde Ungarn zugesprochen und 1940 von ungarischen Truppen besetzt. Im April 1941, als *Hitler* Jugoslawien angriff, marschierten ungarische Truppen in den Banat (südlich der Donau) ein und besetzten die ehemaligen ungarischen Gebiete, die im Versailles-Trianon Vertrag Jugoslawien zugesprochen wurden. Und der deutsche Führer forderte für diese „Wiedergutmachung" den Preis: Die Ungarn mussten den Krieg mitmachen. Ungarn erklärte noch im selben Jahr der Sowjetunion und den USA den Krieg.

Nach Stalingrad, als die militärische Lage der Deutschen zweifelhaft geworden war, versuchte *Horthy* wegen eines separaten Waffenstillstandes Kontakt mit den Angloamerikanern aufzunehmen. Er beharrte gleichzeitig auf den Gebieten, die Ungarn nach 1938 „zurückerobert" hat. Die Westalliierten haben aber eine Verhandlung mit *Horthy* mit der Begründung abgelehnt, dass die Sowjets für Ungarn zuständig wären.

Als Folge der von *Horthy* geführten **„Schaukelpolitik"** befahl *Hitler* die Besetzung Ungarns. *Horthy* wurde zu Gesprächen nach Deutschland eingeladen und während seiner Abwesenheit erfolgte am 19. März 1944 die **Besetzung Ungarns durch deutsche Truppen.** Die von den Hitleranhängern eingesetzte neue Kollaborationsregierung schickte neue Truppen an die Ostfront. Die immer aussichtslosere militärische Lage im Osten veranlasste *Horthy,* erneut und wieder vergeblich zu versuchen, aus dem Krieg auszusteigen („Sprung aus dem Krieg"). Mit der Unterstützung der Nazis kamen die **Pfeilkreuzler,** die wildeste und dunkelste politische Kraft, unter der Führung von *Ferenc Szálasi* als Nachfolger von *Horthy* an die Macht. *Szálasi* verkündete die totale Mobilmachung **(totaler Krieg) gegen die Sowjets.** In den folgenden Monaten deportierte oder ermordete das Terrorregime neben Oppositionellen und Widerstandskämpfern ca. 400.000 ungarische Juden. Insgesamt verloren 900.000 Ungarn während des Zweiten Weltkrieges ihr Leben, mehr als sechs Prozent der damaligen ungarischen Gesamtbevölkerung.

Es war schon wieder schicksalhaft, dass das ungarische Volk nach dem Zweiten Weltkrieg von den Westmächten an die Sowjets „verschenkt" wurde.

Der **Frieden von Paris 1947** hat Ungarn wieder unter den im Frieden von Trianon 1919 festgelegten Grenzen bestätigt. Ungarn wurde zu Reparationszahlungen verpflichtet und die Stationierung sowjetischer Truppen in Ungarn über den Friedensschluss hinaus wurde bestätigt. Dies hatte die **Machtergreifung durch die Kommunisten,** die Umbildung Ungarns unter der Führung von *Mátyás Rákosi* (sprich: Rakoschi), einem aus der Emigration aus der Sowjetunion zurückgekehrten Kommunisten, zu einer **Volksrepublik** und vierzig Jahre „Hausarrest" für die Bevölkerung zur Folge.

Es war ohne eine spezielle Ausreisegenehmigung nicht erlaubt, ins Ausland zu reisen. Nicht einmal in die sozialistischen Nachbarstaaten. Die Verfassung wurde geändert, alle politischen Parteien außer der MDP *„Magyar Dolgozók Pártja"* (= Partei der Ungarischen Arbeiter) wurden verboten. Um die „Wachsamkeit" der Massen gegenüber der „imperialistischen Bedrohung" aufrechtzuerhalten, wurden, wie überall im Ostblock, politische Schauprozesse veranstaltet. In diesen sogenannten **Konzeptionsprozessen** hat sich die kommunistische Partei nach dem stalinistischen Vorbild in der Sowjetunion „gereinigt", d.h. sich von der innerparteilichen Opposition befreit.

Die Angeklagten haben sich verblüffenderweise selbst als „imperialistische Spione" für schuldig erklärt und wurden (wahrscheinlich für sie selbst überraschend) zum Tode verurteilt und hingerichtet!

Wallenberg – eine skurille Geschichte

Eine sehr nebulöse und unaufgeklärte Episode der letzten Tage der deutschen Besetzung in Budapest ist die Geschichte des schwedischen Diplomaten *Raoul Wallenberg*.

Der 1911 geborene, aus der berühmten schwedischen Bankierfamilie stammende Legationsleiter der schwedischen Botschaft hat während der Nazi Besatzung und des Terrors der ungarischen Faschisten, der Pfeilkreuzler, vielen ungarischen Juden und anderen gefährdeten Personen rettende Papiere, sogenannte Schutzbriefe, ausgestellt und sie damit vor der Deportation und dem sicheren Tod gerettet.

Er wurde laut Augenzeugen am 17. Januar 1945 ausgerechnet von den in Budapest einrückenden Sowjets verhaftet und verschleppt. Seitdem galt er als verschollen, sein weiteres Schicksal und Aufenthaltsort waren unbekannt. Etliche Versuche, von den Sowjetbehörden Informationen über ihn herauszubekommen, blieben jahrzehntelang erfolglos. Die Sowjets haben sogar geleugnet, dass die Leute der NKVD (Sowjetischer Geheimdienst) ihn verschleppt haben. Erst *Gorbatschows* Politik der „Glasnost" brachte die Wendung: Sie gaben zu, *Wallenberg* verhaftet zu haben und behaupteten, dass er 1947 an einer Herzerkrankung starb.

012un Foto: ba

Aber auf die Frage, warum sie ihn überhaupt verhaftet haben, gab erst das in Ungarn nach der Wende erschienene Buch von *Bondor Vilmos* „Das Mikó-Rätsel" (auf Ungarisch 1995 im Püski Verlag Budapest erschienen) eine im Westen kaum beachtete mögliche Antwort.

Eine Widerstandsgruppe aus ungarischen Offizieren unter der Führung von Stabsoffizier *Zoltán Mikó* hatte die Verordnungen der Szálasi-Regierung sabotiert und gute Kontakte mit *Wallenberg* gepflegt. Dafür wurden sie von den ungarischen Faschisten verhaftet und zum Tode verurteilt. Zur Hinrichtung gab es aber keine Gele-

Das bekannteste Opfer dieser „Säuberungsprozesse" war *László Rajk*, vor seiner Verhaftung Innenminister (!), dessen wahre „Schuld" die Tatsache war, dass er aus dem faschistischen Ungarn nicht in die Sowjetunion, sondern Richtung Westen emigriert war und im Spanischen Bürgerkrieg in den internationalen Brigaden eine führende Position eingenommen hatte. Mit *László Rajk* wurde der gesamte „westliche Flügel", das heißt, die nicht stalinistische Sektion der ungarischen Kommunisten vernichtet. (Sein Sohn *László Rajk jun.* spielte kurz vor der Wende eine wichtige politische Rolle, inzwischen hat er sich jedoch aus dem aktiven politischen Leben zurückgezogen.)

genheit mehr, da die Sowjets Budapest bereits eingenommen hatten. Sie nahmen die von den Faschisten verurteilten Widerstandskämpfer selbst in Gewahrsam, ließen aber nicht alle frei. Die Gefangenen wurden später vom sowjetischen Geheimdienst zum Tode verurteilt. Und zwar weil sie Kontakt zu *Wallenberg* hatten und dessen Liste über die bei Katyn in der Nähe von Kiew ermordeten bis zu 15.000 polnischen Offiziere kannten. Die Massengräber wurden von den deutschen Truppen gefunden, aber die Sowjets wiesen die Schuld für dieses Massaker von sich und behaupteten noch jahrzehntelang nach dem Krieg, dass die dort begrabenen Polen von den Deutschen getötet und verscharrt worden seien.

Wallenberg hat nicht nur Juden gerettet, sondern auch in Ungarn untergetauchte polnische Patrioten und Diplomaten. Als die Deutschen Ungarn besetzten, machten sie auch auf die Polen Jagd. Diese übergaben *Wallenberg* geheime Dokumente, unter anderem über Katyn, und der Schwede hat die Papiere mit *Mikós* Hilfe in einem Budapester Banktresor versteckt.

Als die Sowjets die ungarische Hauptstadt einnahmen, gelangten diese Papiere in ihre Hände. Der sowjetischen Führung lag sehr viel daran, dass die Welt weiterhin an die Schuld der deutschen Truppen glaubt und verfolgten jeden, der die Wahrheit kannte. Das war auch für *Mikó* und viele seiner Leute das Todesurteil. Sie wurden in die Sowjetunion verschleppt und *Mikó* wurde noch 1945 hingerichtet.

Einer der ungarischen Offiziere aus *Mikós* Widerstandsgruppe, *Vilmos Bondor,* schrieb das oben erwähnte Buch über das Schicksal dieser ungarischen Patrioten und die Verbindung mit *Wallenbergs* Geschichte. *Bondor* selbst war jahrelang in einem sowjetischen Arbeitslager. Als er freikam und auch den 1956er Aufstand in Ungarn überlebte, reiste er in die Vereinigte Staaten. Er versuchte später erfolglos, sein Buch dort herauszugeben. In den Zeiten der Entspannungspolitik hatte in der amerikanischen Öffentlichkeit niemand Interesse an der Wahrheit über Katyn. Die Amerikaner wollten die guten Beziehungen mit der Sowjetunion mit einem solch belastenden Material nicht gefährden. Heute wird auch immer offener über *Wallenbergs* eventuelle Zusammenarbeit mit dem damaligen amerikanischen Geheimdienst spekuliert und nach einigen Meinungen soll dies einer der Gründe für seine Verhaftung durch den sowjetischen Geheimdienst und sein Verschwinden gewesen sein.

Raoul Wallenberg

Der **Volksaufstand von 1956** gegen das stalinistische Regime Rákosis folgte genau 500 Jahre nach *Hunyadis* Sieg über die Türken. Es sollte eigentlich eine Solidaritätsbekundung mit den Demonstranten in Polen werden. Gleichzeitig aber demonstrierten die Studenten und der Schriftstellerbund, für die Abschaffung der Pflichtfächer „Russisch" und „Marxismus-Leninismus" in den Schulen und Universitäten in Ungarn. Keiner weiß heute genau, wie die Lage eskalierte und wie die friedlichen Demonstranten zu den Waffen kamen. Wer zuerst geschossen hat, die Polizei oder die Aufständischen, bleibt im Unklaren. Die Parteiführung bat die sowjetischen Truppen um Hilfe, was jedoch nur noch weiteres Öl ins Feuer goss.

Angesichts der Radikalisierung der Forderungen der Demonstranten wurde der **Generalsekretär** *Hegedüs* durch **János Kádár** abgelöst. *Kádár* war also einer der Hoffnungsträger der Erneuerung. (Er war selbst Anfang der 1950er-Jahre verhaftet und zu lebenslanger Haft verurteilt worden. 1954 wurde er rehabilitiert und freigelassen.) **Imre Nagy** wurde **Ministerpräsident.** Er stand auf der Seite der Demonstranten, versprach freie Wahlen und kündigte Ungarns Mitgliedschaft im Warschauer Pakt auf. Nach dem Beispiel Österreichs erklärte er Ungarn zu einem neutralen Staat. Die Sowjets konnten dies in der damaligen weltpolitischen Situation nicht akzeptieren und marschierten wieder in die Hauptstadt ein. Da viele der seit Langem in Ungarn stationierten sowjetischen Soldaten mit den Aufständischen sympathisierten, musste die Armee größtenteils mit neuen Soldaten aufgerüstet werden. Sie schlugen die ursprünglich friedliche Revolution – unter zähneknirschendem Stillschweigen des Westens – mit massiver Waffengewalt innerhalb weniger Tage nieder.

Dieser **gescheiterte Abtrennungsversuch vom Sowjet-Block** unter der Führung des Kommunisten *Imre Nagy* vom 23. Oktober bis 4. November war zwar eine bis heute wirksame Werbung für Ungarn in der westlichen Welt, hat aber, nach der gewaltsamen Niederschlagung durch die Sowjets, zu einem wahren Exodus, zur Abwanderung von 200.000 bis 250.000 Ungarn, geführt.

Gestützt durch die sowjetischen Truppen sicherte *János Kádár* als der neue Generalsekretär der kommunistischen Partei den weiteren „Aufbau des Sozialismus" und die Diktatur der zur MSZMP (Ungarische Sozialistische Arbeiterpartei) umbenannten Partei.

Etwa 2000 Todesurteile und 20.000 Freiheitsstrafen wurden verhängt, selbst der frühere Ministerpräsident *Imre Nagy* wurde wegen „Landesverrats, Versuchs einer kapitalistischen Restauration und der Unterstützung der Konterrevolution" am 16. Juni 1958 zusammen mit *Pál Maléter*, dem ehemaligen Verteidigungsminister, hingerichtet.

Nach einigen Jahren der Verfolgung und der Repressalien schlug *Kádár* einen Kurs der nationalen Versöhnung ein. Viele Gefangene wurden begnadigt und das innenpolitische Leben weitgehend liberalisiert.

Ende der 1960er-Jahre führte die Regierung *Kádárs* **Wirtschaftsreformen** durch, die – einmalig im Ostblock – eine gewisse **Privatisierung** einiger Branchen, vor allem im Servicebereich, erlaubten. Dies hat den Ungarn einen gewissen Wohlstand gebracht. Die folgenden Jahre aber, wie überall im Ostblock während der Breschnew-Ära, wurden die **„Jahre der Stagnation".** Das von US-Präsident *Reagan* forcierte Wettrüsten und der eingeführte Exportstop im Elektronikbereich führten auch Ungarn in eine wirtschaftliche Krise.

Anfang 1989 musste *János Kádár* zurücktreten (man hat ihn „wegen seines schlechten Gesundheitszustandes" von seinen Ämtern erlöst ...). Kurz darauf, am 6. Juli 1989, verstarb er.

Károly Grosz, der seit Juni 1987 Ministerpräsident war, übernahm die Funktion des Generalsekretärs. Er konnte den Demokratisierungsprozess nicht aufhalten und es etablierten sich immer neue Oppositionsparteien. Die Verfassung wurde überarbeitet, das Streik- und Demonstrationsrecht wurde eingeführt.

Im Sommer 1989 wagte der damalige Innenminister *Gyula Horn* nach wochenlangem Tauziehen mit der Führung der DDR einen historischen Schritt: Die **Öffnung des Eisernen Vorhangs.** Die ungarischen Grenzsoldaten fingen am 10. September 1989 an, die Sperranlagen und die elektrischen Metallzäune abzubauen und die Mienenfelder zu räumen. Tausende Ausreisewillige aus der DDR konnten die Grenze Richtung Westen passieren. Damit hat Ungarn in der Beendigung des Kalten Krieges eine entscheidende Rolle gespielt. Noch im Sommer 1989 wurde der 1958 hingerichtete *Imre Nagy* als Zeichen der politischen Versöhnung rehabilitiert, aus dem bis dahin geheim gehaltenen Grab geholt und unter großer Anteilnahme feierlich zum Ehrengrab getragen.

Der erste 1990 frei gewählte Ministerpräsident nach der Wende war *József Antall,* Vorsitzender des sich zur Partei umformierten MDF (Ungarisches Demokratisches Forum).

In der hitzigsten Debatte des nach den ersten freien Wahlen 1990 zusammengesetzten Parlaments ging es darum, ob auf dem **neuen Wappen Ungarns** die Königskrone erscheinen soll oder nicht. Die Anhänger der Krone haben sich am Ende durchgesetzt.

Die **Staatsform** des heutigen Ungarns ist die Republik. Eine Republik mit einer Königskrone im Wappen – dies mag merkwürdig erscheinen, aber die Entscheidung war kein Zufall, denn die ungarische Krone symbolisiert die ungarische Staatlichkeit seit der Staatsgründung durch König *Stephan I.* im frühen Mittelalter. Die Verehrung der Krone ist in der nationalen Tradition tief verwurzelt, begründet durch verschiedene, seit dem Mittelalter noch wirkende Ideale und historische Zusammenhänge (siehe Kapitel: „Die Rätsel der ungarischen Königskrone").

1990 trat Ungarn als erstes ehemaliges Ostblockland dem **Europarat** bei und es begannen auch Gespräche über den Beitritt zur Europäischen Union. Bei den **Parlamentswahlen** 1998 war der zur bürgerlichen Partei avancierte FIDESZ (Bund der Jungen Demokraten) überraschend als Sieger hervorgegangen. *Viktor Orban* wurde Ministerpräsident.

Die Wahlen von 2002 haben dagegen die Sozialisten und Reformkommunisten gewonnen. Westliche Beobachter räumten dem ungarischen

Geschichtstabelle

- **Staatsgründung** - Theorien über „zweifache Heimatbesetzung": erst um 670, dann 894–900 der Einmarsch in das Karpatenbecken unter der Führung *Árpáds* – ab 904: Großfürstentum.
- **Übergang** - Zeiten der „Abenteuer" (904–968) - Niederlagen: 933 Merseburg, 955 Augsburg - Ungarn werden sesshaft.
- **Prozess der Staatsgründung** - Fürst *Gézas* (reg. 972–997), Vater des *„Heiligen Stephan"*, Abkommen mit *Otto I.* (973) - *Stephan I.* (reg. 997–1038) - nach der Niederschlagung der Aufständischen *(Koppány)* die Krönung (1001) und Gründung des Ungarischen Königreichs - feudale Monarchie.
- **Zeit der Árpádenkönige** - Ausbau des Feudalismus - Gesetzgebung: „Aranybulla" (Goldene Bulle) Ungarns 1222 - Tatarensturm (1241–1242) - „Zweite Staatsgründung" durch *Béla IV.* - Aussterben des Árpádenhauses (1301).
- **Höhepunkt des Feudalismus** - Politische Stabilisierung - Entwicklung der Städte - Eroberungen auf dem Balkan - Osmanische Bedrohung - *Hunyadis* Sieg mithilfe eines Volksaufstandes bei Nándorfehárvár (1456) - *Mathias* der Renaissance-König - Bauernkrieg von Dózsa (1514) - 29. August 1526: verlorene Schlacht bei Mohács, König *Ludwig II.* ertrinkt während der Flucht. - Zerfall der unabhängigen staatlichen Strukturen, Dreiteilung Ungarns: Ungarisches Königreich (restlicher Nordteil), Gebiete unter osmanischer Herrschaft (mittlere-südliche Landesteile), Transsilvanien.
- **Konservierter Feudalismus** - türkische Herrschaft für 150 Jahre - zwei Könige - unabhängiges Fürstentum Transsilvanien - Zurückeroberung von Buda durch die Habsburger (1686) - Befreiung Ungarns von den Türken, Friedensabkommen von Karlóca (1699) - Beschluss von Pozsony: ewige Herrschaft der Habsburger als ungarische Könige - Freiheitskämpfe für die nationale Unabhängigkeit - Rákóczi-Aufstand (1703–1711) - *Rákóczi* stirbt in Emigration in der Türkei (1735).
- **Habsburger Absolutismus** - Jahrhundert des Wiederaufbaus - veränderte ethnische Zusammensetzung: organisierte Ansiedlungen der Deutschen, spontane Einwanderungen: Rumänen, Serben, Russinen (Ukrainer). Anteil der Ungarn sinkt auf 50 %. - wirtschaftliche Stabilisierung - Pragmatica sanctio (1723): Grundgesetz über Verhältnisse zwischen Österreich und Ungarn: Union. Amtssprache Deutsch - aufgeklärter Absolutismus: *Maria Theresia* und „der Hut tragende König" *Josef II.* - Napoleonische Kriege (1790–1815) - Habsburg-Reich wird Teil der Heiligen Allianz - Zeit der Reformen und der Spracherneuerung –

Volk ein ausgeprägtes Gespür für Demokratie ein, denn sie wählen die sich scheinbar zu stark etablierenden Machthaber regelmäßig ab.

Der **Staatspräsident** wird vom Parlament gewählt. Obwohl er mit einigen Sonderrechten ausgestattet ist, übernimmt er eher repräsentative Aufgaben, ähnlich dem Bundespräsidenten in Deutschland. Den ersten Präsidenten *Árpád Göncz* löste nach zwei Amtsperioden 2000 der Jurist *Ferenc Mádl* ab, gefolgt von *László Sólyom* und seit Sommer 2010 *Pál Schmitt.*

Am 12. März 1999 wurde Ungarn offiziell in die **NATO** aufgenommen und schicksalhaft wurde Ungarn das einzige NATO-Land mit Grenzen

Graf *Széchenyi* gründet Akademie, baut die erste Steinbrücke über die Donau. Viele weitere Projekte in Wirtschaft und Kultur.

- **Revolution und Freiheitskampf** - Revolution vom 15. März 1848 - Nationallied von *Petöfi* - 12 Punkte (Was wünscht sich die ungarische Nation?) - *Kossuth* wird Gouverneur - Entthronung der Habsburger. Freiheitskampf - Niederlage durch die Russen: Kapitulation 1849 bei Világos - Die 13 Märtyrer von Arad - Der Terror von Haynau. Die ungarische Sprache wird verboten. - *Deák,* der Weise der Nation und der Ausgleich mit Österreich (1867).
- **Österreich-Ungarn** - Die „guten alten Zeiten": k.u.k. Monarchie - Erster Weltkrieg an der Seite Deutschlands - „Chrysanthemen-Revolution" (1918) - Graf *Károlyi* wird Staatspräsident - Sturz durch die Kommunisten - 21. März 1919: Ausruf der kommunistischen Räterepublik unter Führung von *Béla Kun* - Eingriff der „kleinen Entente": tschechische und rumänische Truppen besetzen Budapest.
- **„Restungarn" und der Zweite Weltkrieg** - *Horty* und der weiße Terror - Friedensvertrag von Trianon: Ungarn verliert ¾ des ursprünglichen Staatsgebietes und ein Drittel der ungarischsprachigen Bevölkerung - Konsolidation, christlich-nationaler Kurs - Ungarn wird zum ersten Verbündeten *Hitlers* - 1940 Zurücknahme Nord-Transsilvaniens und des Banats - 1941 Ungarn erklärt Sowjetunion und USA den Krieg - 1944 gescheiterter „Ausstiegsversuch"; deutsche Truppen besetzen das Land - Terrorregime von *Szálasi,* Deportationen und Massenhinrichtungen der ungarischen Juden und Widerstandskämpfer - sowjetische Armee besetzt Ungarn.
- **Nachkriegsgeschichte** - 4. April 1945: Sowjetunion befreit Ungarn, der letzte deutsche Soldat verlässt das Land - bis 1948 bürgerliche Demokratie - 1948 Ausruf der Volksrepublik Ungarn - *Rákosi, Stalins* Statthalter, wird Ministerpräsident und erster Sekretär der Kommunistischen Partei - Oktober 1956 Volksaufstand; *Imre Nagy* wird Ministerpräsident - Ungarn erklärt Neutralität - November 1956 neue sowjetische Verbände marschieren ein und schlagen Revolution nieder - *Kádár* der neue starke Mann; Verhaftungen und Hinrichtung vieler Patrioten des Volksaufstandes - Konsolidierung und Programm zum Aufbau des Sozialismus - 1989: Öffnung des Eisernen Vorhangs in erster Linie für DDR-Flüchtlinge - Oppositionsparteien werden zugelassen; erste freie Wahlen. - Ungarn wird Republik (die „Dritte Republik" mit heutigem Wortgebrauch) - 1999 Aufnahme in die NATO - 1. Mai 2004: Ungarn wird Mitglied der Europäischen Union.

zu dem früheren Restjugoslawien (wo auch ungarische Bevölkerung lebt), gegen das die Militärallianz bald darauf Krieg führte und somit stand das „Mutterland" ungewollt im Krieg der eigenen Nationalität gegenüber. Während des auch aus Ungarn geführten Krieges wurde die Infrastruktur solcher Gebiete zerstört, in denen überwiegend, wenn nicht ausschließlich, Ungarn lebten. Mit Sicherheit spielte Ungarns Haltung im erwähnten Krieg wiederum eine nicht zu unterschätzende Rolle in den damaligen Feindseligkeiten gegenüber der ungarischen Minderheit in Serbien.

Foto: ut013un

DER KULTURELLE RAHMEN

Ethnischer Ursprung und Zusammensetzung der Bevölkerung

Durch die geopolitische zentrale Lage Ungarns war das Königreich seit dem frühen Mittelalter einerseits zum **Einwanderungsland** und Zufluchtsort berufen, andererseits aber auch dazu verdammt, sich immer im Mittelpunkt der großen Stürme und Kriege zu befinden. Die Aufnahme fliehender Volksgruppen, wie die Kunen im 13. Jahrhundert oder die vor den Türken fliehenden Serben im 15. und 16. Jahrhundert hat zu keinen großen Veränderungen in der Zusammensetzung der Bevölkerung geführt. Nach dem Vertreiben der Osmanentürken aber blieben völlig zerstörte, entvölkerte Landschaften zurück und die Habsburger Eroberer

Die Skulpturen der 12 Apostel am Dom von Pécs

lockten **Siedler aus aller Welt,** vorwiegend aber aus Deutschland, mit großen Steuervergünstigungen und mit billigem Bau- und Ackerland nach Ungarn.

Dies hatte in kurzer Zeit die Folge, dass der **Anteil der ungarischsprachigen Bevölkerung auf 50%** fiel. Die Argumente im Friedensvertrag nach dem Ersten Weltkrieg, dass die kleineren Nationalitäten in bestimmten Randgebieten die Mehrheit bildeten und daher eigene Staaten rechtfertigten, entbehrten zwar nicht jeder Grundlage, aber die auf diese Weise geschaffenen Zwergstaaten und Mischgebilde waren kaum lebensfähig.

Für die Ungarn selbst war es eine beispiellose Tragödie. Die in der **Nationalitätenpolitik** gemachten Fehler, nämlich mit ihren Minderheiten so dominant und intolerant umzugehen, wie es die Habsburger früher mit ihnen taten, schlugen brutal auf sie zurück. Aus den Nordgebieten, die fortan zur Tschechoslowakei gehörten, wurden gleich nach dem Unterschreiben der Friedensverträge vollgestopfte Züge mit vertriebenen Ungarn Richtung Budapest losgeschickt. Hunderttausende **Vertriebene** kamen in „Restungarn" an und verschlimmerten noch das Chaos, das durch den verlorenen Krieg und das Verschwinden der Staatsstrukturen im ausgebluteten Land entstanden war. Die Züge konnten mit der Zeit die überfüllten Bahnhöfe nicht mehr erreichen, die Menschen lebten wochen-, manchmal monatelang in den Waggons. Nur wenige Völker mussten eine Vertreibung dieses Ausmaßes durchleiden. Über diese Zeiten erzählt *Gyula Illyés* in seinem Buch „Beatrice apródjai".

Entsprechend dem Friedensvertrag von Trianon wurden aus dem ehemaligen ungarischen Königreich 61.633 km² **an die Tschechoslowakei angeschlossen,** samt 3.517.568 Bewohner (30,3% Ungarn, 7,4% Deutsche, 48,2% Slowaken, 12,3% Russinen, d.h. Ukrainer).

Die Tschechoslowakei hatte im **Vertrag von Saint Germain en Laye** 1919 zugesichert, dass sie die Rechte der Minderheiten garantieren wird, aber ihre Regierungen haben diese Vereinbarung dauernd verletzt. Während der ersten **Welle der ethnischen Säuberung** bis Ende 1920 mussten 105.000 Ungarn die Tschechoslowakei verlassen. Die meisten waren Beamte, Pädagogen, Offiziere oder Grundeigentümer, die ihren Besitz verloren hatten. Sie hatten es abgelehnt, den vorgeschriebenen Eid auf die neue Regierung abzulegen. 45.000 Ungarn wurde die Staatsbürgerschaft verweigert und mehrere zehntausend wurden aus ihren angestammten Wohnorten vertrieben. Bis 1930 wurden somit ca. 200 Gemeinden und Kleinstädte „entmagyarisiert", d.h. alle Bewohner, deren Vorahnen seit dem frühen Mittelalter in jenen Siedlungen lebten, wurden vertrieben. Während einer „Landreform" wurden alle ungarischen Besitztümer über 250 Hektar enteignet. Die homogen von Ungarn bewohnten Gebiete wurden durch die Neuschaffung von Siedlungen mit tschechischen und slowakischen Einwohnern „heterogenisiert".

Ab 1923 haben sie die alten **Regierungsbezirke neu aufgeteilt.** Das Ziel war, die Kreise und Bezirke so umzustrukturieren, dass die ungarische Nationalität nirgendwo mehr in der Mehrheit war, damit die Annerkennung des Ungarischen als Amtssprache nicht erfolgen musste. Die Zahl der ungarischen Mittelschulen und Gymnasien wurde schon in den 1920er-Jahren stark verringert. Die Universität von Pozsony (das heutige Bratislava) wurde zur tschechoslowakischen Universität umgewandelt. Die Situation der ungarischen Minderheit hat sogar die Aufmerksamkeit einiger englischer Politiker, aber auch die des Volksbundes geweckt. Die Unzufriedenheit der Minderheiten in der Tschechoslowakei wurde zum Teil auch von Hitler-Deutschland ausgenutzt, um mit dem Münchener Abkommen von 1938 durchzusetzen, dass die Gebiete der Sudetendeutschen an Deutschland abgetreten wurden.

In dem ersten **Wiener Schiedsspruch** am 2. November 1938 wurden die überwiegend von Ungarn bewohnten Gebiete, 11.927 km² mit 86,5 % ungarischsprachiger Bevölkerung an Ungarn zurückgegeben. Somit blieben nur noch 70.000 Ungarn in der von *Hitler* zwischen 1938 und 1945 unterstützten ersten unabhängigen Slowakei. Ihre Rechte waren minimal. Ausschließlich ihr einziger Parlamentsabgeordneter, *Graf János Eszterházy* stimmte gegen das Gesetz, das die Deportation der Juden genehmigte. Er wurde trotzdem später vom Volksgericht der Tschechoslowakei zum Tode verurteilt. Das Urteil wurde später zur lebenslangen Haft umwandelt, *Eszterházy* starb 1957 im Gefängnis.

Die Regierung der Tschechoslowakei hat in ihrem im April 1945 veröffentlichten Programm die dort lebenden Ungarn in der **„Kollektiven Schuld"** für schuldig erklärt. Sie verloren ihre Staatsbürgerrechte, ihre Immobilien wurden beschlagnahmt und es wurde gesetzlich verboten, sie in staatlichen Stellen zu beschäftigen. Die ungarischen Schulen und die ungarischsprachige Presse wurden verboten. Später wurden die Ungarn mit einem Regierungsbeschluss, der sogenannten **„Reslowakisation"**, gezwungen, ihrer Nationalität abzuschwören. Die Siegermächte haben zwar die Forderungen des tschechoslowakischen Staatspräsidenten *Benes,* die Aussiedlung der Ungarn aus der Slowakei per Dekret zu legalisieren, abgelehnt (es wurde weder im Vertrag von Jalta, noch von Potsdam genehmigt), sie haben aber die ungarische Regierung gezwungen, einer Vereinbarung mit der Tschechoslowakei über **„Bewohner-Austausch"** zuzustimmen. Die Tschechen durften so viele Ungarn zwangsumsiedeln, wie viele Slowaken bereit waren Ungarn zu verlassen und in die Slowakei rüberzugehen. Trotz gewaltiger Propaganda, waren es nur 73.273 Personen,

014un Foto: kw

die Ungarn freiwillig verließen. Dementsprechend hat die Regierung der Tschechoslowakei 76.000 Ungarn gegen deren Willen aus der Slowakei nach Ungarn umgesiedelt.

Das nach dem Vernichtungszug von Trianon übrig gebliebene Restungarn war kaum noch lebensfähig. Die historisch wichtigsten Städte, die riesigen Landesteile, die über zahlreiche Rohstoffvorkommen und Naturschätze verfügten, sind außerhalb der neuen Landesgrenzen geblieben.

Rein ethnisch gesehen war natürlich das übrig gebliebene Viertel des Landes *fast* homogen ... abgesehen von der Tatsache, dass man kaum eine Familie finden würde, in deren Verwandtschaft oder unter deren Vorfahren kein Kroate, Serbe, Rumäne oder Deutscher auffindbar wäre. Dies verraten auch die Familiennamen wie Milkovics, Vujicsics, Petrovics, Schuck oder Gábeli. Genetisch gesehen existiert sicherlich kein „reiner" Ungar mehr.

Die sogenannten **Donauvölker** – Deutsche, Ungarn, Slowaken, Kroaten, Serben, Rumänen – sind territorial so eng miteinander verbunden und auch vermischt, dass man die Abneigung, Feindschaft und Hass gegeneinander nur mit der Angst vor dem Verlust der eigenen Traditionen und Identität erklären kann. Einmal abgesehen von den Erinnerungen an Unterdrückung und Demütigung einerseits, Verrat und Unterstützung des Feindes andererseits. Aber wie gesagt, das heutige Ungarn ist ethnisch gesehen fast homogen, d.h., die meisten Bewohner identifizieren sich mit der ungarischen Nation, zu der sie als Staatsbürger von Geburt an gehören.

Und dieses Volk wird durch die ungarische Sprache eine Nation. Denn innerhalb der heutigen Grenzen leben neben den „reinen" Ungarn ca. 5 bis 6% Roma, dazu gibt es immer noch einige „rumänische" Dörfer und sporadisch finden sich im Land Slowaken und Serben und natürlich weit verbreitet die „Ungarndeutschen". Rein genetisch gesehen natürlich, was manchmal nur noch die Familiennamen verraten können.

Die jüngere Generation aber denkt pragmatisch. Sie lernt heutzutage kaum noch ihre ursprüngliche Muttersprache. Neben Ungarisch lernen sie lieber Fremdsprachen wie Englisch, Deutsch oder Französisch, die sie für viel nützlicher halten.

Die ungarische Sprache

„Ojojjj! Das ist unheimlich schwierig!", sagen die meisten, die schon mal versucht haben, sich zumindest Teile der ungarischen Sprache anzueignen. Und viele Ungarn glauben auch, was die Mehrheit ihrer Gäste, vor allem aus dem westlichen Europa, schon immer behauptet hat. „Ungarisch ist eine der schwierigsten Sprachen dieser Welt", sagen sie bedauernd, aber mit masochistischem Stolz, denn es wäre wieder etwas, bei dem sie in der Weltrangliste ganz oben stehen würden. So hören es die Kinder von ihren Lehrern und Eltern, so sagen sie es weiter.

Eines der Handicaps der Ungarn scheint tatsächlich ihre urtümliche, aber für die anderen so fremdartige Sprache zu sein, die „so schwer zu lernen und zu verstehen ist". Die meisten Ungarn selbst vertreten Fremden gegenüber „höflich" dieses Vorurteil. Sie übernehmen ergeben deren Meinung. Dabei halte nicht nur ich Ungarisch für eine der einfachsten und in der Grammatik konsequentesten unter den bekannten europäischen Sprachen.

Deshalb ist sie für Ausländer so schwer zu erlernen. Denn wie ein Erwachsener nie mehr so naiv und einfach logisch denken kann wie ein Kind, scheint es genauso schwer zu sein, von einer komplizierten Grammatik auf eine einfache, ja „primitive" Sprachstruktur umzusteigen. Es ist

Ob Rumänen, Slowaken, Serben oder Roma – durch die ungarische Sprache werden sie eine Nation

schwer, solche Regeln demjenigen begreiflich zu machen, dessen Muttersprache wesentlich komplizierter und in der lateinischen Grammatik festgebundener ist als die uralte, viel variablere und deshalb in den Ausdrucksmöglichkeiten vielschichtigere ungarische Sprache.

Sprachverwandtschaft

Was die Sprachverwandtschaft betrifft, steht die ungarische Sprache ziemlich alleine da.

Nach der am meisten verbreiteten (und zurzeit auch offiziellen) Version gehört die ungarische zu den **finno-ugrischen Sprachen,** die außer von den Finnen nur von kleinen, kaum bekannten Völkern (wie z. B. Vogul, Ostyak, Manysi, Chanti, mit jeweils einigen Tausend Mitgliedern) in Sibirien gesprochen werden. Diese alle zusammen, inklusive der 5 Millionen Finnen, sind weniger Menschen als ein Drittel der Ungarn. Eine „Abstammung" ist also sehr schwer vorzustellen. Denn angeblich wird die ungarische Sprache von 15–16 Millionen Menschen gesprochen.

Davon leben gerade mal 10 Millionen im heutigen Ungarn, 3–5 Millionen in den Nachbarstaaten (davon ca. 2 Millionen im heutigen Rumänien), der Rest in der übrigen Welt verstreut.

Es gibt aber auch **andere Theorien über die Ursprünge und Verwandtschaften** der ungarischen Sprache. Einige suchten die Wurzeln in Mittelostasien (sie fanden Sprachverwandtschaft mit türkischen und arabischen Völkern und mit den Armeniern), andere gingen in der Zeit bis zu den Sumiren in Mesopotamien zurück, um die Ursprünge der ungarischen Sprache zu finden. Diese alle wurden und werden von den Finno-Ugristen und selbst von den Wissenschaftlern der Ungarischen Akademie wahrlich leidenschaftlich bekämpft.

Wie tief die Spaltung zwischen den „Finno-Ugristen" und den Verfechtern anderer Theorien ist, zeigen die immer wieder öffentlich geführten **Debatten in den ungarischen Medien.** Diejenigen, die auf der finno-ugrischen Abstammung beharren, werden manchmal richtig wütend und aggressiv. Vor Kurzem konnte man auf einer ganzen Seite einer der bedeutendsten Tageszeitungen lesen, dass alle, die nicht diese „einzige wissenschaftliche" Ansicht vertreten, zu dem „faschistischen Pöbel" gehören. Na, das klingt nicht besonders tolerant! Nicht wahr?

So sehr die „Finno-Ugristen" auch jede andere Meinung über die Herkunft der ungarischen Sprache ablehnen und so unversöhnlich sie auch die zum Teil namhaften Vertreter anderer Theorien bekämpfen – das Erscheinen zahlreicher **Publikationen über diese Thematik** in der neuen ungarischen Presse- und Bücherlandschaft nach dem Ende des Kalten

„Ungarische" Wörter in anderen Sprachen

Um das Vorkommen „ungarischer" Wörter in der übrigen Welt zu demonstrieren hier einige Beispiele: Der Priester der Mohammedaner heißt Imam. Das ähnliche Wort auf Ungarisch ist *imád(-kozik)* (betet).

Das Mädchen heißt auf Keltisch *lleian,* auf Ungarisch *leány*, der Bauch auf Englisch *belly,* der Darm auf Ungarisch *bél,* die Holzkohle auf Französisch *fussain,* auf Ungarisch *faszén*. Der Name der alt-ägyptischen Gottheit der Dunkelheit ist *Set* (sprich: Schet) und dunkel heißt auf Ungarisch *setét* (sprich: schäteht). (Beispiele von Szöcs István aus seiner Schrift: „Kritik der antisumir Standpunkte")

Einige Sanskritwörter, die mit den ungarischen identisch sind, ausgewählt aus einem deutschen Sanskritwörterbuch: *bheka* (Frosch) auf Ungarisch *béka. Lup* (rauben, schädigen) auf Ungarisch *lop* (stehlen), *urjas* (riesig) = *óriás, nitha* (Lied) = *nóta, gulika* (Kugel) = *guriga* usw.

(Von Dorozsmai Imre aus seinem Buch: *„Der Weg des Ungarntums von Persien bis nach Pannonien"*)

Es existieren in der armenischen Sprache jede Menge Übereinstimmungen mit ungarischen Wörtern und man kann in Budapest ein Wörterbuch mit über 1500 alttürkischen Wörtern kaufen, die mit den ungarischen Bezeichnungen für denselben Begriff gleich oder sehr ähnlich sind.

Angeblich gibt es Hunderte von japanischen Wörtern, die mit den ungarischen identisch sind oder zumindest sehr ähnlich klingen.

Ich habe selbst einige Stammessprachen in Afrika kennengelernt (wie Lusi, Bemba, Nyanja in Sambia oder Saho, Tigrinya in Eritrea), in denen man verblüffend viele „ungarische Wörter" mal mit denselben, mal mit ähnlichen Bedeutungen entdecken kann.

Das Salz auf Ungarisch ist *só* (sprich: schoh), auf Tigrinya (Landessprache in Eritrea) *csó* (sprich: tschoh), der Zucker ist *cukor* (sprich: zukor) auf Tigrinya *csukor* (sprich: tschukor). Der Alte heißt auf Tigrinya *aregit,* das Wort auf Ungarisch würde *öreget* heißen und „den Alten" bedeuten. Die Peitsche heißt auf Ungarisch *korbács* (sprich: korbatsch) und auf Tigrinya *Kurmatsch*.

Wenn ich nicht aufhöre, wird der „Lärm" (auf Ungarisch *lárma!*) immer lauter, den die Protestierenden machen werden. Denn die Ähnlichkeit ungarischer Worte mit denen aus anderen Sprachen führte schon mal dazu, dass einige nicht besonders „magyarophile" Autoren damit die Nicht-Existenz einer ursprünglichen eigenständigen „zivilisierten" ungarischen Sprache beweisen wollten. Diese behaupteten: Die „primitiven" Ur-Ungarn mit ihrer unterentwickelten Sprache hätten keine eigenen Wörter für Begriffe, die bei den „zivilisierten" Völkern schon zur Alltagssprache gehörten, also hätten die Ungarn durch ihre Wanderungen (pardon: „Raubzüge") all diese von anderen Völkern übernommen. Hier geht es weder um das Bekämpfen oder Bestreiten der verschiedenen Theorien, noch darum irgendetwas anderes zu beweisen. Die Beispiele sollten nur die verblüffenden Phänomene aufzeigen und vielleicht einige andere Meinungen, Behauptungen untermauern.

Wer was von wem übernommen hat, sollte eigentlich absolut nebensächlich sein. Die offensichtlichen sprachlichen Übereinstimmungen zwischen der ungarischen und den verschiedensten anderen Sprachen könnten Fachleute sicherlich besser bewerten oder analysieren. Aber, dass das einfache Polemisieren über ihre Sprache gleich zum Rechtfertigungsversuch ihrer Existenz wird, das ist wieder das Schicksal der Ungarn.

Besonderheiten der ungarischen Sprache

Um einige Besonderheiten der ungarischen Sprache zu demonstrieren, ist hier eine Liste dessen, was dem Ungarischen im Vergleich zur deutschen Sprache völlig fehlt bzw. „einfacher" ausgedrückt ist:

1. Es gibt kein grammatisches Geschlecht (die Worte können also nicht als männlich, weiblich oder sächlich eingestuft werden!).
2. Es gibt nur eine Vergangenheits- und eine Zukunftsform.
3. Es gibt keinen vorgeschriebenen Satzbau.
4. Außer Eigennamen wird alles klein geschrieben.
5. Immer (ausnahmslos!) wird die erste Silbe jedes Wortes betont.
6. Die grammatischen Fälle bei der Konjugation werden durch Suffixe gebildet, also als Nachsilbe an das Wort gehängt (z. B. Tisch = *asztal*, auf den Tisch = *asztalra*).
7. Es wird alles so ausgesprochen, wie es geschrieben wird.

Und vor allem: Selbst die fehlerhaftesten, schlecht gebildeten Sätze bleiben für die Ungarn trotz schlechter Betonung verständlich. Was sollte denn daran so schwierig sein? Außerdem gibt es einige Begriffe, die die übrige Welt aus dem Ungarischen übernommen hat. Die „Kutsche" habe ich schon erwähnt. Das Wort „Husar" soll auch aus dem Ungarischen verbreitet worden sein. Die Erklärung: *huszár* = *húsz* (zwanzig) + *ár* (Preis) nachdem im Mittelalter in Ungarn zwanzig Dörfer die Ausstattung eines berittenen Soldaten finanzieren sollten. Oder dessen typische Kopfbedeckung, der Tschako (*csákó*) wurde auch mit übernommen.

Angeblich ist auch das beim Telefonieren allgegenwärtige „Hallo" auf das ungarische *hallom*, das „ich höre es!" bedeutet, zurückzuführen. Es wird behauptet, dass *Tivadar Puskás,* der Erfinder der Telefonschaltzentrale, bei dem Versuch, Kontakt mit Paris aufzunehmen, so in den Hörer schrie. Mit Ausnahme des italienischen *„Pronto"* oder des französischen *„Je vous écoute"* ging das ungarische Wort, um sich am Telefon zu melden, in alle anderen Sprachen über. Zumindest wird das in Ungarn behauptet.

Krieges konnten sie nicht verhindern. Aber wem sollten dann die jungen, Orientierung suchenden, heranwachsenden Ungarn glauben? Sie verlieren ihr Interesse an der ganzen Streiterei, es gibt doch genug Wichtigeres im modernen Leben in der Zeit der Globalisierung.

Dabei ist das Phänomen „ungarische Sprache" äußerst interessant. Sie sei angeblich eine der ältesten, wenn nicht die älteste bekannte Sprache in Europa. Einige Forscher meinen: Wenn es irgendeine gemeinsame Ursprache in der Geschichte der Menschheit gab (wie dies eine der Theorien über die Entstehung der Sprachen vermutet), dann sollte die ungarische in ihrer Struktur die meisten Elemente daraus bewahrt haben.

Dass die Urahnen der Ungarn sich vor anderthalb bis zwei Jahrtausenden mit den Hunnen, Türken, Kazaren (auch Kabar genannt), Armeniern, Arabern usw. in ihren Sprachen verständigen konnten, wird von vielen

Wissenschaftlern angenommen. Dies ist allerdings schwer nachvollziehbar, da es keine schriftlichen Überlieferungen aus dieser Zeit gibt. Aber das Phänomen, dass überall auf der Erde in den verschiedensten Sprachen **„ungarische" Wörter** zu finden sind, kann ich nur bestätigen. Das Merkwürdige daran ist, dass, je weiter ein Land – und damit eine Sprache – von Ungarn entfernt ist, desto verblüffender ist die Ähnlichkeit der Wörter.

(Sprach-)Urgeschichte

Aber zurück zu der Frage, woher die Sprache der Ungarn stammen könnte. Das **Hunnenreich** war ein buntes Völkergemisch. Es gab noch keine Nationen im heutigen Sinne des Wortes. Auch die Magyaren existierten sicherlich noch nicht als ein einheitliches Volk. Eine der Theorien vermutet sogar, dass sie auch die Nachfahren der Sabiren sein könnten, eines Volkes, das Sibirien den Namen gab und am Anfang des 6. Jahrhunderts in die Gebiete des nördlichen Kaukasus kam. Vielleicht sind sie auch mit dem Volk identisch, das der berühmte byzantinische Kaiser Konstantin in seinem Werk „Das Regieren des Reiches" „Türk" nannte.

Die **Vorfahren der Ungarn** waren ohne Zweifel eine Weile Bewohner des nördlich des Kaukasus liegenden, großen Kasarenreiches und ihre Sprache unterschied sich nicht wesentlich von der Sprache anderer Völker, die entlang des Urals und des Kaukasus lebten. Dies wurde von etlichen „unorthodoxen" Sprachforschern, die sich bemühten auch jenseits der offiziellen Lehren auf die offenen Fragen Antworten zu finden, bestätigt.

Es scheint sehr wahrscheinlich, dass die Hunnen und die **Sabiren** – vielleicht Vorfahren der Ungarn – dieselbe (oder wenigstens eine sehr ähnliche) Sprache gesprochen haben. Doch gibt es hierüber keine gesicherten Erkenntnisse, sondern nur Vermutungen, die auf archäologischen Funden beruhen. Die sogenannte zivilisierte Welt, das Oströmische Byzanz und bis zu seinem Zerfall das Weströmische Reich, endete entlang dem Rhein bzw. der Donau und dem Schwarzen Meer. Außerhalb dieser Zivilisationen wurde keine geschriebene Geschichte überliefert.

Neben den archäologischen Funden und den auffindbaren Berichten aus Rom und Byzanz bleiben uns nur **Legenden, Sagen und Volksmärchen** (oder das ethymologische Analysieren), um einiges über die vielen plötzlich aufgetauchten und wieder verschwundenen Völker zu erfahren.

Das Zusammengehören verschiedener Völkergruppen war in diesen Zeiten nicht von der gemeinsamen Kultur oder der einheitlichen Sprache bestimmt. Außer Familien- und Stammesstrukturen verbanden wechselnde Kriegsbündnisse und Verträge die verschiedenen Stämme und Völker, deren Sprachen einander naturgemäß beeinflussten.

Polemik über das Finnisch und Ungarisch

Für einen selbstbewussten stolzen Ungarn ist es immer haarsträubend, was er manchmal von der übrigen Welt über die ungarische Sprache zu hören bekommt. Viele halten sie für slawisch, für einige klingt sie türkisch. (Letztere sind vielleicht nicht mal weit von der Realität entfernt ...)

Diejenigen, die sich für die „am besten Orientierten" halten, meinen zu wissen, dass sie „aus dem Finnischen stammt" - obwohl sie weder finnisch noch ungarisch sprechen. Diese finno-ugrische Abstammungstheorie (erfunden von deutschen Sprachforschern im 19. Jahrhundert) hält sich hartnäckig, obwohl Finnen und Ungarn einander überhaupt nicht verstehen und es zwischen den beiden Völkern keine engeren Kontakte gab, was bei Brüdervölkern naturgemäß zu erwarten wäre. Geschichtlich gesehen gibt es auch keine Anhaltspunkte, die diese „finno-ugrische Abstammung" untermauern würden.

Selbst geografisch gesehen gibt es keine Erklärung dafür, wie die Ungarn bzw. ihre Ahnen vom hohen Norden so tief in den Süden gelangt wären. Denn es steht fest, dass sie von Osten bzw. Südosten in das Karpatenbecken kamen. Ihre früheren Heimatgebiete lagen nördlich des Schwarzen Meeres, westlich und südlich vom Kaukasus am Kaspischen Meer. Auf der Ebene zwischen den Flüssen Wolga und Kama bzw. später östlich der Karpaten, in der Nachbarschaft von Kasaren, Armenier, Türken und Bulgaren und vielen weiteren, vergessenen Völkern.

Letztendlich gibt es keine definitive Antwort! Denn soweit man die schriftlich belegte Geschichte zurückverfolgen kann, findet man keine verlässlichen Informationen, welche die Sprachverwandtschaft der Ungarn wirklich erläutern würden.

Einige Forscher - Wissenschaftler und auch Amateure - behaupten, dass ohne Zweifel eine gewisse Verwandtschaft in der Sprachstruktur (aber keine Abstammung!) mit den finno-ugrischen Völkern bestehe. Doch sei diese Verwandtschaft nicht enger als die mit vielen anderen, in Vergessenheit geratenen alten Völkern.

Aber wen interessiert es heutzutage, wer die Völker mit Namen, wie die Ostgoten, Skythen, Gepidas, Sarmatas, Awaren, Sabiren, Kasaren, Petschenegen, Onogur usw. waren und was mit ihnen geschah? Sie haben nicht überlebt, sie sind schon lange von den Landkarten verschwunden.

Nur die Geschichte von denen, deren Nachfahren noch heute existieren, erzielt etwas mehr Aufmerksamkeit. Das sind die Germanen, die Türken, die Bulgaren und die anderen Slawen: die Russen, Tschechen, Slowaken und Serbokroaten.

Aber auch die Ungarn sind noch da, über deren Sprache in Europa außer ihnen selbst niemand etwas Genaueres zu wissen scheint und wahrscheinlich nichts Genaueres wissen will. Und sie selbst scheinen in dieser Frage so zerstritten, dass es einem wie eine Existenzfrage vorkommt.

Aus diesen alten, längst in Vergessenheit geratenen Sprachen bewahrt bis heute wahrscheinlich die ungarische Sprache die meisten Elemente wie ein Fossil, denn sie übernahm hier, inmitten Europas, nicht die komplizierte Grammatik aus dem Latein.

Religion und Kirche

Die Ungarn, die am Ende des 9. Jahrhunderts in das Karpatenbecken kamen, praktizierten den **Schamanismus.** Die wichtigste Quelle, um über diese Menschen einiges zu erfahren, ist die drei Jahrhunderte später geschriebene „Gesta Hungarorum", deren Verfasser unbekannt ist.

Nach alten Überlieferungen zelebrierten die vorchristlichen Ungarn ihre **Rituale** unter einem auf eine hohe Stange gesetzten Pferdekopf. Über das Trinken von Stutenmilch und -blut wurde auch berichtet. Das Pferd spielte unter den Haustieren der Ungarn im Alltag die wichtigste Rolle.

Das wichtigste Totemtier war der **Turul,** ein sagenhafter Greifvogel. Dieser Vogel schmückt den Barockzaun des Burgpalastes in Buda und erscheint unter anderem auch auf den Spitzen der Haltesäulen der Freiheitsbrücke in Budapest. In einer monumentalen Ausführung aus Bronze überwacht er die Landschaft auf dem Berg über Tatabánya. Man sieht ihn links von der Autobahn M1, ca. 50 km vor der Hauptstadt.

Der **Abstammungslegende** nach wurde *Emese,* die Urmutter des Árpádenhauses und Ehefrau von *Ügek* (Großfürst der Ungarn), im Traum von ihm geschwängert. *Álmos* (Vater von *Árpád*) wurde also von einem *Turul* gezeugt. *Attila,* der König der Hunnen, stammte ebenfalls aus dem Geschlecht der *Turuls* wie die Familie von *Álmos.* Noch ein Hinweis auf die Verwandtschaft der Hunnen und der Ungarn ...

015un Foto: eb

Eine andere Legende erzählt über eine Epidemie, die den Großteil der Tiere der Ungarn getötet hat. Plötzlich erschien der große, mutige und starke Turul-Vogel und vertrieb die dort fressenden Geier. Die Ungarn begannen, ihm zu folgen und der Turul führte sie nach Pannonien. Dann verschwand er plötzlich endgültig und für immer. Der Turul spielte eine Hauptrolle in der alten, in Vergessenheit geratenen Religion der Ungarn.

Von dieser ursprünglichen schamanistischen Naturreligion ist heute praktisch nichts mehr übrig geblieben. Schon der erste katholische König, *Stephan der Heilige,* hat den **christlichen Glauben** mit Schwert und Feuer durchgesetzt und die Könige des Árpádenhauses haben sein Werk vollendet. Ungarn wurde eine starke Bastion der christlichen Kirche. Die **Reformation und die Religionskriege des 16. Jahrhunderts** führten zu einem dreigeteilten, von dem Osmanenreich teilweise vereinnahmten Land.

Die sich zu einem eigenständigen **Fürstentum Transsilvanien** *(Erdély)* entwickelnden östlichen Landesteile haben sich schnell zum **Protestantismus** bekannt, auch weil dies ihre Eigenständigkeit dem bedrohenden Nachbarn, dem katholischen Habsburgerreich, gegenüber untermauert hat. Während der Reformation im 16. Jahrhundert traten die in Siebenbürgen lebenden Ungarn in die kalvinistische und in die lutheranische Kirche über, was die Feindschaft mit den Habsburgern nur noch vertiefte.

Es entstand sogar eine ungarische Version des neuen reformierten Glaubensbekenntnisses: **Unitarius.** Sie haben die Lehre über die heilige Dreifaltigkeit abgelehnt und beteten zu einem einzigen, allmächtigen Gott.

Als die Vorkämpfer der Gegenreformation, die Habsburger, die Türken aus dem Land jagten, war eines der wichtigsten ihrer Zugeständnisse, Religionsfreiheit zu gewähren, um die „rebellierenden" Ungarn zur Ruhe bringen zu können.

Nach Trianon war die übrig gebliebene ungarische Bevölkerung fast homogen katholisch. Dies folgte auch daraus, dass die mehrheitlich protestantischen östlichen Gebiete Ungarns nach dem Ersten Weltkrieg vom Heimatland abgetrennt worden waren und somit die meisten Ungarn protestantischen Glaubens in den Nachfolgestaaten verblieben. In der ersten Hälfte des 20. Jahrhunderts spielte die **katholische Kirche** politisch eine ziemlich reaktionäre Rolle. Sie bildete eine starke Stütze der rechtskonservativen Regierung.

Diese Tatsache war mit ein Grund, warum die Kommunisten nach der Machtergreifung 1948 die **Kirche entmachtet,** zum Teil enteignet haben. Die meisten Orden wurden aufgelöst und die Priester bezogen fortan ein staatliches Gehalt. Nach 40 Jahren „geduldeter leiser Existenz" im Sozialismus, meldete sich die Kirche nach der Wende laut zurück. Sie verlangte **Entschädigungen** oder die Rückgabe der verstaatlichten Gebäude und

Immobilien. Schulen und Waisenhäuser mussten geräumt werden, was teilweise zu heftigen Protesten der Betroffenen und in den Medien führte. Politische Äußerungen einiger ungarischer Kirchenmänner in der jüngsten Zeit führten zur Verwunderung und Missgunst der Medien und westlichen Beobachter.

Heute gehören offiziell **90% der ungarischen Bevölkerung einer christlichen Kirche** an. Neben Katholiken und Protestanten leben noch orthodoxe Christen (vor allem Serben und Rumänen) und eine geringe Anzahl von Angehörigen anderer Religionen (wie z.B. etwa 100.000 Juden) im Land.

Laut einer Umfrage des Median Meinungsforschungsinstituts aus dem Jahr 2004 stuften sich allerdings 25% der Befragten als nicht religiös ein. Nur 13% fühlte sich mit einer der großen christlichen Kirchen verbunden, mehr als die Hälfte der Gläubigen lebt auf „eigenen Wegen" ihren Glauben aus. Die Mehrheit ist dagegen, dass Steuergelder von Atheisten auch für die Unterstützung der Kirchen verwendet werden. Nur eine unwesentliche Minderheit hält die Verbote der Kirche in Sachen Abtreibung, Schwangerschaftsverhütung oder Euthanasie für akzeptabel. 43% der Befragten meinten, dass die Kirchen nur von den Spenden ihrer eigenen Mitglieder aufrechterhalten bleiben sollten und nicht aus staatlichen Geldern.

Glaube und Aberglaube

Die Ungarn brachten aus dem Osten viele orientalische Elemente in ihrer Sagen- und Glaubenswelt mit. Durch die Christianisierung ist vieles davon wieder verloren gegangen. Nur in den Volksmärchen und in dem gelebten Aberglauben ist noch einiges von diesem ehemals unerschöpflich reichen Kulturschatz zu finden.

Die ungarischen **Volksmärchen** verraten vieles über Seele, Glauben und Aberglauben der Urahnen. Drachen, Riesen und Kobolde, Teufel, Hexen, verschiedene Fabelwesen und sprechende Tiere kommen in ihnen vor. Einen ganz besonderen Platz nimmt in den Volksmärchen der *táltos* ein, ein weises, gutmütiges, sprechendes Pferd als bester Freund und Helfer des jüngsten Prinzen. Ein weiteres Zeichen dafür, welche zentrale Rolle das Pferd im Leben der Ungarn gespielt hat. (Nebenbei: Die Schamanen der alten Ungarn wurden ursprünglich auch „Taltosch" genannt.) Die Kinder lernen auch heute noch die magischen Zahlen aus den Märchen. Der König hat immer drei Söhne, und immer der jüngste wird siegen. Zwei Versuche scheitern, der dritte gelingt. Das Sprichwort „Drei ist die ungarische Wahrheit" *(Három a magyar igazság),* ähnlich der deutschen

Version „Aller guten Dinge sind drei", bestätigt den Glauben an die Magie der Zahlen. Aber neben dem dreiköpfigen Drachen kommen auch Drachen mit sieben oder neun Köpfen als zweites und drittes Hindernis in den Volksmärchen vor, denn die Zahlen sieben und neun haben auch eine besondere Bedeutung.

Es gibt viel **Aberglauben,** den man nur vom Hörensagen kennt, aber an einiges glaubt man doch. Auch wenn man vielleicht über sich selbst lächelt – ihn ganz unbeachtet zu lassen, wagt man nicht. Heute gibt es kaum noch einen Aberglauben aus dem alltäglichen Leben, der nur bei den Ungarn gelten würde. Nehmen wir gleich das „Abklopfen". Das tut einer, wenn er von einem glimpflichen Ausgang erzählt, z. B. wenn er von einer Grippeepidemie noch nicht erwischt wurde. Gleichzeitig klopft man mit dem Zeigefinger, Fingerknöchel oder mit der Faust auf dem Tisch um damit zu sichern, dass es auch in Zukunft so bleibt.

Die schwarze Katze und die Zahl 13, vor allem der Freitag der 13. als Unglücksbringer sind wohl auch in Deutschland bekannt. In Ungarn jedoch dreht man sich mindestens einmal, wenn nicht wie einige sogar dreimal um, um das drohende Unglück abzuwehren, wenn eine schwarze Katze einem über den Weg läuft.

Etwas anders verhält es sich auch mit den **Scherben.** In Deutschland sollen sie Glück bringen, in Ungarn genau das Gegenteil. Manche meinen sogar, das Paar bleibt nicht zusammen, wenn in ihrem Haushalt etwas zerbricht. Im alten Glauben wird sieben Jahre lang nicht vermählt, wer einen Spiegel zerbrochen hat. Falls der Spiegel von selbst bricht, bedeutet es, dass jemand aus der Familie sterben wird.

Der **Kauz** wurde in Ungarn „Totenvogel" genannt. Wenn sich ein Schwerkranker im Haus befand und der Kauz auftauchte, behauptete man, dass er gekommen sei um die Seele des Kranken zu holen. (Obwohl der arme Vogel lediglich die Insekten gejagt hat, die vom neben dem Kranken lange brennenden Licht angezogen wurden.) Zahlreiche **Vorzeichen** waren bekannt, die das Kommen des „Sensenmannes" ankündigten. Das Zerplatzen des Spiegels, das Platzen des Lampenglases oder das Erlöschen der Flamme. Wenn die Uhr stehen blieb, das Bild an der Wand sich bewegte oder die Möbel in der Nacht knarrten, zeigte sich, dass jemand aus der Familie bald zum Herrn heimkehren wird.

Wenn jemand gestorben war, musste das Fenster aufgemacht werden, damit die Seele hinausfliegen konnte. In einigen Gegenden glaubten die Leute fest daran, dass, wenn jemand stirbt, im selben Augenblick ein Stern vom Himmel fällt. In diesem Sinne wählten Liebespaare für sich einen „eigenen Stern", dessen Anblick immer die Präsenz des anderen bedeutete. Wenn die Augen des **Toten** offen blieben, bedeutete es für die Anwesenden, dass er auf jemanden wartet, der ihm folgen sollte. Falls der Mund offen blieb, wollte er sich bei jemandem entschuldigen, den er früher verletzt hatte. Der Spiegel wurde abgedeckt, damit der Tote sich nicht darin sehen konnte. In manchen Gegenden legten die Angehörigen dem Verstorbenen Geldmünzen auf die Augen und beerdigten ihn auch so, damit er den Zoll für das Jenseits bezahlen konnte. Anderswo platzierten sie das Geldstück unter die Zunge des Verstorbenen oder in seine rechte Hand, damit er „über den Jordan kommt".

Wenn einer vom heftigen Schluckauf geplagt wird, glaubt man heute noch fest daran, dass irgendwo jemand über ihn spricht oder in Gedanken intensiv mit ihm beschäftigt ist.

Weit verbreitet ist heutzutage auch die **Traumdeutung.** „Ich habe von Toten geträumt, es wird regnen!", sagte manchmal meine Großmutter und wir haben auch nie daran gezweifelt, dass jemand aus der Familie krank wird, wenn jemand von Schlamm oder Matsch träumte. Zur Wertung der Träume werden oft die bekannten Deutungen aus dem Aberglauben genutzt. Wie z.B. von einem Schwein zu träumen Glück bringt, von der Eule aber den Tod. Das lodernde Feuer bedeutet einen wütenden Menschen oder Feindseligkeit. Oft werden gegensätzliche Bedeutungen assoziiert: Das Träumen von Geld steht für Verlust, träumt man von einer Hochzeit bedeutet das Tod. Wenn jemand im Traum gehängt wird, soll er in Wirklichkeit eine Auszeichnung erleben oder ihm wird eine große Ehre zuteil.

Feste, Bräuche, Traditionen

Als christliches Land hat Ungarn dieselben religiösen Feiertage wie die meisten europäischen Länder. In jüngerer Zeit werden auch vorwiegend durch die Medien übermittelte, für die Ungarn eigentlich fremde Feste wie Halloween oder Valentinstag gefeiert.

Weihnachten

Am Heiligabend kommt meist Fisch als *Halászlé* (ungarische Fischsuppe) oder gebraten und Gebäck als Dessert auf den Tisch. Der **Weihnachtsbaum** wird traditionell sehr reichlich geschmückt. Kiloweise wird eine österreichisch-ungarische Spezialität, der **„Salonzucker"**, auf den Tannenbaum gehängt. Neben Beleuchtung und Schokoladenschmuck machen gold oder silber bemalte Nüsse, weißer oder rosaroter „Schaumkuss", ein ringförmiges Eierschaumgebäck, ganze Äpfel oder Orangen aus dem Christbaum nicht nur einen Augenschmaus, sondern bieten den Kindern und Erwachsenen wochenlang die Möglichkeit, beim Vorbeigehen oder vorm Schlafengehen etwas Süßes zu naschen.

Krippen sieht man in den Kirchen, in den Wohnungen findet man diese christlichen Symbole eher selten. Der Heiligabend gehört dem engen Familienkreis. Das **„Warten auf den Engel"** gehört zu den schönsten Erlebnissen der Kindheit. Am Heiligabend warten die Kinder sehnsüchtig vor der Zimmertür auf das „Klingeln der Engel" oder bis ein Erwachsener „dem es erlaubt ist, den Engel zu erblicken", die Tür aufmacht und auch die Kinder endlich in das Zimmer lässt. Der Weihnachtsbaum glänzt und strahlt wie ein echtes Himmelsgeschenk. Darunter liegen die Geschenke für Klein und Groß und man singt zusammen ein Dankeslied. Den Rest des Abends wird dann ausgepackt, an- und ausprobiert. Die Kinder dürfen lange aufbleiben. Die Mitternachtsmesse in der Kirche wird oft auch von denjenigen besucht, die sonst im ganzen Jahr nicht oder nur sporadisch den Weg in die Kirche finden. Am schönsten ist der Weg im tiefen Schnee.

Am ersten Weihnachtstag schläft man lange. Dies ist der **Tag der Besuche.** Man besucht die Großeltern und andere Verwandte oder gute Freunde, die auch beschenkt werden.

Am 26. wird man zu Freunden oder Kollegen eingeladen oder man lädt diese oder auch ferne Verwandte zu sich ein. Ja, am ersten und zweiten Weihnachtstag nimmt man auch in Ungarn einige Kilos zu.

In den Dörfern Ungarns läuft Weihnachten auch heute noch so traditionell wie hier geschildert ab. In den Städten aber hat sich das Weihnachtsfest „globalisiert". Der Weihnachtsmann hat den Engel und das Christkind aus den Weihnachtsmythen hinausgedrängt. Je weiter der ursprüngliche Inhalt des größten Fests des Christentums ausgehöhlt wird, desto mehr verbreitet sich auch hinter der österreichischen Grenze die Mode der Strom fressenden Girlanden und Lichterketten in den Städten wie auch auf dem Lande.

Silvester

Am Silvesterabend gehen vor allem in den Städten die Menschen auf die Straßen. Den ganzen Tag knallt und dröhnt und piept und pfeift es überall im Land. Schon Tage vorher stehen die fliegenden Händler hinter ihren provisorischen Verkaufsständen und bieten die obligatorischen Utensilien wie Papiertrompeten, Masken, Scherzartikel und natürlich Knallfrösche zum Verkauf an. Sehr beliebt sind die **Glück bringenden Symbole:** kleine Schweinchen mit Kleeblatt und Hufeisen oder verschiedene „Neujahrsmünzen", die auf die solche Glückssymbole geprägt sind. Im Fernsehen und in den Theatern ist es die Zeit der Kabarettisten. Um Mitternacht schallt aus allen Medien nach den zwölf Gongschlägen die **Nationalhymne,** wozu die Menschen aufstehen und andächtig lauschen. Erst danach wird mit Sekt oder Champagner angestoßen. Man versucht die Sektkorken haargenau nach dem zwölften Gongschlag knallen zu lassen. Feuerwerke sind nicht so üblich wie in Deutschland. Nach Mitternacht werden traditionell Würstchen mit Senf oder Meerrettich gegessen.

Die Jüngeren organisieren private **Partys,** wohin jeder etwas Besonderes zu essen oder zu trinken mitnimmt. Nach der Hymne um Mitternacht wird dann die Zeit mit Musik und Tanzen bis in den helllichten Tag hinein verbracht. Einige machen auch gleich weiter bis zum nächsten Abend. Zwischendurch wird ein, zwei Stunden geschlafen.

Am 1. Januar gehen viele Kinder, aber auch einige Erwachsene ein **„Frohes Neues Jahr" wünschen.** Manche tragen kleine Gedichte vor, wie auch zu Ostern (siehe Kapitel „Ostern") und erhoffen dafür Geschenke oder Kleingeld.

Fasching

Fast jede Ortschaft hat für die Faschingszeit (auf Ungarisch: *farschang*), ähnlich der deutschen „Narrenzeit", für die „Beerdigung des Winters" ihre eigenen Traditionen. Die Feierlichkeiten dazu spielten in der ungarischen **Volkstradition** eine große Rolle. Der Fasching vom 6. Januar bis Aschermittwoch war schon immer eine gute Gelegenheit für die verschiedensten **Narrenspiele.** Man veranstaltete entweder Vorführungen in den Gemeindehäusern oder Umzüge in Kostümen und Masken durch das Dorf, bei denen sich das Volk prächtig amüsierte. Die ersten Aufzeichnungen über Spielereien in Masken stammen aus dem 15. Jahrhundert, aus den Zeiten von König *Mathias,* der die Masken für die Spielereien in Italien bestellte.

In diesem Zeitraum wurden auch die meisten **Hochzeiten** gehalten. Die Menschen beteuerten eine magische Verbindung zwischen der erwachenden Natur und der Zukunft des jungen Paares. Deshalb schämten sich die jungen Erwachsenen, wenn sie während des Faschings nicht „zum Zuge" kamen und sich in der dazu geeignetsten Zeit nicht vermählen konnten. Vor den Häusern der nicht „verkauften" Mädchen haben die Jungs mit Kuhglocken geläutet, mit leeren Töpfen und Backblechen großen Lärm gemacht oder auf die Schwelle der Häuser der „Altweiber" einen mit Müll gefüllten großen Topf geworfen.

Die Welt wurde auf den Kopf gestellt. Die Frauen kleideten sich in Männerkleidung und „rasierten" die erwischten Männer mit Eiszapfen oder Holzspänen. Abends tanzten sie auf dem männerlosen „Katzenball". Der

077un Foto: Fejér Megyei Hírlap

berühmte Tschardasch (*csárdás*) kam dann natürlich zu kurz, denn ohne Männer konnten sie diesen bekanntesten ungarischen Tanz nicht so „richtig feurig" drehen. Die **Bälle** wurden in den letzten drei Tagen der Faschingszeit, am „Schwanz des Faschings", veranstaltet. „Der Fasching ist da, es läuft der Ball!", so der Sprachgebrauch. Die Jungs liefen von Haus zu Haus, um die Mädchen einzuladen und um Spenden zu sammeln, damit die Musiker bezahlt werden konnten. Es wurden getrennte Bälle für Verheiratete, für die Innungen, für Frauen und für Kinder organisiert.

In den Dörfern von Csallóköz, dem großen Binnenland zwischen den Flüssen Donau und Kleine Donau (gehört heute zur Slowakei) nordwestlich von Györ, marschierten die Männer in größeren Gruppen auf. Sie verkleideten sich als Zigeuner, Soldat oder als Braut. Ihr Gesicht beschmierten sie mit Mehl oder Ruß. Sie machten viel Lärm und versuchten, aus den Häusern Lebensmittel zu klauen. Um dem vorzubeugen bekamen sie von den Bewohnern Mehl, Speck oder Wurst geschenkt.

Eine ähnliche Tradition lebt heute noch in **Moha** in der Nähe von Székesfehérvár. Dort findet im Februar das **„Hühnerschlagen"** (*tikverés*) statt. Männer, in Kleidung aus bunten Textilstreifen gehüllt und im Gesicht mit Ruß beschmiert, klopfen an jedes Haus, dringen in die Hühnerställe ein, treiben die Hühner heraus und stehlen die Eier. Es ist ratsam, für sie dort Geschenke wie Wurst oder Schinken aufzuhängen, sonst brechen sie in die Häuser ein und räumen die Speisekammern leer. Die Bewohner verstecken sich vor den Geistergestalten, denn diese beschmieren die Passanten mit Ruß, schneiden die Krawatten ab oder schlagen sie bei Widerstand mit der Rute, mit der sie eigentlich die Hühner austreiben sollten.

Die Teilnehmer des **remélés** (traditionelles Fest, das für Erwartung und Hoffnung steht) in **Novaj,** einem Dorf in der Nähe von Eger (Erlau), haben auch eine sehr breite Kostümpalette. Die Männer laufen als Braut, schwangere Frau, als Schornsteinfeger oder als Friseuse verkleidet herum.

Von den zahlreichen Bräuchen und Traditionen, um den Winter zu „bestatten", hat der Zug der mit abschreckenden Holzmasken und in zottige Tierfelle gekleideten, mit Ketten und großen Holzgabeln bewaffneten Männer in **Mohács** eine gewisse internationale Berühmtheit erlangt, denn zahlreiche Besucher kommen jährlich aus dem In- und Ausland, um die lustigen Schreckensgestalten dieser südungarischen Kleinstadt zu bestaunen. Die Menschen dort ziehen mit Knarren und Hörnern, kettenbehangenen Stöcken und Mörserkanonen durch die Stadt, um den Winter auszutreiben. Der Zug heißt **Busójárás** (sprich: Buschojarasch = Buschogehen). Der ursprünglich südslawischen Tradition entsprechend, durften die „Busó"-Masken früher nur erwachsene, männliche *sokác* (Südslawen) tragen. Der Zug der *Busó* findet am Faschingssonntag im Februar statt. Anschließend verbrennen die Teilnehmer eine mit Stroh gefüllte Puppe, die den Winter symbolisiert. Eine der Interpretationen dieses Brauches reicht in die Zeit der türkischen Herrschaft im 16. Jahrhundert zurück. Die Gegend um Mohács konnten die Osmanen nie unter ihre Kontrolle bringen. Es wird erzählt, dass die Ungarn sich auf der Insel in der Mitte der Donau versteckt haben, als die Türken kamen. Die Türken entdeckten den Zugang zur Insel. Aber laut der Legende haben die in oben geschilderter Weise verkleideten Männer und Studenten mit lautem Geschrei und Geräuschen die abergläubischen Türken in Angst und Schrecken versetzt und aus der Gegend verjagt. Daran erinnert jedes Jahr diese Zeremonie.

Zur Faschingszeit gehört auch in Ungarn als Delikatesse der Berliner (auf Ungarisch *fánk,* in einigen Gegenden auch *pampuska* genannt) oder wie er vor allem in Österreich, aber auch in Bayern heißt: der **Krapfen.** Angeblich war der beliebteste Bäcker in Wien der Herr Krapfen. Nach seinem Tod führte seine Witwe das Geschäft weiter. Die Menschen kamen aus allen Gegenden, denn in diesem Geschäft gab es das feinste und weißeste Brot in der ganzen Stadt. Eines Tages wurde das Brot nicht rechtzeitig fertig, die Leute, die zum Teil aus größerer Entfernung angereist waren,

Eine sonderbare Faschingstradition: Hühnerschlagen („tikverés") in Moha

mussten mit leeren Händen wieder gehen. Sie waren natürlich verärgert und fluchten. Frau Krapfen wurde wütend und ergriff ein Stück vom Brotteig um es an den Kopf des Bäckerburschen zu schmeißen. Der Teig aber, weil der Junge sich blitzschnell beiseite beugte, landete nicht in dessen Gesicht, sondern im Topf, der auf dem Backofen stand und mit heißem Öl gefüllt war. Der Teig wurde schnell schön goldbraun und als Ergebnis entstand der erste „Krapfen", wie er ab sofort in Österreich hieß. Der Teig wird in Ungarn in verschiedenen Formen mit verschiedenen Namen gebacken. Neben der klassischen runden Form („Rosenkrapfen" oder „Faschingskrapfen"), wird er auch bandförmig, flach gedrückt oder in lockeren Knoten geformt zubereitet („Bandkrapfen", „tschechischer Krapfen" oder eben „geknoteter Krapfen"). In einigen Gegenden soll man laut altem Brauch den Faschingskrapfen aufbewahren und austrocknen lassen, um ihn bei Bedarf in zermahlener Form dem Futter von erkrankten Haustieren beizumischen.

Ostern

Die Feierlichkeiten und Bräuche an Ostern unterscheiden sich völlig vom deutschen „Eiersuchen". Während am Ostersonntag die Kinder in den vorbereiteten „Hasennestern" die Geschenke bekommen, die der Hase, ähnlich dem Christkind, den Kindern gebracht hat, wird der **Ostermontag als ein richtiges Volksfest** gefeiert. Die Männer und Jungs gehen die Mädchen und **Frauen „begießen".** Dieser offensichtlich aus einem ehemaligen Fruchtbarkeitsritual zum christlichen Fest avancierte **Volksbrauch** wird heutzutage nicht mehr wie ursprünglich mit Eimern voll eiskaltem Brunnenwasser ausgeführt, sondern mit feinen oder eben billigeren Parfums. Natürlich sind nicht alle Frauen und Mädchen begeistert von dem Gedanken an von vielen unterschiedlich duftenden Parfums durchsättigte klebrige Haare und an verfärbte Kleidung.

Nachdem sie die eigenen Frauen schon begossen haben (denn es wäre eine große Schande, wenn sie bei ihren eigenen Frauen nicht die ersten „Gießer" gewesen wären), dürfen an diesem Tag auch die verheirateten Männer symbolisch „fremdgehen". Sie dürfen alle Frauen, die sie besuchen können, begießen. Einzeln oder in Gruppen sind die Männer unterwegs, um eine wichtige Aufgabe zu erfüllen, nämlich dafür zu sorgen, dass die Frauen und Mädchen nicht „verwelken". Das Ganze ist eine prächtige Gelegenheit, sich selbst zu „bewässern", denn aus „Dankbarkeit" tischen die Frauen reichlich auf: selbstgebackenen Kuchen, wunderschön bemalte Eier, hausgemachte Liköre und andere meist alkoholische Getränke.

Man kann nicht früh genug in diese Männerrolle hineinwachsen. Schon kleine Knaben sind auf dem Weg von Haus zu Haus, tragen ihre Gedichte vor und bitten die „Blumen" des jeweiligen Hauses um die Erlaubnis, sie zu begießen.

Das „Begießen" bleibt ein gesellschaftliches Ereignis, auch wenn das Interesse an alten Volksbräuchen in den Städten in der letzten Zeit etwas nachgelassen hat.

Maibaum

Auch heute noch ist es eine lebendige Tradition, in der Nacht vor dem 1. Mai für das geliebte Mädchen einen Maibaum aufzustellen. Dies war früher ein dünner, möglichst sehr hoch gewachsener junger Baum aus dem Wald, der vor dem Haus fest in die Erde gegraben und mit bunten Bändern geschmückt wurde. In besseren Jahren hängte man Brezeln, eine Flasche Wein oder Schnaps daran, um denjenigen, der hochzuklettern wagte, zu belohnen. An den Kneipen haben die Stammgäste den Maibaum aufgestellt.

Die alten Bräuche haben sich etwas gewandelt, denn früher gehörte es nicht selten dazu, dass man das Tor ausgehängt und weggeschleppt hat, um die Bewohner zu foppen. Heute, in Zeiten der Infrarotmelder und automatischen Türöffner, wäre dies doch recht kompliziert. Außerdem klettert heute niemand mehr auf die zierlichen und immer kleiner werdenden Maibäume.

017un Foto: ut

DENKWEISEN UND VERHALTENSFORMEN

Lebensgefühl

„Es ist schön ein Ungar zu sein, es ist sehr schwierig, aber nicht unmöglich!"
Graf *Istvan Széchenyi* (1791–1860)

Das Gallup-Institut veröffentlichte 2010 eine „Glücklichkeitsskala": Die Forscher befragten zwischen 2005 und 2009 Tausende Bürger aus insgesamt 155 Nationen, um den Grad ihrer Zufriedenheit einstufen zu können. Ungarn belegte dabei Platz Nr. 103 zusammen mit der Türkei, Aserbaidschan, Kirgisien und Albanien, Äthiopien wurde nur knapp überholt! Tatsache ist, wie auch von ausländischen Beobachtern berichtet wurde, dass selbst Akademiker, die in guten Einkommensverhältnisse leben, immer wieder äußern: **„In Ungarn ist alles schlecht."** Woher kommt diese tiefe Unzufriedenheit?

Die Ungarn waren schon immer sehr stolz und ehrgeizig. Sie waren und sind manchmal bewusst, manchmal unbewusst, immer noch mit ihrer zum Teil schmerzhaften geschichtlichen Vergangenheit verbunden.

Über das **Selbstbild der Ungarn** verrät folgende, früher oft gehörte ironische Redewendung vieles: „Drei (Aus-)Wege eines ungarischen Intellektuellen: Alkohol, Irrenhaus oder Selbstmord." Und sie waren stolz auf einige „Disziplinen", von denen sie behaupteten, die Spitze der Weltstatistik anzuführen. Sie erzählten stolz, dass sie in der Weltrangliste den ersten Platz halten in Sachen Selbstmord, in der Menge des Pro-Kopf-Alkoholkonsums (hier wurden die Ungarn jedoch von den Finnen – doch Brudervolk? – überholt) und in der höchsten Anzahl der Nobelpreisträger im Verhältnis zur Bevölkerungszahl, obwohl die meisten der Ausgezeichneten nach eigenen Angaben nicht besonders stolz darauf sind, dass sie in Ungarn als „ungarische" Nobelpreisträger gefeiert werden.

Der **Selbstmord** war schon immer eine allgegenwärtige Lösung der Ungarn, den eigenen Stolz und die (vielleicht vermeintliche) Würde zu bewahren. Viele Prominente aus der Geschichte und aus dem geistigen Leben Ungarns beendeten ihr Leben durch Selbstmord. *Graf Teleki,* der Ministerpräsident vor dem Zweiten Weltkrieg, hat sich erschossen, weil er das Land nicht in den Krieg führen wollte. *Attila József,* der neben *Ady* der zweitgrößte ungarische Poet der Neuzeit, warf sich 1937 vor einen Zug. Der Dichter wurde 32 Jahre alt.

Arthur Koestler, der aus Ungarn stammende weltberühmte Journalist schrieb damals in Deutschland darüber: „... *Es spielte sich im exotischen Ungarn ab, jenem kleinen Siebenmillionenvolk, das als einziges in Europa keinen rassen- und sprachverwandten Nachbarn hat und das daher das einsamste in Europa ist. Vielleicht erklärt sich aus dieser intensiven Einsamkeit die seltsame Intensität seiner Existenz und die Häufigkeit, mit der es wilde Genies in der Art dieses Mannes hervorbringt; als explodieren über seinem engen Horizont Schrapnells, und nachher sucht man ihre Trümmer zusammen. Die hoffnungslose Einsamkeit dieser Nation züchtet ihre Begabung, ihren Geltungsdrang und ihre Hysterie: Ungar zu sein ist eine Kollektivneurose. Das übrige Europa kennt nur ihren Schundexport: die Revolverjournalisten, Filmfritzen und Franz Molnars. Ihre Genies, die Csokonay, Ady und József, sind für den Rest der Welt taubstumm geboren. Deshalb wage ich jetzt erst, nur zögernd und widerstrebend, erstens weil sie überschwänglich erscheint, zweitens weil sie der Leser nicht kontrollieren kann, die Behauptung auszusprechen: dieser Attlia József, von dem die Welt nie gehört hat und nie viel hören wird und der sich unter dem 47. Breitengrad vor den Eisenbahnzug legte, war der größte lyrische Dichter Europas. Ein närrisches Pflichtgefühl zwingt mich, diese meine Überzeugung auszusprechen, die niemanden was rührt; die Gedichte des Toten bleiben davon stumm und der Eisenbahnzug bleibt nicht stehen. ...*" (Arthur Koestler: Ein Toter in Budapest 1937)

Auch der 45-jährige *Zoltán Latinovits*, einer der beliebtesten Schauspieler der Nachkriegszeit, warf sich vor einen Zug. Die Reihe der Selbstmörder unter den ungarischen Schauspielern ist lang: *Imre Soós*, der junge Hoffnungsträger der ungarischen Theater- und Filmwelt der 1950er, beging im Sommer 1957, im Alter von 27 Jahren, zusammen mit seiner junger Frau einige Wochen nach der Hochzeit Selbstmord.

Der Schauspieler und Regisseur *Artúr Somlay* nahm sich mit 68 Jahren das Leben, die Sängerin und Schauspielerin *Edit Domján* an ihrem 40. Geburtstag. Das ganze Land erfuhr immer davon, obwohl die Art des Sterbens außer „unerwartet, unter tragischen Umständen", offiziell nie bekannt gegeben wurde. Selbstmord war auch bei der Schauspielerin *Gabi Jobba* und dem Komiker *István Rozsos* die Todesursache. Politiker, Schriftsteller, Schauspieler, Dichter, wie auch viele „Normalsterbliche" Ungarns wählten und wählen diesen Ausweg. Zu diesem Image trug auch *Seres* bei, der Komponist des Liedes **„Trauriger Sonntag"**, dessen Wirkung angeblich Hunderte von Menschen dazu brachte, sich das Leben zu nehmen. Über dieses „Lied der Selbstmörder" wurde vor einigen Jahren der Film „Gloomy Sunday" gedreht.

Die offizielle **Statistik** für das Jahr 2003 gab die Zahl der durch Selbstmord verursachten Todesfälle je 100.000 Einwohner in der gesamten EU mit 10,3 an, während die Rate in Ungarn bei 29,9 liegt. Diese Zahl ist immer noch sehr hoch, obwohl die Suizidrate in den letzten Jahren in Ungarn rückläufige Tendenzen zeigt, während die Zahlen in den anderen ehemaligen Ostblockländern entweder unverändert blieben oder leicht anstiegen wie in Polen oder sich sogar stark erhöhten wie in Russland und den baltischen Staaten. Durch diese Veränderungen haben die Ungarn ihren „ewigen" ersten Platz in der Weltstatistik der Selbstmorde verloren.

In den vergangenen 20 Jahren ist die Zahl der Selbstmorde per 100.000 Einwohner insgesamt auf 47 % zurückgegangen. Die rückläufige Tendenz scheint sich jedoch seit 2006 wieder umzukehren. Nach Litauen, Weißrussland, Russland und Kasachstan belegt Ungarn zurzeit den fünften Platz in dieser „Rangliste".

Zahlreiche Fachleute wie Soziologen, Psychologen und Psychiater liefern Erklärungsversuche für die immer noch hohe Zahl des „eingeladenen Todes", wie der Selbstmord in Ungarn auch genannt wird, eine zufriedenstellende Antwort fand man aber noch nicht. Es wird jedoch vermutet, dass die Seele eines Individuums durch die **Volksseele** stark beeinflusst wird. Diese wiederum ist durch die nationale Vergangenheit und durch das kollektive Gedächtnis geprägt. In dieser Hinsicht haben die Ungarn sicherlich einige Gründe zur Resignation, die zu einer Art Hassliebe gegenüber der eigenen Identität führen.

Dies spitzt sich in zwei extremen Haltungen zu. Die **Pessimisten** sehen die ungarische Geschichte als einen lange andauernden Aussterbeprozess. Sie meinen, dass das kleine Volk ohne einen mächtigen Verbündeten überhaupt nicht überlebensfähig gewesen wäre. Deshalb war Ungarn immer ein Spielball der größeren Mächte, fremden Interessen ausgeliefert. Entweder gibt es sich ganz dem Westen hin oder es wird im slawischen Meer untergehen.

Die **Optimisten** sind voller Zuversicht, denn die Ungarn sind als Nation trotz aller Niederlagen und Vernichtungszüge bis jetzt immer noch, wie der Phönix aus der Asche, wieder auferstanden. Sie sagen, dass die Sprache trotz massiver Überfremdung und jahrhundertelanger Unterdrückung immer überlebt und sich letztendlich durchgesetzt hat. Für sie bestätigt sich die starke Assimilationskraft der Nation. Die zum Teil schmerzhafte Vergangenheit und das trotzige Selbstbewusstsein wird nicht zuletzt durch die **Nationalhymne** lebendig gehalten, die in Ungarn am Anfang jeder offiziellen Veranstaltung gespielt oder gesungen wird und bei der jeder Zuhörer aufsteht und auch vorbildlich bis zum letzten Ton stehen bleibt.

Den Text der Hymne, im Jahre 1823 von *Ferenc Kölcscy* als Gedicht verfasst, der die ganze schmerzhafte und traurige Geschichte Ungarns zusammenfasst, lernt jedes Schulkind auswendig.

„Segne Gott den Ungar, mit guter Laune, mit Reichtum,
reiche ihm einen schützenden Arm, wenn er mit Feinden kämpft.
Dem, den das Schicksal so lange rüttelt,
bringe ein fröhliches Jahr,
denn dieses Volk hat schon längst abgebüßt
die Vergangenheit und die Zukunft ... „

So die erste Strophe. Dann folgt die Auflistung von Ereignissen von der Heimatgründung über die zweifache totale Vernichtung, erst durch die Tataren von *Batu Khan* (1241), später durch die Türken (1526) – dazwischen die Größe unter König *Mathias* – bis hin zum verlorenen, von *Rákóczi* geführten Freiheitskampf. Dann das wiederholte Beten: „Segne, oh Gott, den Ungar ..." Ob es noch eine Hymne gibt, die das Lebensgefühl und die Geistigkeit eines Volkes so grundlegend widerspiegelt, wie die der Ungarn?

Neben der Sprache und den Volksliedern trimmt diese Hymne vielleicht am stärksten die Seele eines jeden Ungarn zu diesem traurig-stolzen, me-

Denkmal zu Ehren von Sándor Petöfi – einem der Führer der Revolution von 1848

lancholischen Charakter. Zu einer Persönlichkeit, die ewig unruhig, manchmal krankhaft empfindlich, dauernd rebellierend, leicht resignierend und selbstzerstörerisch ist und der das Selbstwertgefühl manchmal wichtiger ist als das ganze Leben.

Nationale Identität, Nationalismus, Patriotismus

Nationen, im Begriff einer Gesellschaft, in denen alle Schichten des Volkes repräsentiert und somit nicht nur die Adligen, sondern auch die niedrigeren Klassen in der Sprache, Kultur und Traditionen vereint sind, entstanden im modernen, heutigen Sinn in Europa im 19. Jahrhundert.

Diese Zeit war auch die Geburtsstunde der Ungarischen Nation. Ein Begriff, mit dem in den Zeiten der Romantik das erste Mal auch das Volk gemeint und vertreten war. Die Sprache erlebte eine durch die bedeutendsten Denker und Literaten vorangetriebene Erneuerung. Da Ungarn in dieser Zeit Teil des Habsburgerreiches war, wurde dieses **neue nationale Selbstbewusstsein** mit politischen Unabhängigkeitsbestrebungen verknüpft und führte unumgänglich zu einer Revolution, die am 15. März 1848 begann.

Den darauf folgenden **Freiheitskampf** verloren die Ungarn zwar, aber der in den folgenden zwei Jahrzehnten andauernde Terror und die Unter-

054un Foto: www.leonardo.com

drückung konnten ihren Widerstand nicht brechen und schließlich war *Franz Josef I.*, der Kaiser von Österreich und König von Ungarn, gezwungen, den Ungarn weitgehende Autonomie zu gewähren. Nur dieser langjährige und mit vielen Opfern bezahlte Prozess zur nationalen (Quasi-)Unabhängigkeit kann erklären, wie sich der positive, von edlen Zielen vorangetriebene Nationalismus der Romantik in einen **„magyartümlichen" Nationalismus** umkehren konnte, der die kleineren Nationalitäten im eigenen Land benachteiligte. Die Ungarn haben auf jeden Fall versäumt, rechtzeitig einen „Ausgleich" mit ihren eigenen Minderheiten zu schaffen.

Dieser politische Fehler, der Versuch die eigenen Minderheiten ähnlich zu behandeln, wie die Habsburger mit den Ungarn umgegangen sind, führte nach dem Ersten Weltkrieg zur Katastrophe von Trianon, zur Unterzeichnung der Friedensverträge mit den Siegermächten, und bildete die Grundlage für die bis heute andauernden Feindseligkeiten zwischen den Nachfolgestaaten der ehemaligen Monarchie.

Die Ungarn scheinen aus der Geschichte gelernt zu haben. Nach dem Ende des Kalten Krieges waren sie die ersten, die ihrerseits die Unantastbarkeit der bestehenden Grenzen betont haben. Und sie praktizierten schon in den Zeiten des Kádár-Sozialismus eine beispielhafte **Nationalitätenpolitik.** Jede hier lebende Nationalität hatte eigene Schulen oder wenigstens die Möglichkeit, die eigene Muttersprache zu lernen oder Presseorgane zu betreiben.

Die Probleme der außer Grenzen gebliebenen Ungarn dagegen wurden als innenpolitische Angelegenheiten der jeweiligen Staaten abgetan.

072un Foto: ba

Die politische Führung versuchte lediglich indirekt, mit ungehinderter Verbreitung der Literatur und Kultur der Nachbarländer, einen moralischen Druck auf diese auszuüben, während die ungarische Minderheit in diesen Ländern bis zuletzt Repressalien ausgesetzt war, ja zum Teil heute noch ausgesetzt ist.

Die **im Ausland lebenden Ungarn** jedenfalls haben ihre nationale Zugehörigkeit nie vergessen und nie aufgegeben. Es ist hier die Rede von den über Hunderttausenden in der Slowakei, Ukraine, Restjugoslawien und von einigen Millionen in Rumänien. Nach den Jahren der Resignation, in denen sie sich verraten, vergessen und verkauft gefühlt hatten, formierten sie sich nach dem Ende des Kalten Krieges neu. Sie schafften es, unter zum Teil sehr schwierigen Bedingungen, die Möglichkeiten der neuen Demokratien für sich zu nutzen, um ihre politische Gleichberechtigung stufenweise zu erkämpfen. Durch den Demokratischen Bund der Ungarn in Rumänien (RMDSZ) oder durch die Partei „Die Brücke" *(A Híd)* in der Slowakei sind die dort lebenden Ungarn im jeweiligen Parlament vertreten.

Als die Reisevorschriften zwischen den Ländern gelockert wurden, versuchten viele Auslandsungarn ihr Glück im „Mutterland". Sie machten sich aber schnell unbeliebt und wurden als Rumänen oder „Jugo-Ungarn" beschimpft, denn sie arbeiteten für weniger Lohn als die Einheimischen.

Ungarns postkommunistische Regierungen haben noch keinen erkennbaren **politischen Kurs** in Bezug auf die Problematik der in den Nachbarstaaten lebenden ungarischen Minderheiten erarbeitet. Sie schwanken zwischen zwei Alternativen: Das demografische Problem der sinkenden Geburtenrate und der damit zusammenhängenden Lücken am Arbeitsmarkt mit der Duldung der massenhaften Einwanderung der Auslandsungarn zu lösen oder sie moralisch und eventuell auch finanziell dort zu unterstützen, wo sie bis jetzt leben und weiterhin auch leben sollten.

Aber das sind ganz pragmatische Überlegungen. Dass diese Menschen sich für geborene Ungarn halten, spielt dabei eine untergeordnete Rolle. Jahrelang stritten die Parteien ergebnislos über einen Gesetzentwurf, nach dem den Ungarn und ihren Nachfahren, die seit Trianon außerhalb der heutigen Grenzen Ungarns leben mussten, eine **doppelte Staatsbürgerschaft** gegeben werden sollte. Einige Politiker waren strikt dagegen, denn abgesehen von den kaum abschätzbaren wirtschaftlichen Folgen (z. B. der Überbelastung des sozialen Netzes), „dürfte man Bürgern anderer Staaten keine Staatsbürgerschaft gewähren." Andere wiederum argumentierten mit Hinweis auf die Äußerungen aus den USA und der EU dafür, dass das

Gewähren einer doppelten Staatsbürgerschaft Recht und innere Angelegenheit eines jeden Staates sei. Außerdem gaben Rumänien, die Slowakei, Serbien und Kroatien schon lange ihren im Ausland lebenden Mitbürgern die Staatsbürgerschaft zurück, auch als „zweite Staatsbürgerschaft."

Die Unentschlossenheit und Ratlosigkeit der Politik in der Frage der nationalen Zugehörigkeit führte zur **Volksabstimmung** vom 5. Dezember 2004. Das Volk von „Restungarn" folgte in der Zerrissenheit ihren Repräsentanten im Parlament: Millionen weigerten sich, den Stimmzettel auszufüllen. Die Abstimmung selbst führte zu keinem Ergebnis. 1,5 Millionen (51 %) gaben ihre Stimme für die doppelte Staatsbürgerschaft, aber für die in Ungarn benötigte Zweidrittelmehrheit hätten 2 Millionen mit „Ja" stimmen müssen.

Die Anfang 2010 mit absoluter Mehrheit erneut an die Macht gekommene Partei FIDESZ griff die Problematik der doppelten Staatsbürgerschaft erneut auf, was in einigen Nachbarstaaten als *casus belli* (d.h. Grund für einen Krieg) betrachtet wurde. Die Slowakei z.B. drohte denjenigen, die dies in Anspruch nehmen wollten, mit dem Entzug der slowakischen Staatsbürgerschaft. Dessen ungeachtet führte die FIDESZ im August 2010 das gesetzliche **Recht auf doppelte Staatsbürgerschaft** ein. Westliche Beobachter bemerkten: Dies könnte für viele z.B. aus dem Nicht-Schengen-Staat Rumänien die Weiterreise zur Arbeitsuche nach Westen ermöglichen. Denn die „romantischen" Gefühle nationaler Zugehörigkeit halten nur so lange an, bis die wirtschaftlichen Interessen sie zurückdrängen.

Heutzutage scheinen die Magyaren es sogar satt zu haben, sich um die eigene Sprache zu kümmern. Es tut jemandem, der zumindest mittelmäßig Ungarisch spricht, richtiggehend weh, zu bemerken, welche elementarsten grammatischen Fehler selbst in den Medien allgegenwärtig sind. Als Anfang 2003 das neue **Sprachgesetz** in Kraft trat, nahm kaum jemand davon Kenntnis . Es wurde lediglich vorgeschrieben, dass Geschäfte ihren Service und die Waren, die sie zum Kauf anbieten, neben fremdsprachigen Erläuterungen *auch* in Ungarisch beschriften müssen. Von den meisten ungarischen Geschäftsleuten wurde dies allerdings ignoriert.

Während in Europa nach dem Ende des Kalten Krieges überall die bis dahin unterdrückten (oder sich so fühlenden) Ethnien ihre ursprüngliche (oder angebliche) nationale Identität teilweise mit Waffengewalt wiederzufinden versuchten und nach ihrer sprachlichen Eigenständigkeit streben, haben sich die Ungarn dagegen viel Mühe gegeben, ihre sprachliche

Barriere gegenüber anderen Ländern loszuwerden. Die ungarischen Wörter wurden, wo es nur möglich war, gegen „wohlklingende" englische, spanische oder französische Wörter ausgetauscht.

Überall im Land eröffneten nach der Wende in umgebauten Garagen am Straßenrand kleine Lebensmittelgeschäfte. Auf dem Schild über dem Eingang stand überall stolz: DISZKONT. (Es sollte „discount" geschrieben werden.) Die meisten Verkäufer bzw. Betreiber hatten keine Ahnung, was das Wort bedeutet, wenn man sie danach fragte. Die Hauptsache war, dass es westlich klang. Die **Orientierung am Westen** spielt eine große Rolle: Die Uferpromenade an der Donau in Budapest wurde zum „Duna plage" umgetauft. In den Zeitungen wird wie selbstverständlich *büdzsé* (Budget), *menedzser* (Manager) und *görl* (Girl) geschrieben. Heutzutage wimmelt es nur so von den vielen eleganten „shops", „lady fitness-aerobics" und „jeans stores", auch im „Westend city center" und im „Pólus center" und die Palatschinken wurden von „Crêpes" abgelöst. Die Pizza wurde auch in Ungarn eine Art Nationalgericht. Wie die Pilze schießen Fast-Food-Restaurants aus dem Boden. Mit dieser „Möchtegern-Westlichkeit" sind die Ungarn natürlich nicht alleine auf dieser schönen, neuen, „globalisierten" Welt. Die kleinen und mittelständischen Unternehmer der kleinen Völker, wie die der Ungarn auch, versuchen überall auf der Erde wenigstens in ihrer Sprache so international (oder amerikanisch) zu werden, wie es nur möglich ist.

022un Foto: eb

Nach dem **Ende der nationalen Unterdrückung** durften die Ungarn wieder über ihre Selbstständigkeit nachdenken. Und weil sie nicht mehr unterdrückt waren, wollten sie nicht mehr so sehr Ungarn sein ...

Endre Ady, einer der bedeutendsten ungarischen Dichter des 20. Jahrhunderts schrieb im Jahr 1908: *„Wir brauchen Mohács" (Nekünk Mohács kell).* Womit die verlorene Schlacht 1526 gegen die Türken gemeint ist, durch die das ungarische Volk für 150 Jahre seine staatliche Eigenständigkeit einbüßte.

Es ist ein verbitterter Hinweis darauf, dass die Ungarn nur dann zusammenhalten und ihre Kräfte nur dann für ein gemeinsames Ziel vereinigen, wenn es um das nackte Überleben geht, wenn schon alles verloren scheint und der Nation die Vernichtung, das Aussterben droht. Der Satz „Wir brauchen Mohács" hat eine zeitlose Gültigkeit für die Ungarn. Die Botschaft des Gedichts sagt als eine bittere Selbstironie aus, dass die Ungarn sich so sehr an die Unterdrückung und an das Verlieren gewöhnt haben, dass sie mit der Freiheit nichts anfangen können. *„ ... Wenn es einen Gott gibt, soll er kein Mitleid mit mir haben: Ich bin als Ungar geboren. ... Er soll mich nur schlagen, auspeitschen.",* so *Ady* weiter. *„ ... Wir sollten keine halbe Minute Frieden haben, denn das wäre unser Ende, unser Ende."*

Wenn man die Geschichte Ungarns genau unter die Lupe nimmt, kommt man schnell zu einer verblüffenden Schlussfolgerung, wenn es um **Patriotismus** geht. In den wirklich entscheidenden Schicksalssituationen hat die herrschende Klasse des Landes fast immer versagt. Die Ungarn standen ohne fähige und kompetente Führung da. Es blieb meistens einer einzigen Person überlassen, in der Regel unter Aufopferung des eigenen Vermögens und Lebens, zu versuchen, das Land und die ganze Nation vor dem Untergang zu bewahren. Deshalb ist es kein Zufall, dass die Ungarn, wenn es um Freiheit, Eigenständigkeit und nationalen Stolz geht, immer die leuchtenden Namen einsamer Helden aus der Vergangenheit auf ihre Flagge setzen: *Hunyadi, Rákóczi, Széchenyi, Kossuth* und *Károlyi.* Allesamt tragische, einsame und letztendlich gescheiterte **Helden,** die sich auf vorderster Linie gegen Verrat, Uneinigkeit und falsche Rivalität gestellt haben. Sie kämpften mit ihren eigenen Mitteln für die Sehnsüchte und fast irrealen Träume von nationalen und europäischen Idealen des Volkes – bis zum bitteren Ende. Sie wurden zu Symbolen, die dem ungarischen Volk in Zeiten der Unterdrückung Halt und Kraft spendeten und ihm halfen, sich in bessere Zeiten zu retten. So wie es auch der schon zitierte Text der ungarischen Nationalhymne in dem immer wiederkehrenden Refrain beteuert:

„ ... denn dieses Volk hat schon längst abgebüßt
die Vergangenheit und die Zukunft ... „

Die Zeilen spiegeln dieses stolze **Selbstmitleid** wider, das so charakteristisch für die hier Geborenen ist, genauso wie der **Glaube ans Überleben.** Die Ungarn haben schon oft bewiesen, dass sie alles überleben können: Den Tatarensturm (1241), die Unterwerfung durch die Türken (1526–1686), die Habsburger Herrschaft (1711–1918), die Besetzung durch die Deutschen (1944–1945) und die Sowjets (1945–1990).

Die Ungarn waren fast immer – und bleiben es bis heute – **rebellierende Untertanen.** Denn ihre Seele mit dieser Überlebensmentalität ist durch die ungarische Geschichte geprägt. „Es ging bei Mohács mehr verloren!" *(Több is veszett Mohácsnál!),* sagt man in einer alten Redewendung, wenn man jemanden nach einem schweren, aber nicht unbedingt vernichtenden Schicksalsschlag trösten will.

„Wenn es einen Gott gibt, soll er nicht begnadigen, sie sind eine, ans Geschlagenwerden gewöhnte Rasse", schrieb der Poet *Ady* vor fast 100 Jahren über die Ungarn. „Er soll sie nur schlagen, schlagen." Denn sonst sind sie verloren, so die Schlussfolgerung.

Auch in diesem Sinne sind die heutigen, freien (und freizügigen) „globalisierenden" Zeiten ungünstig für Patriotismus jeglicher Art. Man findet ihn auch nicht im guten und edlen Sinne des Wortes in der heutigen politischen Landschaft. Oft trifft man nur auf verlogene Parolen als Mittel, um andere auszugrenzen. Das Risiko, dass **dieser neu aufflammende Nationalismus** die Gesellschaft spaltet und sich gegen Minderheiten richtet, ist nicht zu unterschätzen. Den kometenhaften Aufstieg der rechtsnationalistischen JOBBIK-Partei mit ihren antisemitischen und romafeindlichen Parolen können Beobachter nur mit Unverständnis und Kopfschütteln zur Kenntnis nehmen.

Es ist nicht neu in der Politik, dass einige das edle Gefühl der nationalen Zugehörigkeit in falsche Bahnen lenken, es für ihre Zwecke missbrauchen. Wie dies der ausgezeichnete Kinderpsychologe und Publizist *P. Popper* in einem Interview bereits im Sommer 2007 formulierte: „Ich stelle fest, dass die Geschichte die (ungelösten) Konflikte wiederholt: In Ungarn bleibt für immer das ewige Zigeunerproblem, die Judenfrage, wie in Spanien die Baskenfrage ..." Und: „Nicht die Krisen sind das Problem, sondern dass sich dasselbe wiederholt. Vor einigen Jahren war ich erst geschockt: Mein Gott, in meiner Kindheit in den 30er-Jahren habe ich schon dieselbe Parolen gehört. Ich habe die Judenbeschimpfung, die Parole ‚Zerhacktes Ungarn ist kein Land – ganzes Ungarn ist Himmelreich' schon gehört. Und die alle sind wieder da! Es gibt keine neuen Ideen, nur die Wiederholung alter Lösungen auf mythischer Basis."

Titel, Ränge, Würden

Nach dem Zweiten Weltkrieg wurden die „Feinde der Arbeiterklasse", Kapitalisten und Großgrundbesitzer sowie deren enge Verwandten, wenn sie nicht aus dem Land geflüchtet waren, interniert oder zwangsumgesiedelt. Alte Ränge, Titel, besondere Bezeichnungen oder aristokratische Namen verschwanden aus dem öffentlichen Leben. Eigentlich ist nur der Doktortitel erhalten geblieben. Heute, zwanzig Jahre nach der Wende, werden die alten, feudalen Titel vor dem Familiennamen von einigen Ungarn wieder gern benutzt, vorwiegend aber auf den sogenannten „magyartümlichen" Veranstaltungen wie politische Versammlungen, Bälle und Vereinsabende für die „ungarische Sache".

Aristokratische Nachnamen sind übrigens durch das „y" am Ende des Familiennamens erkennbar. Der Ortsname des ehemaligen Großgrundbesitzes wurde als Zusatzbezeichnung zum Namen hinzugefügt. Dies würde im Ungarischen mit einem einfachen „i" nach dem Ortsnamen angedeutet. („Budapester" wird auf Ungarisch zu *budapesti.*) Die Nachfahren der Adligen ersetzen in ihrem Familiennamen das „i" durch ein „y" am Ende. (Wie z. B.: *Kisfaludy, Ady* usw.) Zu lesen ist dieses „y" allerdings wie ein ganz normales „i" und nicht als „ü", wie es manche deutsche Moderatoren entsprechend der deutschen Aussprache zu artikulieren versuchen.

Was in Deutschland das Wörtchen „von" bedeutet, wird dementsprechend in Ungarn mit einem „y" am Ende des Namens ausgedrückt. Die Möchtegern-Adligen ändern die Schreibweise ihrer Namen, viele „echte" Aristokraten aber, wie z. B. ein bekanntes Mitglied der Habsburger Familie, das sich in Ungarn niedergelassen hat, verzichten auf ihre Titel.

Auszeichnungen, Preise

Es gibt zwei Formen der Auszeichnungen und Preise in Ungarn: die staatlichen und die aus Stiftungen finanzierten privaten. Zu den wichtigsten **staatlichen Auszeichnungen** zählen der Kossuth-Preis (für Schauspieler, bildende Künstler und Literaten), der Preis des Staates (*Állami díj,* ebenfalls für herausragende künstlerische und wissenschaftliche Leistungen) und das Offizierskreuz. Ein Kuriosum ist die Auszeichnung „Schauspieler der Nation". Mit dieser bekommt der Ausgezeichnete anstelle einer einmaligen höheren Summe regelmäßig eine Art extra Monatsgehalt. Eine der wichtigsten **privaten Auszeichnungen** ist der „Preis für die Ungarische Kunst". Wie dieser werden auch andere private Preise aus Stiftungen oder durch Unternehmergruppen finanziert.

Jedes Jahr werden traditionsgemäß am 20. August, am **Tag des Heiligen Stephans** (früher war das der Tag der Verfassung), die hohen Auszeichnungen des Staates vom ungarischen Staatspräsidenten persönlich ausgehändigt. Die verschiedenen Stufen (Gold, Silber und Bronze) des Verdienstkreuzes der Ungarischen Republik für den bürgerlichen oder militärischen Bereich dürfen Wissenschaftler, Ärzte und andere herausragende Persönlichkeiten aus dem öffentlichen und kulturellen Leben entgegennehmen.

Bürokratie

Der Besucher aus Deutschland bekommt, falls er den Diskussionen über die innenpolitischen Probleme in den ungarischen Medien folgt, das Gefühl, dass diese Widerhalle der Probleme sind, die in Deutschland gerade einige Wochen vorher im Bundestag gelöst wurden. Wenn in Deutschland eine Verschärfung der Strafen bei Verkehrswidrigkeiten beschlossen wird, kommt es in Ungarn mit Sicherheit zwei, drei Wochen später zu ähnlichen Maßnahmen. Sollte in Deutschland die Erbschaftssteuer erhöht werden, folgt in Ungarn die Diskussion darüber unmittelbar danach. Ob dies purer Zufall ist oder es eine Folge der Gesetzmäßigkeiten in der gesamteuropäischen Entwicklung, sei dahin gestellt – auffallend ist es allerdings.

Ungarn ist, trotz vieler Ähnlichkeiten, weniger bürokratisch als Deutschland. Die Neigung, alles gesetzlich zu regeln, ist allerdings auch vorhanden. Und die Anstrengung, alles nach westlichem (vor allem deutschem) Vorbild zu machen, führt zu immer mehr Bürokratie.

Die **Beamten,** mit denen man zu tun hat, sind in der Regel ältere Damen, die schon während des Sozialismus im Staatsapparat arbeiteten. Sie handelten, auf die eigenen Vorteile bedacht, streng nach den Vorschriften und Anweisungen von „oben" und ließen die Bürger ihre Macht oft genug spüren. Die Zeiten haben sich geändert, doch die Mentalität der Beamten ist weitgehend gleich geblieben. Mit etwas Glück aber bekommt man in zwanzig Minuten gelöst, was auf dem gewöhnlichen Weg sonst Wochen dauern würde. Das hängt stark vom persönlichen Engagement und guten Willen des bearbeitenden Beamten ab. Daran wird sich wohl auch in der Zukunft nicht viel ändern.

Um die **bürokratischen Schwellen** zu überwinden und die Hilfe des zuständigen Beamten zu bekommen, spielen in Ungarn scheinbar die Emotionen und Sympathien eine größere Rolle als z.B. in Deutschland. Und das hat nicht mal viel mit Bestechlichkeit zu tun ...

Bildung und Eliten

Die **Schulpflicht** für Kinder besteht bis zum Alter von 16 Jahren. Die aus acht Klassen bestehende Grundschule und zumeist auch die verschiedenen Mittelschulen sind kostenlos. Die Alphabetisierungsrate liegt bei 100%.

Die Kinder in den **Grundschulen** sind leistungsorientierter als die in den Schulen westlicher Länder, die umstrittene „antiautoritäre" Erziehung hat sich noch nicht hundert Prozent durchgesetzt. In Ungarn wird wesentlich mehr auswendig gelernt (Gedichte, Zitate usw.) als in den deutschen und anderen westeuropäischen Grundschulen. Die Schüler bekommen von Anfang an Noten. Man hört auch nicht so viel über Probleme wie Gewalt, Rauchen oder Drogen, aber die Bestrebungen, alles dem westlichen Vorbild nachzumachen, lässt nicht viel Gutes erahnen.

Nach der Grundschule können sich die Schüler, die studieren wollen, für das **Gymnasium** oder für das **„Technikum"**, d.h. für die technische Mittelschule, anmelden. Letztere ist zwar berufsorientierter, wird aber genauso mit dem Abitur abgeschlossen wie das Gymnasium. Während früher die Grundschule immer acht Schuljahre umfasste, gibt es heute auch die Möglichkeit, zwischen den Varianten, vier Jahre Grundschule und dann acht Jahre Mittelschule oder erst sechs Jahre Grundschule und danach Schulwechsel an eine der Mittelschulen, zu wählen. Für das Abitur wird die Kenntnis einer Fremdsprache aus der Mittelstufe verlangt.

Es gibt einige **„Rennstall"-Gymnasien**, wie man sie in Ungarn hämisch nennt, nach deren Abschluss die Aufnahme an einer der Universitäten

023un Foto: ut

besser gesichert zu sein scheint, als nach den „normalen" Mittelschulen und Gymnasien. Einige dieser „Musterschulen" prahlen mit einem hundertprozentigen Erfolg, was die Aufnahmestatistik hinsichtlich des Studiums betrifft. Das ist nicht zu unterschätzen, denn im kleinen Ungarn gibt es zu viele talentierte Bewerber und für den Erwerb eines Studienplatzes muss eine strenge Aufnahmeprüfung bestanden werden. Die Bewertung basiert auf einem Punktesystem, in das die Noten aller Jahreszeugnisse und die des Abiturs eingerechnet werden.

Um die von zu Hause aus benachteiligten, aber talentierten Kinder bei der Vorbereitung auf die Aufnahmeprüfung zu unterstützen, wurde Ende der 1960er-Jahre eine Art **„Elite-College" in Budapest** gegründet. Das Ziel war, intelligenten Schülern mit soziel schwachem Hintergrund eine Förderung zukommen zu lassen, wie sie Kindern aus bessergestellten, eher intellektuellen Familien meist ganz selbstverständlich zur Verfügung stand. Das anfänglich bescheidene College wurde mit der Zeit technisch ausgerüstet und bekam eine umfangreiche Bibliothek. Es wurde regelmäßig von Prominenten besucht, die Vorträge hielten und mit den Schülern diskutierten. Um dort aufgenommen zu werden, mussten die Jungs (Mädchen wurden anfangs nicht zugelassen) gute Noten haben. Die Schüler lebten im Internat, mussten außer dem normalen Schulunterricht auch noch nachmittags an mehreren Kursen in ihren gewählten Fächern teilnehmen. Sie gingen nur fürs Wochenende nach Hause. Jungs mit schlechteren Noten hatten während der Woche Ausgehverbot und wenn sie ihre Leistungen nicht verbessern konnten, wurden sie entlassen. Das College bot eine gewisse Garantie für einen weiteren erfolgreichen Bildungsweg für Kinder, die es sonst wohl nur schwerlich geschafft hätten, an einer Universität angenommen zu werden. Das College wurde ein Erfolg und fand natürlich Nachfolger. Heute wohnen auch Mädchen im neuen, größeren Gebäude und in der Aufnahmestatistik bleibt das Nachfolgecollege nicht weit hinter dem ursprünglichen zurück.

Im heutigen Ungarn gibt es **vier Universitätsstädte** mit renommierten Hochschulen und Universitäten. In Pécs (Südwestungarn) existiert seit 1367 eine Universität, in Szeged im Südosten seit 1872, in Debrecen (Nordosten) seit 1912 und natürlich auch in der Hauptstadt Budapest eine, die 1635 gegründet wurde. In den 1970er- und 1980er-Jahren wurden außerdem einige neue Hochschulen und Universitäten eröffnet wie in Miskolc, Gödöllő und in Győr.

Eine der bedeutensten Universitäten des Landes – Kossuth-Lajos-Universität in Debrecen

Foto: kw 081un

DIE GESELLSCHAFT HEUTE – STAAT, POLITIK UND WIRTSCHAFT

Politische Landschaft und Kultur

Nach dem Zweiten Weltkrieg war Ungarn von der Sowjetarmee besetzt. Mit massiver finanzieller und militärischer Unterstützung der Sowjets kamen die Kommunisten an die Macht und Ungarn wurde eine sozialistische Volksrepublik. Einige Jahre nach dem niedergeschlagenen Volksaufstand von 1956 führte das Regime von *János Kádár* Reformen ein und das öffentliche Leben wurde liberalisiert.

Es blieb aber beim Einparteiensystem – andere politische Gruppierungen wurden nicht zugelassen. Das änderte sich rasch nach dem Umbruch von 1989. Ungarn wurde eine parlamentarische Demokratie. Eine Gruppierung von oppositionellen Intellektuellen gründete gleich nach der Wende das Ungarische Demokraten-Forum (MDF), eine Partei, die bald auch Regierungsmacht ausübte. Weitere wichtige **Parteien** unter den neu gegründeten sind: der Verband der Jungen Demokraten (FIDESZ), die Unabhängige Partei der Kleinen Wirte (FKgP), der Verband Freier Demokraten (SZDSZ) und die Ungarische Gerechtigkeitspartei (MIÉP). Die ehemalige Einheitspartei der Kommunisten, die Ungarische Sozialistische Arbeiterpartei (MSZMP), hat sich zur Ungarischen Sozialistischen Partei (MSZP) umbenannt. Neulinge in der Parteienlandschaft sind heute die rechtsnationalistische Partei JOBBIK und die LMP, eine Art Alternative Liste. Beide schafften bei den Wahlen Anfang 2010 den Sprung ins Parlament.

„Das Haus des Landes" – das ungarische Parlament

Das zerstückelte, ehemalige Königreich (von 360.000 km² sind nur 93.000 km² geblieben) hat nicht nur eines der größten, sondern auch der schönsten Parlamentsgebäude Europas. Das Parlament, auf Ungarisch **Országház** („Das Haus des Landes"), ist gut 100 Jahre alt. Es wurde zwischen 1880 und 1904 aus 40 Millionen Ziegelsteinen und mit einer halben Million Fassadenkalksteinen nach den Plänen von *Imre Steindl* im neugotischen Stil erbaut. 90 Außen- und 162 Innenskulpturen sowie unzählige Gemälde und Wandverzierungen schmücken dieses Monumentalwerk. Es umfasst 10 Höfe, 27 Tore, 29 Treppenhäuser, 13 Aufzüge und mehr als 200 unglaublich hohe Büroräume. Eine 96 m hohe Kuppel krönt das imposante Gebäude. Für die Gestaltung des Kuppelsaales, der Wandelgänge und des Tagungsraumes der Nationalversammlung verbrauchten die Kunsthandwerker, Maler und Bildhauer 40 kg Gold.

Das Parlament ist eigentlich viel zu groß für das kleine Land, zu dem es nach dem Ersten Weltkrieg geschrumpft ist. Aber das Gebäude wurde in

Parteienlandschaft

Zwanzig Jahre nach der Wende weist die Parteienlandschaft in Ungarn gewaltige Veränderungen auf. Die MIÉP (Partei des Ungarischen Lebens und der [ungarischen] Wahrheit), früher meinungsbestimmende Kraft am rechten Rand, versank in Bedeutungslosigkeit und ist nach den Wahlen von 2010 **nicht mehr im Parlament vertreten.** Ähnlich ging es dem MDF (Ungarisches Demokratisches Forum), das nach der Wende den ersten demokratisch gewählten Ministerpräsidenten gestellt hatte. Auch das MDF scheiterte an der 5-Prozent-Hürde. Die SZDSZ (Freie Demokraten), die lange mit den Reformkommunisten der MSZP (Ungarische Sozialistische Partei) in Koalition regierten, ist ebenfalls aus dem Parlament verschwunden.

Das **neue Parlament 2010** besteht aus vier Parteien: Die schon vor 2002 regierende FIDESZ ist mit ihrer Zweidrittelmehrheit in der Lage, wie dies von vielen befürchtet wird, die Verfassung zu ändern. Die mit ihrer zumindest stillschweigenden Unterstützung stark gewordene ultranationalistische JOBBIK („Der Bessere") wurde zur drittstärksten Partei und stellt damit einen bestimmenden politischen Faktor dar. Die in den beiden vorangegangenen Legislaturperioden regierende MSZP (Ungarische Sozialistische Partei) ist nach der Stimmenzahl zwar die zweite Kraft im Parlament, jedoch ist sie von 43 % (2006) auf 19 % abgerutscht. Nachdem ihre gesamte Führung nach dem Wahldebakel zurückgetreten ist, steht die MSZP vor einem mühseligen Erneuerungsprozess. Überraschungssieger ist der Neuling LMP (*Lehet Más a Politika* d. h. „Die Politik kann anders sein"), der nun auch im Parlament vertreten ist. Für einige politische Beobachter stellt er die neue Hoffnung auf der politischen Bühne Ungarns dar.

der Zeit der k.u.k. Monarchie, im letzten „goldenen Zeitalter" der Geschichte Ungarns gebaut, nachdem die Nation den „Ausgleich" mit dem mächtigen Habsburgerreich geschaffen hatte und das „Haus des Landes" den Abgeordneten von zwei Kammern und der ungarischen Regierung ein Zuhause bieten sollte. Das ungarische Königreich bestand aus einem ethnisch bunten Völkergemisch, dessen Vertreter alle im Parlament saßen.

Das JOBBIK-Phänomen

JOBBIK („Der Bessere") ist nach eigener Definition eine nationale Partei, die auf der Basis der christlichen Moral steht. Von ihren Mitglieder erwartet sie, dass sie sich mit den **Werten der christlichen Lehre** identifizieren. Nicht ganz nachvollziehbar ist, wie das mit der antisemitischen und romafeindlichen Haltung der Partei zusammenpasst.

Im Jahr 1999 wurde JOBBIK als **Jugendorganisation** von frustrierten Universitätsstudenten gegründet, die aus nicht besonders wohlhabenden Familien stammten. Nach der Niederlage der Rechten in den Wahlen von 2002 landeten viele von ihnen in den Jugendorganisation der MIÉP, andere in dem sogenannten „Bürgerkreis", der von *Viktor Orban* (FIDESZ) und dem heutigen JOBBIK-Vorsitzenden *Gábor Vona* gegründet worden war. Die Zusammenarbeit zwischen der sich zu einer rechtsliberalen Partei neu organisierenden FIDESZ und der „national-christlich" konservativen Jugend hörte abrupt auf, als sich JOBBIK 2003 als eigenständige Partei etablierte. Den Durchbruch schaffte sie mit einem **Überraschungssieg bei den Europawahlen** 2009. Im Europaparlament vertritt JOBBIK nun die ungarischen Interessen, eine zweifelhafte „Werbung" .

Eine merkwürdige Erscheinung war die mittlerweile verbotene, fast militärisch organisierte **„Ungarische Garde".** Der Anführer der Bewegung war gleichzeitig Vorsitzender der JOBBIK: *Gábor Vona,* ein aus einer traditionellen Bauernfamilie stammender Akademiker. Er äußerte in der „Deutschen Stimme", dem Parteiorgan der rechtsextremistischen NPD, Zweck der Garde sei es, Ungarn „physisch, seelisch und auch geistig/geistlich" zu schützen. Das zentrale Problem des ungarischen Volkes stünde im Zusammenhang „mit den hiesigen Zigeunern – in Bezug auf deren äußerst unverhältnismäßig große Kriminalitätsrate und die bei ihnen ausgeprägte Arbeitsunwilligkeit."

Staatsaufbau, Gesetz, Korruption

Die Staatsform ist eine **parlamentarische Demokratie.** Die Verfassung von 1949 wurde 1989 erneut überarbeitet und in vielen Teilen, entsprechend dem langen Umwandlungsprozess von der Volksrepublik zu einer demokratischen Republik, geändert.

Das Staatsoberhaupt ist der von der Nationalversammlung für fünf Jahre gewählte **Staatspräsident.** Er ist der Oberbefehlshaber der Streitkräfte und kann Kriegs- oder Ausnahmezustand ausrufen. Er darf nur einmal wiedergewählt werden. Der Ministerpräsident und der Ministerialrat werden ebenfalls von der Nationalversammlung gewählt.

Die **Nationalversammlung** *(Országgyülés)* ist ein 386 gewählte Volksvertreter umfassendes Repräsentantenhaus. Die Abgeordneten werden für vier Jahre gewählt.

Die höchste Instanz der Judikative ist der **Oberste Gerichtshof** *(Legfelsöbb Bíróság)* in Budapest, dessen Richter von der Nationalversammlung ernannt werden.

Nach der unter der Bevölkerung weitverbreiteten Meinung kommt man in Ungarn mit „Schmiergeldern" überall durch. Da Ungarn traditionell schon immer ein **„Trinkgeldland"** war, ist dies auch leicht nachvollziehbar.

Die Situation gegenüber den Zeiten unmittelbar nach der politischen Wende, als die dunklen Machenschaften der staatlichen Strukturen mit organisierten Kriminellen bis zu den höchsten Kreisen der Politik nachgewiesen wurden, hat sich aber heute wesentlich verbessert. Wenn man jedoch die tagtäglichen Berichte in den Zeitungen über die korrupten und ihre Befugnisse missbrauchenden Politiker und Polizeibeamten liest, kann jeder rätseln, ob die Kanäle der Informationen zur Berichterstattung in den letzten Jahren liberaler und großzügiger wurden und daher mehr Fakten als früher an die Öffentlichkeit dringen. Vielleicht ist auch die Korruption in Ungarn so allgegenwärtig, dass man sich nur dann aufregen sollte, wenn sie ihre Schatten über das Maß hinaus auf das Alltagsleben wirft.

Rolle der Medien

Das **Mediengesetz von 1996** hat die Funktionen, den Charakter und die Aufgaben des Rundfunks und Fernsehens und die damit zusammenhängende Programmgebung neu formuliert, d.h. weitgehend liberalisiert. Trotz aller Kritik im Lande wurde durch dieses Gesetz die Objektivität, die Unabhängigkeit und Ausgeglichenheit der Verbreitung von Informationen und der freien Meinung in den Medien gesetzlich festgeschrieben. Es wurde ausdrücklich der Wunsch geäußert, dass das neue Gesetz die Heterogenität, die Gleichberechtigung der Meinungen und Kulturen sichern und das Herausbilden bestimmter Monopolstellungen verhindern sollte. Damit wurde der Weg für die privaten Rundfunk- und Fernsehanstalten frei.

Nach dem erdrutschartigen Sieg der FIDESZ bei den Wahlen von 2010 beschloss die Partei als eine der ersten zahlreichen Gesetzesänderungen ein **neues Mediengesetz.** Die öffentlich-rechtlichen Medien wurden mit den nachrichtendienstlichen Organen zusammengezogen und unter die einheitliche Kontrolle eines sogenannten **Medienrats** gestellt. Dazu soll

Ungarisches Fernsehen

- **Staatliches Fernsehen** *(Magyar Televízió)* – Es strahlt auf drei Kanälen sein Programm aus: M1, M2 und Duna TV. Diese „öffentlich-rechtlichen" Sender bedienen mit ihren Programmen (Nachrichten, öffentliche Bekanntmachungen und Unterhaltungsprogramme) die Masseninteressen des ganzen Landes. M1 und M2 haben jedoch verschiedene Profile. Während M1 anstrebt, Zuschauer quer durch die ganze Bevölkerung zu erreichen, informiert M2 eher bestimmte Schichten hauptsächlich über Themen aus den Bereichen Kunst und Sport. Seit dem Sommer 2008 wird M2 in HD-Qualität ausgestrahlt, d. h. die Programme können nur digital empfangen werden, die analoge Sendung wurde eingestellt.
- **DUNA TV** *(Donau Television)* startete 1992 und erreicht heute 15 Mio. Zuschauer auf fünf Kontinenten. Der Sender bildet eine Brücke zwischen der Heimat und den außer Landes lebenden Ungarn. Von Anfang an war das Ziel, wahrheitsgemäß über Ereignisse im In- und Ausland zu informieren, um damit eine Art gemeinsamen Kulturraum für alle Ungarn zu schaffen. Den größten Anteil im Programm von DUNA TV nehmen die Nachrichten über die ungarischen Minderheiten ein.
- **DUNA II AUTONOMIA** ging 2006 auf Sendung, mit dem Ziel, die Völker, Nationalitäten und ethnischen Minderheiten in Europa einander näherzubringen. Beispiele des kulturellen, geistigen und wirtschaftlichen Lebens in besonderen Regionen sollen zu Einigkeit und Zusammenarbeit motivieren.
- **Private Sender** – In Ungarn heißen sie „kommerzielle Sender". Sie starteten überwiegend zwischen 1998 und 2002: TV2, RTL Klub, ATV, VIASAT 3, Spektrum, VIVA, Sport1, Filmmuseum, National Geographic und HALLMARK. *Hír TV* – „Nachrichten TV" ging 2003 als erster Nachrichtensender Ungarns auf Sendung. 2005 startete Echo TV, der damals als einziger Sender fast ausschließlich über Wirtschaft informierte, heute sind die Programme großteils von politischen Inhalten geprägt. *Hálózat TV* – „Netz TV" wurde aus einem Zusammenschluss der lokalen Fernsehsender gegründet und hat bis heute einen großen Zuschaueranteil.
- **Kabelfernsehen** – Auf dem Land sind das z. B. *Szegedi Kábeltelevizó* und *Galgamenti Kábeltelevízió,* in Budapest die Privatsender in den Bezirken. Unzählige Lokalsender (praktisch jede größere Gemeinde hat einen eigenen, der per Kabel verbreitet wird) und Spartensender (Paprika TV, FEM3, POÉN, Kinder- und Musikkanäle usw.) machen das Fernsehangebot außergewöhnlich üppig. Auch die vielen Minisender wie z. B. EUROPA sichern Ungarn den ersten Platz weltweit, was die Anzahl der Fernsehkanäle mit allgemeinem Programmangebot pro Einwohnerzahl des Landes betrifft. Es gibt mehrere ausschließlich Filme ausstrahlende Sender wie z. B. HBO mit drei Kanälen: Film1, Film2 und Filmmuseum.
- Die Ungarn können heute beinahe **100 (!) auf Ungarisch sendende Fernsehkanäle** empfangen.

eine Art vom Parlament legitimierter „öffentlicher Dienstkodex" im Interesse von Moral, Jugendschutz usw. zusammengestellt werden, dessen Einhaltung von einem eigens dafür gewählten Gremium überwacht werden soll. Es bleibt abzuwarten, ob sich aus diesem Paket nicht so etwas wie eine neue Zensur entwickelt, wie viele Kritiker befürchten.

Die Medien in Ungarn - wie eine Journalistin es formuliert hat - sehen sich und sahen sich schon immer gerne in einer „die Politik gestaltenden“ Rolle. Sie hatten schon in den letzten Jahren des Sozialismus eine gewisse politische Macht, obwohl damals natürlich alle Zeitungen, Fernsehkanäle und Rundfunkanstalten staatlich waren. Aber genau deshalb konnten sie mit kritischen Tönen oder mit simplen Andeutungen bestimmten Themen eine besondere Bedeutung geben. Sie hatten sogar den Vorteil einer Monopolstellung, im „Staatskapitalismus“ gab es keine echte Konkurrenz.

Nach der strikten zentralen **Zensur** in den stalinistischen Zeiten haben sich die Menschen an die größere Bedeutung des Gedruckten gewöhnt. Journalisten und Reporter hatten höchstes Ansehen in der Gesellschaft. Sie waren doch am besten informiert, auch darüber, worüber sie nicht berichten durften. Dieses Ansehen und eine gewisse Macht im öffentlichen Leben haben sie gewissermaßen auch in die neuen, liberaleren und freizügigeren Zeiten transponiert und somit verfügen sie tatsächlich über eine gewisse „gestaltende“ Macht, auch wenn sie ihre Monopolstellung schon längst eingebüßt haben.

Zum wirksamsten politischen Forum hat sich naturgemäß das **Fernsehen** entwickelt. Das öffentlich-rechtliche Fernsehen ist auch in Ungarn gebührenpflichtig. Es kostet den Bürger monatlich ca. 6000 Forint (etwa 20 Euro), abhängig von den abonnierten Programmen.

Zensur

Die Zeiten der **„Selbstzensur“**, als noch selbst in den liberalsten politischen Zeiten jeder wusste, was öffentlich gesagt werden darf und worüber man sich nicht laut äußern sollte, sind vorbei. Damals waren kritische Äußerungen über die Sowjetunion oder den Sozialismus, allzu positive Meinung über den Westen bzw. Zweifel am Sieg des Kommunismus auf jeden Fall tabu.

Ganz befreit sind aber die Medien und die Kulturwelt auch heute nicht. Die politische Zensur der kommunistischen Herrschaft, die den kritischen Stimmen sogar mit Gefängnisstrafe gedroht hat, wurde von einer **„ökonomischen“ Selbstkontrolle** abgelöst: Man darf keine wirtschaftlichen Interessen verletzen, denn das wird mit Geldstrafen geahndet.

Zwar beklagen sich immer wieder Mitarbeiter des staatlichen Fernsehens, dass die jeweilige politische Führung versucht, ihre Arbeit einzuschränken und das Fernsehen als politisches Propagandaorgan zu missbrauchen. Aber es ist bei Weitem nicht mit der „Selbstzensur“ vor der Wende zu vergleichen. Die Versuche, den viel zu oppositionellen Berichterstattungen eine Grenze zu setzen, teils mit personellen Neubesetzungen, teils durch Entzug finanzieller Mittel, gehen nicht viel weiter als in anderen demokratischen Staaten und deren staatlichen Medien.

Im Allgemeinen kann man sagen, dass die **Pressefreiheit** und größtenteils auch die politische Unabhängigkeit der Medien in Ungarn heute weitgehend gewährleistet sind. Aber nicht ganz ohne Grund wird von einigen leise mit etwas Resignation den Zeiten der Repressalien und politischen Zensur nachgetrauert. Denn das, was verboten ist, wird bekanntlich sofort viel interessanter und fördert die Poesie, die Entwicklung einer symbolhaften Sprache, um Gefühle und Meinungen zu umschreiben. Mit der schönen neuen Welt endeten die Sternstunden der Literatur und der schönen Künste in Ungarn, wie auch in den anderen Ländern des Ostblocks.

Hierzu gehören die Gedanken und Überlegungen einiger Philosophen und Schriftsteller, wie die des auch in Deutschland bekannten kritischen Autors **György Konrád.** „Es ist schon merkwürdig, dass man in einer Stadt zu leben liebt, in der man verboten ist", schreibt er in einem Essay von 1988. Damit erklärt er das paradoxe Größenwahn- und Elendigkeitserlebnis der Intellektuellen Mittelosteuropas – die Voraussetzung für ihre Größe war ihr „Elend". Der Mangel an Luft war ihr belebender Sauerstoff. Früher hatten sie Inhalte, die (auch) für Westeuropa interessant waren. Denn solange sie ausgesperrt waren, hatten sie ihre eigene Art zu berichten und andere Themen als das, worüber man im Westen schrieb. Heute, meint *Konrád,* seien sie genauso wie die im Westen, nur ein bisschen altmodisch und unterentwickelt. In einem Zustand also, den man im Westen schon hinter sich gelassen habe. Aber sie seien eben nicht mehr unbekannt. „Die Luftlosigkeit ist vorbei und das ist gut so", schreibt *Konrád.* Aber es sei zu befürchten, dass damit gleichzeitig auch der belebende Sauerstoff dünner geworden sei.

Wirtschaftslage und Konjunktur

Der lange Weg zur EU

Nach der Katastrophe von Trianon, den Verträgen nach dem Ersten Weltkrieg, war das restliche Ungarn wirtschaftlich kaum lebensfähig. Ohne Rohstoffe und Schwerindustrie bildete die **Landwirtschaft** die wirtschaftliche Grundlage. Die sich langsam entwickelnden Industriegebiete mit ihrer Infrastruktur wurden im Zweiten Weltkrieg vollständig zerstört. Die nach der deutschen Besetzung an die Macht gelangte faschistische Regierung hat in einer militärisch aussichtslosen Situation den Sowjets den

Krieg erklärt. Als es offensichtlich wurde, dass sie trotz der Präsenz deutscher Truppen nicht die geringste Chance haben, die Rote Armee aufzuhalten, haben sie die noch übrig gebliebenen Industrieeinrichtungen, Maschinen und Materialien wie Transportmittel nach Westen, nach Deutschland verlagert.

Als die Kommunisten 1948 an die Macht kamen, planten sie langfristig den Wiederaufbau und die Wirtschaftsentwicklung des Landes. Sie wollten mithilfe der Sowjets das Land industrialisieren – mit Schwerpunkt auf der **Schwerindustrie.** Diese, wie es sich herausstellte, verfehlte Strategie war verknüpft mit der Vernachlässigung der Konsumgüterproduktion und der Servicebranchen. Ende der 1960er-Jahre führte die Partei eine Wirtschaftsreform durch, die eine **Liberalisierung des Servicebereiches und des Handwerks** brachte. Es entstand das ungarische Modell des „Gulasch-Kommunismus".

Das neue Wort **Maszek** ist eine Zusammensetzung aus *magán* (privat) und *szektor* (Sektor). Ein *Maszek* war also eine Person, die im „privaten Bereich" arbeitete. Dieser Personenkreis der *Maszek* war bei der Parteiführung nicht besonders beliebt, sie wurden von den Behörden ständig unter Druck gesetzt, kontrolliert und bestraft. Aber aus ihnen wurden zum Großteil die heutigen ungarischen Unternehmer, die sich nach der Wende etabliert und eine nicht zu unterschätzende Rolle in der Stabilisierung der ungarischen Wirtschaft der 1990er-Jahre gespielt haben.

Als in den 1980er-Jahren das Wirtschaftswachstum des Landes immer mehr ins Stocken geriet und die Auslandsverschuldung dramatisch anstieg, begannen einige Experten mit der **Dezentralisierung bestimmter Bereiche.** Im Westen haben Beobachter die Leistungen Ungarns gelobt; es wurde als wirtschaftlich stabilstes Land des ehemaligen RGW (Rat für gegenseitige Wirtschaftshilfe) eingestuft.

Nach der Wende begann die Umstellung von der strengen Planwirtschaft zur **freien Marktwirtschaft.**

Obwohl viele Unternehmen, die noch in staatlicher Hand waren, in den letzten Zeiten nur noch große Verluste machten, hat die nicht durchdachte Privatisierung des Versorgungssektors Preise in unbezahlbare Höhen getrieben und die Kontrollmöglichkeiten der Gesellschaft über die elementarsten Dienstleistungen beschnitten. Das hat für viele Bürger einige Leistungen fast unerreichbar gemacht, denn breite Schichten der Gesellschaft können keine weiteren Gebührenerhöhungen für Wasser, Strom, Gas oder Müllabfuhr verkraften.

Ein gutes Zeichen für die Wirtschaft ist die Stabilität der ungarischen Währung

061un Foto: ba

Heute arbeiten im ehemaligen Agrarland Ungarn von den circa 5 Millionen Erwerbstätigen etwa 60% in der Dienstleistungsbranche, 35% in der Industrie und nur noch circa 7% in der Landwirtschaft.

Die meisten Arbeitnehmer sind Mitglieder in einer **Gewerkschaft.** Die Interessenvertretungen haben sich zu einem Zentralrat (MSZOSZ) zusammengeschlossen, der über vier Millionen Beschäftigte vertritt.

Die Bedingungen für den **Euro-Beitritt** konnte Ungarn nicht erfüllen. Der für 2010 geplante Termin wurde mehrfach verschoben, obwohl sich die Mehrheit der Bevölkerung die gemeinsame Währung wünscht. Nur eine kleine Minderheit ist dem Euro gegenüber skeptisch. Die neueste Planung sieht 2014 als möglichen Termin für die Einführung der europäischen Gemeinschaftswährung vor.

Ungarn nach dem EU-Beitritt

Wenn man die Entwicklung der ungarischen Wirtschaft nach dem Beitritt zur EU verfolgt, kann man generell feststellen, dass es zwar positive Auswirkungen der Mitgliedschaft gab, später jedoch wurde das wirtschaftliche Wachstum stark gebremst.

Experten erklärten das Phänomen einerseits mit der ungünstigen Entwicklung in ganz Europa, andererseits mit der Abnahme der Attraktivität des Landes als Produktionsstandort, nicht zuletzt wegen der Steigerung der Gehälter. Dies beendete den seit 1990 anhaltenden Boom der ausländischen Investitionen. Einige Firmen wie z. B. IBM, Microsoft oder Philips haben ihre Fabriken in Ungarn sogar wieder geschlossen.

Wie bei allen anderen Neumitgliedern der EU auch, ist in Ungarn eine gewisse Ernüchterung an die Stelle der großen Erwartungen getreten. Wenige Ungarn glaubten, dass sich ihre Lebensqualität durch die EU-Mitgliedschaft verbessern wird. Viele befürchteten schon nach dem Beitritt, dass die Preise steigen werden, die Korruption wachsen und ihre Lebensqualität sich eher verschlechtern wird. Und sie scheinen Recht gehabt zu haben ...

Als Folge der **Banken- und Finanzkrise Ende 2008** geriet das Land an den Rand der Zahlungsunfähigkeit, nur mit Hilfe von IWF und EU konnte die damalige Regierung den Staatsbankrott verhindern. Die dafür verlangten strengen Sparmaßnahmen und der Abbau von sozialen Leistungen spielten sicherlich eine große Rolle beim Ausgang der Wahlen von 2010. Der von vielen ersehnte Beitritt zur Euro-Zone ist in weite Ferne gerückt.

Die soziale Pyramide, Privilegierte und Unterprivilegierte

Es ist sehr lehrreich zu beobachten, wie die großen, globalen Ereignisse der europäischen Geschichte sich in den **Macht- und Eigentumsverhältnissen** in den zwischenmenschlichen Beziehungen eines Landes, insbesondere in Osteuropa widerspiegeln. Für einige ging die „Wiedergutmachung" nicht weit genug, für die anderen war es unfair „alles wieder zurück zu machen".

Die Folgen der **Rückforderungen** nahmen manchmal groteske Züge an. In einer Schule z. B. sollten Wände abgerissen und Räume umgebaut werden, nachdem der Pfarrer des Ortes mit alten Bauplänen beweisen konnte, dass die Räume früher zum angrenzenden Pfarramt gehörten. Die **Kirche** hat generell kein allzu großes Fingerspitzengefühl gezeigt, als es um die Rückgabe der früheren kirchlichen Eigentümer ging. Waisenhäuser und Schulen mussten trotz heftiger Proteste der Betroffenen geräumt werden, weil sie in Gebäuden untergebracht waren, die ursprünglich der Kirche gehörten und in den 1950er-Jahren vom Staat konfisziert wurden. Angehörige früherer **Großgrundbesitzer** hatten auch gehofft, die Bodenreform von 1945 rückgängig machen zu können. Sie wurden enttäuscht.

Auch in Ungarn haben die Rentner unter der Wende gelitten

Ebenso die früheren Besitzer verstaatlichter mittelständischer Industriebetriebe; sie wurden nicht einmal finanziell entschädigt.

Paradoxerweise waren die wahren **Nutznießer der Wende** die Kader und Funktionäre des untergehenden Sozialismus. Sie konnten ihr Erspartes gezielt und gewinnbringend im neu entstandenen „Räuberkapitalismus" investieren. Das gilt für die gesamte neu formierte politische und wirtschaftliche Nomenklatur. Ein Großteil der führenden Persönlichkeiten in Politik und Wirtschaft stammt aus dem früheren System, sie konnten sich durch ihre Erfahrungen und Beziehungen in den neuen Verhältnissen gut positionieren. Im Namen des „politischen Konsenses", d.h. der friedlichen, gewalt- und rachefreien Gestaltung des Übergangs zum Kapitalismus, durften die in Rente gegangenen oder aus dem Amt scheidenden Politiker ihr hohes Einkommen beibehalten und mit Nebentätigkeiten wie z. B. „Beratung" noch dazu verdienen. Die **Verlierer der Wende** waren auch in Ungarn die Rentner und die „echten" Vertreter der Arbeiterklasse, die ehemaligen Arbeiter der großen staatlichen Betriebe.

Das alles dämpfte natürlich die Euphorie, die sich nach dem Ende des Sozialismus verbreitet hatte. Die Erwartungen großer Teile der Bevölkerung wurden nicht erfüllt. Viele Menschen kämpfen mit täglichen **Existenzproblemen,** Zukunftsangst, Politikverdrossenheit und Resignation. Millionen verarmten, Hunderttausende wurden arbeitslos und die Zahl der Obdachlosen stieg an.

027un Foto: ut

Unmittelbar nach der Wende konnten viele noch mit einem zynischen Witz darüber lachen: „Warum haben die Ratten vier Beine?" ... „Damit sie die Mülltonne schneller erreichen können als die Rentner."

Heute kann keiner mehr über die Lage im Land lachen, in dem in den dunkelsten Zeiten unzählige Witze entstanden sind und überleben halfen. Heute gibt es kaum noch neue Witze.

Der **Erweiterungsprozess der EU** riss wieder Wunden auf, die schon lange verheilt geglaubt waren. Das Ausmaß der entstandenen Ungleichheiten bedroht langsam die Stabilität des Systems und des Landes. Es ist nicht einfach, das überall sichtbare, unglaubliche Elend in einem eigentlich wohlhabenden Land zu verstehen. Es begann, wie in wirtschaftlich schwierigen Zeiten immer, die Suche nach den Schuldigen ...

Einkommensverhältnisse, Sozialsysteme

Seit dem Jahr 1972 gibt es in Ungarn eine **gesetzliche Sozialversicherung.** Sie wird überwiegend von den Arbeitgebern finanziert. Die medizinische Versorgung ist auch heute noch kostenlos, aber seit Jahren wird über die Privatisierung des Gesundheitswesens und über Zulassung weiterer Krankenversicherer diskutiert, bis jetzt ohne Erfolg. Arbeitslosenunterstützung, Alters- und Behindertenrente und Kindergeld werden auch vom Staat finanziert. Schon im Sozialismus bestand und es besteht auch heute noch für junge Mütter die Möglichkeit, bis zu drei Jahre lang in den Mutterschaftsurlaub zu gehen und für die volle Länge Mutterschaftsgeld zu beziehen. Man kann auch die Schwangerschaftsberatung kostenlos in Anspruch nehmen.

Das **Existenzminimum** beträgt 73.500 Forint/ca. 260 Euro (Stand Januar 2010). Das Leben in den Städten ist wesentlich teurer als auf dem Land.

Ungarn war schon immer ein **„Trinkgeldland"**, daran hat sich nach der Wende nichts geändert. Man zahlt dem Kellner, dem Friseur, dem Tankstellenwart (an vielen Tankstellen gibt es immer noch keine Selbstbedienung!) 10–20% mehr als den Rechnungsbetrag. Bei solchen Berufsgruppen haben die Arbeitgeber das zu erwartende Trinkgeld in das Gehalt mit einkalkuliert.

Es ist geradezu Pflicht, dem Arzt **„Dankbarkeitsgeld"** zu geben. Das Gehalt der Mediziner ist auch wirklich sehr niedrig. Allerdings ist es immer wieder eine sehr unglückliche Situation: Keiner weiß genau, wie hoch die Summe einer angemessenen „Dankbarkeit" sein soll. Es ist schon absurd: Die Patienten versuchen im Krankenzimmer voneinander zu erfahren, wie viel sie dem Arzt geben müssen. Eine Weile gab es sogar eine inzwischen

Rechtsextremismus, politische Radikalität

Im Jahre 2010 gab das Forschungsinstitut Political Capital an, ein Fünftel der Ungarn sei anfällig für rechtextremistisches Gedankengut.

Das Institut hat aus 29 variablen Parametern den so genannten *derex-index* geschaffen, um den Anteil der möglichen politischen Extreme zu bestimmen. Im Laufe von acht Jahren wurden in 32 Ländern Untersuchungen durchgeführt, um festzustellen, welches Ausmaß die rechtextreme Orientierung, der aus Angst um den eigenen Wohlstand stammende Chauvinismus, die Systemfeindlichkeit, der Vertrauensverlust und der Pessimismus erreicht haben. Nach diesen Recherchen belegte Ungarn, hinter der Ukraine und Bulgarien, den dritten Platz. 21 % der Befragten gaben an, sich **politisch am ehesten in der Nähe der Rechtextremisten** zu sehen.

Das Vertrauen der Ungarn in die eigene Regierung wie auch in die Institutionen der UNO und selbst in die Demokratie im Allgemeinen schwindet dramatisch. Auf diesen Trend baut die Partei JOBBIK und versucht, aus der wachsenden Schicht der Unzufriedenen, Unterstützer zu rekrutieren.

Nach Ansicht von *Peter Krekó,* Direktor des Instituts Political Capital, sind die instabile wirtschaftliche Lage und das schlechte Allgemeinbefinden der Stoff für politischen Radikalismus in Osteuropa, während dieser im Westen in der Antiglobalisierungbewegung auftritt.

verbotene Internet Seite, in der je nach Fachgebiet die Höhe der „gewöhnlichen Dankbarkeit" dem behandelnden Arzt gegenüber aufgelistet war. Die Steuerbehörden Ungarns haben schon darüber spekuliert, dass sie die Ärzte zur Zahlung einer Pauschalsteuer für die vermuteten hohen Nebeneinnahmen verpflichten sollten. Aber natürlich ist es unmöglich, nachzuweisen, wie viel ein Arzt tatsächlich verdient, denn über das „Dankbarkeitsgeld" gibt es keine Quittungen.

Stadt und Land, Gefälle zwischen Ost und West

Die klassischen Unterschiede zwischen städtischem und ländlichem Leben verlieren immer mehr ihre Ausprägung. In der „mobilen Gesellschaft" ziehen immer mehr Stadtbewohner auch in Ungarn vor der Hektik (und vor den Preisen) der Städte in die umliegenden Dörfer. Seit ein Telefonanschluss kein unerreichbarer Traum mehr ist, wie es zu sozialistischen Zeiten der Fall war und der Beginn des Handyzeitalters jeden überall und zu jeder Zeit erreichbar macht, spricht noch weniger dagegen, sich irgendwo in einem Dorf niederzulassen, denn das **Leben in den Städten** ist erheblich teurer als auf dem Land. Allerdings macht es immer noch einen Unterschied, ob sich ein Dorf im westlichen Transdanubien oder im Osten des Landes befindet.

Die **„Trennlinie" Donau** existiert praktisch seit der Antike. Der breite Fluss war die Grenze des großen Imperiums, des Römischen Reiches. Östlich davon lebten die „unbekannten" wilden Nomaden. Diese Teilung scheint auch in der heutigen Zeit noch Bestand zu haben. Transdanubien (Dunántúl) unterscheidet sich landschaftlich und in seiner Infrastruktur wohl kaum von den ländlichen Gegenden Österreichs, d. h., es ist westlich geprägt und ist auch relativ dicht besiedelt. Der Reisende merkt den Wechsel erst, wenn er die Donau erreicht. Denn selbst um den großen Fluss zu überqueren, muss er heute noch Umwege fahren. Brücken gibt es zwischen der Hauptstadt Budapest und der kroatischen Grenze nur drei: Bei Dunaföldvár, bei Szekszárd und in Baja. Das östlich der Donau liegende Land ist immer noch ein bisschen anders ...

Die **Große Ungarische Tiefebene** *(Magyar Nagyalföld)* war im Mittelalter noch ein mit Wäldern dicht bewachsenes Gebiet. Während der türkischen Herrschaft des 16./17. Jahrhunderts wurde sie größtenteils ein militärisches Aufmarschgebiet. Die Bevölkerung flüchtete, die Wälder wurden meist für militärische Zwecke abgeholzt oder abgebrannt. Große Teile Mittelostungarns wurden wortwörtlich verwüstet.

Auf der zurückgebliebenen wüstenähnlichen Landschaft tobten Sandstürme, die Theiß, der ungeregelte kurvenreiche Fluss, überflutete jährlich riesige Gebiete, bis sie im 19. Jahrhundert begradigt wurde.

Das ungarische Wort *„Puszta"*, das diese öde, leere Landschaft beschreibt, wird auch als Adjektiv benutzt und bedeutet: das Pure, das Minimalste von etwas (z. B. der Überlebende einer Naturkatastrophe, der nur mit seinem „nackten Leben" davonkam, konnte auf Ungarisch nur sein *„puszta"* Leben retten). Diese monumentale, wilde und raue Landschaft der Großen Ungarischen Tiefebene hat der Nationaldichter *Petőfi* in der ungarischen Poesie mit seinen begeisterten Landschaftsgedichten unsterblich gemacht (zum Beispiel *„Az alföld"* – „Das Tiefland" oder *„A puszta télen"* – „Die Puszta im Winter").

Für die wenigen Bewohner der Tiefebene haben der brennende, alles austrocknende Sommer, die Stürme und der eiskalte Winter das Leben unheimlich hart gemacht. Es gab auch nur ein dünnes Netz an zerstreuten, vereinzelten kleinen Bauernhöfen, kaum größere, zusammenhängende Ortschaften. Die Landschaft ist so platt, dass gesagt wurde: „Man sah am Morgen, wer zum Abendessen zu Besuch kam."

Aber selbst die im Norden, am **Nördlichen Mittelgebirge** liegenden Dörfer konnten mit der Entwicklung der westlich der Donau liegenden

Pusztalandschaft mit traditionellem Ziehbrunnen

Siedlungen nicht Schritt halten. Natürlich sind die Hauptstraßen heutzutage im ganzen Land asphaltiert. Es gibt auch kein Dorf mehr ohne Strom. Es sind höchstens einige der oben erwähnten einsamen kleinen Bauernhöfe in der Puszta noch nicht elektrifiziert.

Immerhin leben etwa 180.000 Menschen auf solchen kleinen **Höfen.** In den letzten Jahren wieder mit wachsender Tendenz, denn viele Familien zogen aus den Städten in die billigen Immobilien, die oft ohne Strom und Kanalisation sind. Aber diese sind, wie gesagt, die Ausnahmen. Nach neuesten Angaben gibt es in den Komitaten Pest, Bács-Kiskun, Békés und Csongrád 86.900 Einödhöfe, von denen 71.000 bewohnt sind. Von diesen sind 69.000 an den Stromnetz angeschlossen. Strohdächer findet man nur bei neu gebauten Häusern mit nostalgischem Stil. Trotzdem überkommt den Reisenden manchmal das Gefühl, nicht in demselben Land zu sein, wenn er von Westungarn kommend die Donau überquert und durch die kleineren Ortschaften im östlichen Ungarn fährt.

Diskriminierung

Frauen haben auf dem Arbeitsmarkt in Ungarn einen schweren Stand. Sie sind im Vergleich zu den Männern die Benachteiligten, wenn es um Bezahlung und Arbeitseinteilung geht. Näheres dazu steht im Kapitel „Männer, Frauen, Familie".

062un Foto: Fotolia © Fotolyse

Auch **Menschen mit Handicaps** sind heute noch im Nachteil in vielen Bereichen des Lebens. Ihre Bewegungsfreiheit ist eingeschränkt, denn bei der Gestaltung der Infrastruktur (Gehwege, Fahrzeuge des öffentlichen Verkehrs usw.) wird nur selten Rücksicht auf Behinderte genommen.

Die Geschichte der Roma

Während der Volkszählung von 2001 haben sich etwa 200.000 Menschen als Angehörige der Roma-Minderheit erklärt. Dies bedeutet allerdings nicht, dass sich nur so viele Menschen dieser Volksgruppe zugehörig fühlen. Aus Angst vor Diskriminierung deklarieren sich viele nicht als Roma.

Der geschätzte Anzahl der Roma in Ungarn liegt um die 600.000. Die Roma scheinen die wahren Verlierer der Wende zu sein – wie überall in den Ländern des ehemaligen Ostblocks. Tatsache ist, dass die Arbeitslosigkeit sie mehr als andere Teile der Bevölkerung traf. Während in den 1970er-Jahren noch 85 Prozent der Roma-Männer offiziell Arbeit hatten, sind es heutzutage gerade noch 16 Prozent. Dies hat natürlich mehrere Gründe; der am häufigsten genannte ist die unzureichende bzw. fehlende Ausbildung der Roma. Keiner wagt, offen über Diskriminierung und Vorurteile zu reden, die zum Teil historische Wurzeln haben.

Sinti und Roma sind gegen Ende des späten Mittelalters aus Indien (vorwiegend aus dem Punjab) nach Europa gekommen. Laut historischen Quellen gelangten sie im 15. und 16. Jh. nach Ungarn. Eine richtige Integration wurde weder von ihnen selbst, noch von den aufnehmenden Staaten angestrebt, denn ihre Nichtsesshaftigkeit war in den damaligen Zeiten nicht außergewöhnlich. Sie bekamen anfänglich sogar Freibriefe ausgestellt. Die zeitgenössischen Quellen loben die Schmiede und Musiker der „Zigeuner", aber erwähnen im Zusammenhang mit ihnen auch kriminelle Aktivitäten.

Nach der türkischen Eroberung 1526 waren die staatlichen Strukturen in Ungarn zerstört. Dieser Fakt schien für die in Gruppen umherziehenden „Zigeuner" günstig zu sein, denn in dieser Zeit wurden überall im sonstigen Europa „Zigeuner"-feindliche Gesetze erlassen. Also wanderten sie bevorzugt in das Gebiet des zerfallenden ungarischen Königreichs (heute: Rumänien, Slowakei und Ungarn) ein. Ihren Lebensunterhalt verdienten sie mit handwerklichen Arbeiten, bevorzugt als Schmiede, Kesselflicker, Korbflechter oder als Pferdehändler. Sie waren aber auch als Künstler, Musikanten, Tänzer usw. erfolgreich.

Der die türkische Herrschaft ablösende Habsburger Absolutismus versuchte, die Roma fest anzusiedeln. Ihre in die neu organisierte Gesellschaftsordnung nicht passende Lebensart führte immer wieder zu Konflikten mit der Staatsmacht und der sonstigen Bevölkerung und gab Anlass zu der bis heute gängigen Meinung, dass die Roma eine „problematische Gemeinschaft" seien. Aus den folgenden Jahrhunderten gibt es kaum zuverlässige Quellen, die über ihre Lebensumstände und ihre juristische Lage in Ungarn berichten. Nur sporadisch tauchten Legenden oder Berichte über einige namhafte virtuose Musiker wie *Bihari János* (1764–1827) oder *Dankó Pista* (1858–1903) auf.

In Ungarn geleugnetes und von der übrigen Bevölkerung ignoriertes Kapitel ihrer Geschichte ist der Holocaust (auf Romani: *Porrajmos*) und die damit verbunden Leiden der Roma. Während der deutschen Besatzung im Zweiten Weltkrieg wurden sie zu Tausenden in Konzentrationslager deportiert oder in ihren Dörfern ermordet.

Wenn von Diskriminierung die Rede ist, sollten in erster Linie die **Roma** erwähnt werden. Bei der Berichterstattung von Kriminalfällen wird immer wieder betont, wenn der Täter Roma oder Ausländer unbeliebter Nationalität sind.

Die Aufarbeitung dieses dunklen Kapitels der ungarischen Geschichte in den ungarischen Medien hat gerade erst angefangen. Aber wie Beobachter aus dem Ausland feststellen, wollen die Ungarn einfach nichts über den Genozid an den Roma wahrnehmen. Die Berichte über diese Thematik wecken weder bei den Politikern, noch bei der Bevölkerung Emotionen. „Das Vergessen der Ausrottung ist Teil der Ausrottung selbst", wie *Jean Baudrillard* formuliert hat.

Laut offiziellen Statistiken gehören 56 Prozent der ungarischen Roma-Haushalte zur ärmsten Schicht des Landes. Dies wird generell mit ihrem äußerst niedrigen Bildungsniveau der Roma erklärt. Aber wenn ihre vielschichtige Benachteiligung so simpel begründet wird, ergibt sich automatisch die weit verbreitete Assoziationskette „Roma – niedrige Schulbildung – Arbeitslosigkeit – Armut – Kriminalität", die zu weiteren Vorurteilen und Diskriminierung führt.

Ein anderes gern benutztes Argument, um die missliche Lage der Roma zu erklären, ist, dass die Mehrheit von ihnen „ihre alte Lebensart nicht aufgeben und sich in die ungarische Gemeinschaft nicht integrieren will". Nur selten wird auf die in der ungarischen Gesellschaft tief verwurzelte, weit verbreitete romafeindliche Haltung hingewiesen, die durch zahlreiche Redewendungen, Schimpfwörter und Zigeunerwitze belegt ist.

Die ungarischen Medien sind sich fast alle darüber einig, dass in den 1960er- und 1970er-Jahren, in den Zeiten von Vollbeschäftigung, sozialen Leistungen und einer Vorurteile nicht duldenden politischen Atmosphäre, die Integration der Roma relativ konfliktlos und vielversprechend zu verlaufen schien, aber ihre andersartigen Traditionen, ihre Lebensart und ihr niedriger Bildungsstand in den 1980ern zur Quelle schwerer Gesellschaftskonflikte wurden. Was die heutigen und zukünftigen Schwierigkeiten betrifft, sehen alle Zuständigen in der besseren Ausbildung der Roma den Schlüssel zur Veränderung.

Eine einheitliche Interessenvertretung der Roma hat sich in Ungarn nicht etabliert. Nach der Wende formierten sich mehrere, zum Teil konkurrierende Interessenvertretungen, die das politische Gewicht der Roma wesentlich angehoben haben. Das Recht der Selbstverwaltung besitzen sie. Die Roma sind auch im ungarischen Parlament durch eine eigene Fraktion vertreten. Aber die mehreren Dutzend Roma-Organisationen sind zersplittert und können jeweils nur eine kleine Minderheit ihrer Population repräsentieren. Gleichzeitig aber kann man in jüngster Zeit die Entwicklung eines ethnischen Bewusstseins bei ihnen beobachten, das vielleicht bald zu ernst zu nehmenden Ergebnissen führen wird.

Die Mehrheit der Ungarn reagiert aber sehr intolerant, wenn die Problematik eines besseren Zusammenlebens mit den Roma angesprochen wird. Es wird noch viel Zeit in Anspruch nehmen, bis sich in den Köpfen der Menschen in dieser Richtung etwas ändern wird, denn gerade die wirtschaftlich schwierigen Zeiten machen es nicht leichter, negative Vorurteile zu bekämpfen.

In Ungarn sind die Roma die zahlenmäßig größte Minderheit, sie machen ca. 5–6 Prozent der Bevölkerung aus. Es ist die einzige Ethnie Ungarns, deren Mitgliederzahl wächst. Während die Volkszählungen in den 1970er-Jahren von 300.000 Roma berichteten, wuchs ihre Anzahl in Ungarn bis heute auf 550.000 bis 620.000 an. Es ist nicht leicht, genaue Erkenntnisse über ihre Anzahl zu gewinnen, denn in der Volkszählung von 2001 haben sich nur 200.000 Menschen als Roma ausgewiesen. Ihr Anteil wird aber auf das Dreifache geschätzt. Der Grund: Die Mehrheit versucht, ihre Abstammung zu verheimlichen, zum Teil weil sie sich als vollständig assimilierte Mitglieder der Gesellschaft betrachten, zum Teil aus Angst vor Vorurteilen. Nur ein Drittel vertritt selbstbewusst seine Identität und gibt auch öffentlich seine Abstammung zu. Nach der Wende formierten sich mehrere zum Teil konkurrierende **Interessenvertretungen,** die das politische Gewicht der Roma wesentlich angehoben haben.

Aber die „entweder-werdet-ihr-so-wie-wir-oder-verschwindet!"-Mentalität der nicht Roma-Bevölkerung verhindert immer noch das bessere Zusammenleben. Die Mehrheit der Ungarn reagiert mit Abneigung auf die „Zigeuner", denn die unterschiedlichen Gewohnheiten, Traditionen und Gesetze der Roma werden ignoriert. Es gibt zwar Bestrebungen auf „positive Diskriminierung", wie z. B. die „Gandhi Mittelschule" in Pécs, in der Roma Intelligenz ausgebildet wird, trotzdem bleiben sie die „Indianer" des Landes, die man am liebsten in Reservaten unterbringen würde.

Ku-Klux-Klan in Ungarn?

2009 griffen Unbekannte wiederholt Siedlungen der Roma in verschiedenen Ortschaften Ungarns an. Wohnhäuser wurden mit scharfer Munition beschossen, auf andere Gebäude warfen die Täter Molotowcocktails. Es gab mehrere zum Teil schwer Verletzte und Todesfälle. In einem der folgenschwersten Angriffe wurden ein aus dem Feuer flüchtenden Familienvater und sein fünfjähriger Sohn tödlich getroffen.

Diese Ereignisse waren die Zuspitzung der seit Jahren zunehmend **aggressiver werdenden Feindseligkeiten** großer Teile der ungarischen Bevölkerung gegen die Roma. Die Täter wurden zwar nach monatelanger Fahndung gefasst (der Prozess steht noch aus), die psychologische Haltung im Lande ähnelt aber eher der ehemaligen Apartheid in Südafrika. Auf die **Morde mit ethnischem Hintergrund** ist man zwar auch im Ausland aufmerksam geworden, sie lösten jedoch nur in Ungarn ein lautes Medienecho aus. Es gibt politische Kreise, die die Ressentiments noch schüren, indem sie propagieren, die Roma seien grundsätzlich Verbrecher und Kriminelle. Umfassbar, aber ihr „Lösungvorschlag" lautet, kriminelle Roma in sogenannte „ordnungsbewahrende Siedlungen" *(közrendvédelmi telep)* zu „deportieren".

Es geschieht wenig, um eine wirkliche Lösung für diesen brennenden Gesellschaftskonflikt zu finden. Nach Meinung einiger Experten herrscht zumindest in den Medien und im Internet bereits Bürgerkrieg.

Flüchtlinge

Das medienwirksamste Ereignis in Sachen Flüchtlingsproblematik in Ungarn war ohne Zweifel die massenhafte Ansammlung der **DDR-Flüchtlinge** in Budapest und am Plattensee im **Sommer 1989.** Die Zahl der Ausreisewilligen lag bei mehreren Zehntausend. Viele von ihnen waren ohne Unterkunft und Verpflegung. Die staatlichen ungarischen Stellen waren auf einen solchen Menschenansturm nicht vorbereitet und mit der Situation überfordert. Private Organisatoren versuchten mithilfe des Malteser Hilfsdienstes die Lage der Menschen erträglicher zu machen. Sie öffneten Sammellager, um denjenigen Flüchlingen, die nichts mehr besaßen, wenigstens ein Bett, Essen und seelische Fürsorge zu geben.

Im Sommer 1989 kamen aber nicht nur Bürger aus Ostdeutschland massenhaft nach Ungarn. Auch immer mehr **Besucher aus Rumänien** haben Versuche unternommen, legal oder notfalls auch illegal in Budapest zu bleiben. Da Ungarn gerade der **Genfer Flüchtlingskonvention** beigetreten war, gewährten sie auch den vor der Ceausescu-Politik flüchtenden Rumänien Asyl.

Das war das erste Mal in der Nachkriegsgeschichte, dass Ungarn in größerem Umfang Flüchtlinge unterbringen und versorgen musste. Die Bevölkerung reagierte auf die Situation mit viel Verständnis und großer Hilfsbereitschaft. Eine große Anzahl von Ungarn unterstützte mit Sachspenden die Arbeit des Roten Kreuzes und anderer Behörden und etliche von ihnen nahmen sogar in ihren eigenen Wohnungen Flüchtlinge auf.

Nach dem **Umbruch in den Ostblockstaaten** änderte sich die Einstellung in den Köpfen der Menschen. Je mehr „echte" Ungarn arbeitslos wurden, desto weniger Verständnis brachten sie nun gegenüber den Flüchtlingen auf - selbst gegenüber den aus den Nachbarstaaten ins „Mutterland" flüchtenden Ungarn. Dann kamen viele Flüchtlinge aus den Krieg führenden Staaten des ehemaligen Jugoslawiens. Nach ihnen kamen viele Chinesen aus dem der Volksrepublik China zurückgegebenen Hongkong. In den letzten Jahren waren es überwiegend Albaner und Afrikaner, die versuchten, Ungarn als Sprungbrett in Richtung EU oder nach Übersee zu benutzen. Die größten **Flüchtlingslager** befinden sich in Bicske (unweit von Budapest) und in Debrecen, weit östlich in der ungarischen Tiefebene.

Laut Behördenangaben ist die **Zahl der in Ungarn eintreffenden Flüchtlinge** gegenwärtig rückläufig. Diese Tatsache wird nicht mit deren Angst vor Abschiebung oder Verhaftung erklärt, vielmehr liegt es daran, dass Ungarn nicht als optimales Zielland für Migranten gilt. Die meisten von diesen wollen nach Westeuropa.

Das ungarische Parlament hatte 2004 anlässlich der Aufnahme Ungarns in die Europäische Union eine legale Aufenthaltsgenehmigung für all jene Ausländer angeboten, die schon mindestens ein Jahr im Land lebten, wenn sie sich freiwillig bei den ungarischen Behörden meldeten.

Die Anzahl der heutzutage **illegal in Ungarn lebenden Ausländer** wird auf mehrere Zehntausend geschätzt. Die genaue Zahl ist unbekannt, seit Ungarn jedoch 2007 das Schengen-Abkommen unterzeichnet hat, ist die illegale Einreise aus den Nachbarstaaten wesentlich schwieriger geworden.

Sicherheitslage, organisierte Kriminalität

Nach der Wende wurde Ungarn, seiner geopolitischen Lage entsprechend, eine Art **„Schaltstelle" der organisierten Kriminalität** zwischen der EU und Ost-Südosteuropa. Die öffentliche Sicherheit hat sich zunehmend verschlechtert. Das Land wurde von der russischen, ukrainischen, italienischen und chinesischen Mafia heimgesucht.

Für die **Autoschieberbanden** kündigte sich das goldene Zeitalter an. Die Objekte ihrer Begierde wurden buchstäblich auf einem silbernen Tablett serviert. Nicht selten schlachteten sie in der Nacht einfach einige auf den Straßen parkende Pkws aus und benutzten sie als kostenlose Ersatzteillager. Es kam vor, dass der Besitzer morgens statt seines Autos nur die Blechkarosserie auf vier Haufen Ziegelsteinen anstelle der Reifen, wiedergefunden hat. Der Besucher aus dem Westen konnte mit fast hundertprozentiger Sicherheit damit rechnen, dass sein auf der Straße geparktes Auto in der Nacht zumindest aufgebrochen, wenn nicht komplett geklaut wurde.

Die Ungarn selbst haben versucht aufzurüsten: Es ist kaum anzunehmen, dass noch irgendwo sonst in Europa so viele **Auto-Alarmanlagen** eingebaut wurden wie nach der Wende in der ungarischen Hauptstadt. Überall jaulten die Sirenen und die verschiedensten Alarmtöne. Man wusste nie, ob tatsächlich gerade Pkws aufgebrochen wurden oder ob gerade mal wieder falsche Alarme ausgelöst wurden. Mit all diesen Alarmsignalen, dem Lärm auf den Straßen und dem Anblick der ziemlich oft mit Blaulicht und Sirene vorbeirasenden Polizeiautos mit „Police"-Aufschrift konnte schon der Eindruck entstehen, Teil einer amerikanischen Großstadt-Krimiserie zu sein.

Der Westen hat von diesen dramatischen Veränderungen kaum Kenntnis genommen, denn dort waren die Medien von der Euphorie über den Niedergang des Kommunismus geblendet und mit der Wiedervereinigung Deutschlands beschäftigt. Währenddessen versanken die ehemaligen Ostblockstaaten, wie auch Ungarn, in einer Art Anarchie, was das alltägliche Leben betrifft. In diesem Vakuum der Macht blühte die organisierte Kriminalität auf. Machtkämpfe innerhalb und zwischen den **rivalisierenden Banden,** Hinrichtungen, sogar Sprengstoffanschläge waren an der Tagesordnung.

Nur wenige Ereignisse weckten überregionales Interesse; vor allem dann, wenn Bürger westlicher Länder zum Opfer wurden. Wie z.B. ein Bombenanschlag in der Fußgängerzone von Budapest, bei dem deutsche Touristen verletzt wurden. Oder Fälle von großer Brutalität: *János Fenyö,* der vom Fotograf zum Multimillionär gewordene Geschäftsmann, wurde in Budapest am helllichten Tag in seinem eigenen Auto regelrecht hingerichtet (mit Kopfschuss getötet), als er bei Rot an einer Kreuzung hielt.

Die Verflechtung zwischen den staatlichen Strukturen und den Mafia ähnlichen Organisationen erreichte die höchsten Kreise der Politik. Ausgerechnet der Leiter der Abteilung gegen organisierte Kriminalität, *János Bácskai,* wurde wegen seiner engen Beziehungen zur Mafia verhaftet. Der neue Polizeichef ist scheinbar weniger bestechlich als sein Vorgänger. Trotzdem ist die allgemeine Überzeugung der Ungarn bis heute, dass die Staatsbeamten und Polizisten ihr nie ausreichendes Gehalt regelmäßig mit „Dankbarkeitsgeld" ergänzen.

Die allgemeine **Sicherheit auf Budapests Straßen** hat sich aber in den letzten Jahren merklich verbessert; die Präsenz der Polizei wurde auch verstärkt. Dass in der „schönen neuen Welt" auch die Ungarn mit erhöhter Kriminalität und mit einer immer größeren Drogenproblematik konfrontiert werden, zeigt die Schaffung einer neuen, unabhängigen Einheit der ungarischen **Polizei.** Sie wird auch „ungarisches FBI" genannt. Dieses etwas größenwahnsinnige Umbenennen ist kein Zufall. Das originale FBI aus den USA hat nach der Wende in Budapest die Hochschule für Polizisten aus osteuropäischen Staaten organisiert. Diese Polizeiakademie wird mit Geldern und Ausbildern aus Amerika unterstützt. Die neu gegründete Abteilung der ungarischen Polizei mit der Abkürzung **NNI** (*Nemzeti Nyomozó Iroda* – Nationales Untersuchungsbüro) hat ihre Arbeit am 1. Juli 2004 aufgenommen. Das NNI beschäftigt sich nach dem Vorbild des amerikanischen FBI und des deutschen BND mit der einheimischen und internationalen organisierten Kriminalität und mit dem Menschenhandel. Den bisher für die organisierte Kriminalität zuständigen Sektionen wurden andere Aufgaben zugeteilt. In Zukunft werden sie mit vergrößertem Personal für die Bereiche der Geldwäsche und der Terroraktivitäten zuständig sein. Das NNI arbeitet eng mit der „Zentrale gegen organisierte Kriminalität" (*Szervezett Bünözés Elleni Központ*), mit der vom Grenzschutz koordinierten „Integrierten Führungszentrale" (*Integrált Vezetési Központ*) und mit der Staatsanwaltschaft zusammen.

063un Foto: ba

GESCHLECHTER UND FAMILIE

Männer, Frauen, Familie, Kinder

Die ungarischen **Männer** waren und sind heute auch nicht mehr oder weniger „Machos", als dies die Zeit in der sie lebten es ihnen erlaubt oder gerade von ihnen verlangt hat. Es steht mir nicht zu, sie heutzutage in dieser Hinsicht zu beurteilen. Ihre klassischen Rollenmuster sind sowieso auch in Umwandlung, ähnlich der der Frauen.

In den Zeiten des Sozialismus wurde die **Emanzipation** groß geschrieben. Der Demokratische Frauenbund wurde gegründet, der zwar unter der Kontrolle der Partei stand, aber ein Forum für die Frauenbewegung bilden konnte. Die ungarischen Frauen wurden in den vergangenen fünfzig Jahren viel selbstbewusster und selbstständiger, als man dies von außen vermuten würde. „Die Frauen werden zunehmend vermännlicht", be-

Ostern im Lande: Die Männer brechen mit der Kutsche auf, um das beliebte „Frauen begießen" zu starten

Frauen in der Geschichte Ungarns

Einzelne Frauen spielten auch in der Geschichte Ungarns, wie eigentlich im übrigen Europa, immer wieder eine historische Rolle. In Schicksalssituationen kämpften sie neben ihren Männern, wie einst gegen die türkische Übermacht in der Schlacht um die Festung Eger (1552), wo laut literarischen Überlieferungen, ihr kollektives Eingreifen in das Kampfgeschehen eine fast entscheidende Hilfe bedeutete. Namentlich sind sie natürlich kaum bekannt.

Aber das Vorbild der weiblichen Vampire, *Elisabeth Báthory,* hat es zu (einem vielleicht ungerecht negativen) Weltruhm gebracht. Angeblich ließ die lesbisch-sadistisch veranlagte Witwe als eine Art Verjüngungskur in ihrem Schloss arme Bauernmädchen quälen, um sie schließlich töten zu lassen und in ihrem Blut zu baden, wie es in den gruseligen Protokollen des späteren Strafprozesses erhalten geblieben ist. Sie wurde dann lebend eingemauert. Es lässt sich schwer beweisen, ob sie die Grausamkeiten, die in den gegen sie erhobenen Anklagen beschrieben sind, tatsächlich begangen hat. Vielmehr scheinen die Erben des einige Jahre vor dem Prozess verstorbenen Ehemannes, des Grafen *Ferenc Nádasdy,* Augen auf dessen Vermögen geworfen zu haben. Nach Ansicht einiger Experten von heute war der ganze Prozess juristisch fehlerhaft, die Anschuldigungen zumindest übertrieben und nie bewiesen. Im Westen, v.a. in Frankreich und in Amerika jedenfalls, schien der Stoff gut genug zu sein daraus halb Porno, halb Horrorgeschichten zu kreieren. In der französischen Filmvariante 1979 spielte sogar *Paloma Picasso* die Rolle der „Blutgräfin" (wie im Werk von *Elsberg* 1894 *Elisabeth Báthory* getauft wurde).

Der Name von *Ilona Zrínyi* dagegen, die zusammen mit ihrem Ehemann dem Grafen *Thököly* den erbitterten Freiheitskampf gegen die Habsburger geführt hat, ist nur für die Ungarn ein Begriff.

In den späteren Jahrhunderten tauchten Namen von berühmten ungarischen Frauen auf, die sich als Schauspielerin (z.B. *Déryné*), Schriftstellerin (wie *Kaffka Margit*) oder Pädagogin und Verfechterin der Frauenrechte (*Veres Pálné*) einen Namen machten. Die meisten Ungarinnen konzentrierten sich aber auf ihre Aufgaben als Ehefrauen und spielten daher im Allgemeinen (wie auch im restlichen Europa) im öffentlichen Leben kaum eine Rolle.

klagte sich vor Kurzem eine meiner Bekannten, als wir uns über die Situation der Frauen in Ungarn unterhielten. Sie hat es natürlich nicht im biologischen Sinne gemeint. Erst wurden sie aus wirtschaftlichen und politischen Gründen „emanzipiert", denn von einem Gehalt konnte eine Familie – abgesehen von der im Sozialismus geltenden Beschäftigungspflicht – nur schwer überleben. Die Frauen mussten also, ob sie wollten oder nicht, zum Teil aus politischem Zwang, zum Teil aus Existenzgründen auch arbeiten gehen. Um es noch klarer zu formulieren: Eine Frau galt ohne in ihrem Personalausweis eingetragener Arbeitsstelle bei einer Polizeikontrolle als „gemeingefährliche Arbeitsverweigerin", wenn sie nicht sogar gleich als Prostituierte verdächtigt wurde.

Nach der Wende wird nicht mehr öffentlich kontrolliert, ob jemand eine Arbeitsstelle hat oder nicht. Aber die meisten Familien können heute noch weniger auf das Gehalt der Frau verzichten, um überleben zu können. Manchmal ist die Frau auch die Alleinverdienende in der Familie, wenn der Mann gerade mit Arbeitslosigkeit kämpft. **Frauen** bekamen jedoch (und bekommen immer noch) für dieselbe Arbeit weniger Geld als ihre männlichen Kollegen. Die Gehaltsdifferenz zwischen männlichen und weiblichen Arbeitskräften für dieselbe Arbeit kann in extremen Fällen bis zu 60 % betragen. Ausnahme von dieser Regel bilden heutzutage nur die Frauen in den Führungsetagen. Die Benachteiligung der Frauen auf dem Arbeitsmarkt macht sich aber nicht nur im niedrigeren Lohn bemerkbar. Für Frauen werden auf dem Arbeitsmarkt eher Stellen in Bereichen mit niedrigerer Qualifikation angeboten.

Der Gewerkschaftsbund (MSZOSZ) tritt seit Jahren für eine Chancengleichheit für Frauen und für das gleiche Gehalt bei Frauen und Männern ein. Der Unterschied zwischen den Gehältern von Männern und Frauen ist im Bank- und Geldwesen am größten. Der monatliche Bruttolohn der Männer betrug durchschnittlich 342.500 Forint (ca. 1400 Euro), während Frauen für dieselbe Arbeit nur 197.000 Forint (800 Euro) bekamen.

030un Foto: eb

Merkwürdigerweise sind unter den ca. 250.000 **Arbeitslosen** in Ungarn nur 43,3 % Frauen. Experten erklären das Phänomen damit, dass durch die Schließung der früheren großen staatlichen Unternehmen, die eine große Anzahl von Arbeitern beschäftigten, hauptsächlich Männer ihre Arbeit verloren haben.

Die traditionelle Großfamilie hat die modernen Zeiten auch in Ungarn nicht überlebt. Der Babyboom in den 1950er-Jahren war das Ergebnis einer von der Kommunistischen Partei propagierten **Vielkinderpolitik.** Kinderlose sollten damals sogar mit einer Art Steuer extra bestraft werden: „Ein Mädchen zu entbinden ist Ruhm, eine Frau zu entbinden ist Pflicht!", wie die Parole der Gesundheitsministerin *Anna Ratkó* hieß. Als in den 1960er und 1970er der Familie wieder mehr Privatsphäre eingeräumt wurde, ist dieser Trend in die andere Richtung umgeschlagen. Die Einzelkind-Familie wurde allgegenwärtig. In der Kádár-Ära hat die politische Führung versucht, die demografische Talfahrt zu überwinden, indem sie Familien mit mindestens zwei Kindern bei der Wohnungssuche unterstützte. Außerdem wurde berufstätigen Frauen nach einer Entbindung langer Mutterschaftsurlaub und Erziehungsgeld zugesichert. Familien bekamen beim Wohnungsbau Kreditzuzahlungen, die pro Kind berechnet wurden.

Der Erfolg ist bis heute nicht gerade berauschend: Die Ungarn sind, ähnlich den Deutschen, eine **schrumpfende Nation.** Die Behörden beobachten eine alarmierende Entwicklung: Seit Anfang der 1980er-Jahren geht die Anzahl der Neugeborenen kontinuierlich zurück. Dabei hat sich der Anteil der außerehelich geborenen Kinder laut des demografischen Jahrbuchs des Statistischen Zentralamtes Ungarns in den letzten 20 Jahren verfünffacht! Der Kinderwunsch bei den verheirateten jungen Paaren wird mehr und mehr zurückgedrängt; das Kinderkriegen wird weit in die Zukunft hinausgeschoben.

Darüber hinaus wird die **Single-Gesellschaft** immer offensichtlicher. Die Auflösung der alten Lebensformen hat ein dramatisches Ausmaß erreicht: Immer mehr Paare leben ohne Trauschein zusammen und die „wilde Ehe" als Lebensgemeinschaft ist fast vollkommen an die Stelle einer erneuten Heirat bei Geschiedenen getreten. Die Behörden rechnen offen damit, dass in der Zukunft in Ungarn, ähnlich dem übrigen Europa, die anderen Formen des Zusammenlebens, parallel zu Ehe und klassischer Familie, in der Menge zunehmen werden. Die Unsicherheiten in Bezug auf Arbeitsplatz und Einkommen und die Ängste vor der Zukunft machen es für die jüngere Generation nicht leicht, an eine bessere Zukunft zu glau-

Klassisches Familienleben oder Single-Dasein – jeder kann frei entscheiden

ben. Die ständig wechselnde unsichere materielle und existenzielle Situation erklärt, warum immer mehr junge Menschen lockere, mit weniger Verpflichtungen verbundene Beziehungen gegenüber Heirat und Familie bevorzugen. Die jüngere Generation zieht ihre Ausbildung vor, denn das „Diplom-Sammeln", der Abschluss verschiedener Ausbildungen, ist in Mode gekommen. Damit versuchen die Heranwachsenden die eigenen Chancen auf eine Stelle zu erhöhen, ihre Positionen anderen gegenüber zu stärken.

Heutzutage bleiben die **Kinder** immer länger im Elternhaus, sie versuchen das Auf-eigenen-Füßen-Stehen – z.T. aus finanziellen Gründen, z.T. aus Bequemlichkeit – immer länger hinauszuzögern.

Der Lebenszyklus: Geburt, Jugend, Alter, Tod

Die früheren **„Kindespräsentationen"** *(bubalátás)* – den Neugeborenen geladenen Gästen und Familienangehörigen vor oder nach der Taufe in der Kirche in einer Art Zeremonie vorzustellen – sind auch in ländlichen Gegenden aus der Mode gekommen. Die Geburt eines Kindes ist in Ungarn wieder ein Ereignis für den engsten Familienkreis.

Im Sozialismus hatte man für jedes Kind einen garantierten Anspruch auf einen **Kindergartenplatz.** In jüngster Zeit hört man diesbezüglich von

031un Foto: ut

Schwierigkeiten. Weil die Finanzierung der Kindertagesstätten nicht überall gesichert ist, bekommt man vor allem in den Städten immer schwieriger einen Kindergartenplatz. Dafür gibt es heute immer mehr teure private Kindergärten.

Die **Heranwachsenden** erhalten ihren Personalausweis mit Erreichen des 14. Lebensjahres. Das ist das Alter, in dem man gewöhnlich die Grundschule verlässt. Zigaretten und alkoholische Getränke dürfen an Jugendliche unter 18 nicht verkauft werden. Kontrolliert werden die Ausweise allerdings praktisch nie. Leider. Die Schultüte ist in Ungarn unbekannt. Die **Feierlichkeiten zum Schulabschluss** dagegen haben eine lange Tradition. Sie fangen schon im Winter mit dem Ball der **„Bandeinweihung"** *(szalagavató)* an. Die Abiturienten bekommen ein schmales Bändchen auf die Kleidung gesteckt, mit den Jahreszahlen, die den Anfang und das Ende ihrer Schulzeit verraten. Für den Ball werden in der Regel Gemeinschaftstänze eingeübt und den geladenen Angehörigen und Gästen vorgeführt. Ein besonderes Musik- und Tanzstück aus dem Repertoire ist der *Palotás* (Palast-Art), ein sehr vornehmer Tanz der ungarischen Aristokratie. Die geliehenen eleganten Kostüme zaubern eine Atmosphäre der Paläste aus längst vergangenen Jahrhunderten herbei.

Am Ende des Schuljahres nehmen die Schüler dann feierlich **Abschied von der Schulzeit,** den Mitschülern, den Lehrern und dem Schulgebäude. Das **Ballagás** (das Wort bedeutet so viel wie „schlendern", wird hier aber als Bezeichnung für ein Ereignis verwendet) ist eine stundenlange Zeremonie. Die Mädchen und Jungs der Abschlussklassen schlendern eine Kette bildend von Klassenzimmer zu Klassenzimmer und singen die nur für diesen Anlass bestimmten alten Lieder, zum Teil in Latein wie das *„Gaudeamus igitur, iuvenes dum sumus"* („Lass uns denn feiern, so lange wir noch jung sind"). Die Jungs sind vorschriftsmäßig in schwarzen Anzügen, die Mädchen mit schwarzen Röcken und weißen Blusen bekleidet. Sie bekommen von ihren Angehörigen und Freunden prächtige Blumensträuße. Sie tragen kleine Seitentaschen, gefüllt mit Utensilien „für den Weg" (zum Beispiel Salz, *pogácsa* – Gebäck, ein Stück Heimaterde, ein Geldstück und eine Abbildung der Schule), die sie von der Klasse bekommen haben, die an ihre Stelle tritt. Diese wird dann im nächsten Jahr dieselbe „Reise" antreten. Anschließend versammelt sich die ganze Schule im Hof oder in der Turnhalle. In Anwesenheit der Eltern und der jüngeren Klassen halten die Vertreter der Schulführung und der Schüler Reden. Es

werden Gedichte vorgetragen, die besten Schüler werden ausgezeichnet und meist mit Büchern beschenkt. Die ungarische Hymne darf natürlich nicht fehlen.

Teil des Abschiednehmens von der Schule ist der Brauch der **„Serenade"**. Die ganze Klasse besucht am Abend ihre ehemaligen Lehrer und singt vor ihren Fenstern. Der Lehrer bittet sie als Dank alle in die Wohnung, wo sie noch einmal über die „guten alten Zeiten" in der Schule plaudern.

Das *Ballagás* wird auch schon nach dem Abschluss der Grundschule gefeiert, hat aber eine noch größere Bedeutung nach Beendigung der Mittelschule. Dann wird den frisch gebackenen **Volljährigen** offiziell das erste Mal erlaubt, in den Restaurants alkoholische Getränke zu bestellen. Man macht davon auch Gebrauch und durchzecht nach der Serenade meistens die ganze Nacht. Schließlich hat man dazu das erste Mal die Möglichkeit, ohne dass es zu Hause dafür Krach gibt.

Ab 18 ist man in Ungarn wahlberechtigt und damit volljährig, aber noch lange nicht erwachsen. Die nach der Wende herangewachsene neue Generation unterscheidet sich nicht von den englischen, französischen, spanischen oder deutschen jungen Leuten. Sie sind meistens aufgeklärt, geprägt von den Zukunftsängsten, aber wie viele von ihnen formulieren: Sie müssen unter den gegebenen Umständen ihren Platz in der Welt und ihr Glück finden.

Hochzeit

Die so oft erwähnte traditionelle „ungarische Hochzeit" *(Lakodalom)* war früher der wichtigste Anlass zum Feiern und für die Familien beider Seiten eine einmalige Gelegenheit, aber auch Pflicht zur Repräsentation. Für die Zeremonie wurde eine bestimmte Person zum *Násznagy* (Brautführer bzw. Hochzeitsführer) ernannt, deren Aufgabe außer in der Überwachung des Zeremonieablaufes auch darin bestand, immer wieder für die gute Laune der Gäste zu sorgen.

Um die Übergabe der Braut an den Bräutigam kümmerte sich meist der Vater der Braut. Die Zeremonie wurde in einer streng geregelten Reihenfolge durchgeführt; Teile davon werden auch heutzutage noch zelebriert. Nach der Trauung in der Kirche - seit Ende des 19. Jh. auch im Standesamt - wurde die Braut zur Frau erklärt. Anschließend wurde sie „verkauft", d.h., es folgte der „Tanz des neuen Weibes", dessen Anrecht sich jeder der Gäste mit Geschenken oder in jüngster Zeit auch mit Geld erkaufen durfte. Der „Ausverkauf" wurde (und wird) vom Hochzeitsführer überwacht. Bei ihm kann man einen Tanz mit der „frischgebackenen neuen Frau" erwerben, indem man in seinen Sammelhut oder -topf Geld für das junge Paar spendet. Es gibt zu Essen und zu Trinken im Überfluss, das Hochzeitsfest war und ist immer ein Anlass zum Scherzen, magische Bräuche auszuüben und vor allem zum Feiern.

Kinder von „neureichen" Eltern ziehen sich mit Vorliebe die Tracht der ehemaligen ungarischen Aristokratie an. Der Bräutigam erscheint im *Díszmagyar* (reich verziertes Kleid des ungarischen Großadels) und es wird *Palotás* (ein Tanz aus den Palästen der Aristokratie vergangener Jahrhunderte) getanzt.

Die heutige Zeit ist voll von gewaltigen Veränderungen in der Politik, die mit ihren Auswirkungen auf alle Bereiche des Lebens die privaten Bereiche nicht unberührt lassen. Ständig stellt sich die Frage, welche Gewohnheiten, Traditionen und Regelungen erhalten bleiben sollen, welche heute und auch in der Zukunft noch Bedeutung in der sich ständig ausdehnenden, globalisierenden Welt haben.

Die **älteren Menschen** haben mehr Schwierigkeiten, sich in der sich dauernd und rasch verändernden Welt zurechtzufinden. In Ungarn sind mehr von ihnen verarmt und auf finanzielle Hilfe und Unterstützung angewiesen, als die Rentner im Westen. Sie bekommen zwar vom Staat einige Erleichterungen wie z.B. die Befreiung von der Zahlung der Rundfunkgebühren oder die Möglichkeit der kostenlosen Nutzung sämtlicher öffentlichen Verkehrsmittel und kostenlose medizinische Versorgung, aber ihre finanzielle Situation hat sich in den vergangenen Jahren dramatisch verschlechtert. Falls sie allein bleiben, reichen ihre Geldmittel meistens nicht aus, um einen Platz in einem Altenheim zu erwerben. Die alten Familienstrukturen haben sich auch in Ungarn schon lange aufgelöst, die alten Menschen wurden auch hierzulande zunehmend eine Last für die Familie.

Viel Unterstützung können sie nicht erwarten. Nur wenige haben Aussicht auf ein langes, friedliches Rentnerdasein.

Selbst die **Zeremonien und Bräuche um den Tod und das Sterben** herum blieben von den Veränderungen der Gegenwart nicht verschont. Früher blieb man die ganze Nacht neben dem Verstorbenen auf, um ihn nicht alleine zu lassen. Heutzutage wird niemand wie früher zu Hause aufgebahrt und von Angehörigen und Bekannten beweint. Dies wurde auf die Friedhöfe verlegt und, wenn überhaupt, nur noch einige Stunden vor der Bestattung praktiziert. Selbst das Waschen und Umkleiden des Toten, das früher die Aufgabe der Familie war, wird von den Bestattungsunternehmen übernommen. Neuerdings wird in Ungarn am Wochenende nicht mehr beerdigt: Man würde keinen Priester finden, der sich dafür Zeit nimmt, und die Mitarbeiter der neu entstandenen Beerdigungsinstitute haben am Samstag und Sonntag frei.

064un Foto: ba

DER ALLTAG VON A BIS Z

Alltag nach der Wende

Mit dem wieder eingeführten Kapitalismus ist das Leben auch in Ungarn unruhiger geworden. Vorbei sind die Zeiten des „Gulasch-Kommunismus", als der Staat für eine allgemeine Beschäftigungsgarantie sorgte und für jeden seiner Bürger einen bescheidenen aber sicheren Mindestwohlstand (unter anderem kostenlose medizinische Versorgung für jeden Staatsbürger) garantierte.

Nach der Wende hat die Arbeitslosenquote schnell zweistellige Ziffern erreicht. Zwar hat sich die wirtschaftliche Lage in den letzten Jahren wieder etwas gebessert, die Enttäuschung aber ist groß und die **Verunsicherung** in den Köpfen wächst.

„Wie ist das Leben heutzutage bei Euch?" Auf diese Frage bekommt man von allen Befragten, egal aus welcher Schicht oder Position sie sind, eine sehr ähnliche Antwort: Die Zeit ist sehr schnelllebig geworden. Jeder rennt, rafft, versucht sich durchzusetzen, um überleben zu können.

Der Witz, den *Géza Hofi,* der verstorbene legendäre Kabarettist der späten sozialistischen und der Übergangsepoche, über den Durchschnittsungar erzählt hat, gilt heute noch: Der Ungar besucht gerade Verwandte in Amerika. „Na erzähl mal! Wie geht es Euch zu Hause?", fragt das im „goldene=n Westen" lebende Familienmitglied. „Gut", antwortet der aus der Heimat lakonisch. „Aber erzähl mal etwas mehr darüber!", so der Wessi. „Schlecht", lautet die „längere" Antwort.

Die **Überlastung** macht die Menschen (auch) in Ungarn in zunehmendem Maße gereizter. Die Menschen gehen immer gröber miteinander um. Die Intoleranz wächst. Und der Hintergrund ist der Zwang „mehrere Standbeine zu haben".

Arbeitsleben

In den Zeiten des Sozialismus war das Recht und die Garantie auf Arbeit – verbunden mit der **Pflicht zur Arbeit** – gesetzlich festgeschrieben. Mit einem entsprechenden Eintrag im Personalausweis sollte jeder Staatsbürger bei Polizeikontrollen nachweisen, wo er gerade beschäftigt war. Ohne eingetragenen Arbeitsplatz (oder entsprechende Schule) galt man als „gemeingefährlicher Arbeitsverweigerer" und landete leicht in Haft. Ausnahmen bildeten – abgesehen von jungen Müttern – nur wenige Hausfrauen,

078un Foto: ba

die sich erlauben konnten, nicht arbeiten zu müssen oder zu wollen. In solch einem Fall konnte man den „Hausfrauen-Status" in den Personalausweis eintragen lassen.

Nicht verheiratete junge Damen ohne Arbeitsstelle in ihrem Ausweis wurden schnell der Prostitution bezichtigt. Die sogenannten Konsumdamen wiederum brauchten nur einen Eintrag von irgendeinem Arbeitgeber, um von den Polizisten in Ruhe gelassen zu werden. Denn die Polizei kontrollierte abends regelmäßig die Gaststätten und Nachtlokale.

Später wurde mit der **Liberalisierung in der Kádár-Ära,** im Ostblock einzigartig, eine begrenzte **Privatwirtschaft** geschaffen, in deren Rahmen Einzelhändler, Taxifahrer und Handwerker verschiedener Fachbereiche sich selbstständig machen durften. Arbeitslose existierten offiziell nicht. Eines der größten Traumas der Menschen nach der Wende war die über Nacht entstandene Arbeitslosigkeit, die Hunderttausende von Ungarn betraf.

Auf dem Land geschah mit den Angestellten der sich auflösenden staatlichen agrarwirtschaftlichen Betriebe dasselbe wie in den Industriegebieten mit den Arbeitern während des schmerzhaften Prozesses der Privatisierung. Man konnte von den neuen Eigentümern keine Beschäftigungsgarantien verlangen. **Ausländische Käufer** haben dann nicht selten den gekauften Betrieb einfach abgerissen, das Grundstück für etwas ganz anderes benutzt und sich zum Teil so ganz einfach Konkurrenz aus dem Weg geschafft. Sie bauten Immobilien zum Vermieten, Einkaufszentren oder Sportanlagen. Arbeitsplätze wurden damit natürlich kaum geschaffen. Über die Hälfte der Beschäftigten arbeitet in der Dienstleistungsbranche. In den vergangenen Jahren ist die Arbeitlosenquote wesentlich gestiegen, 2010 waren 10,5 % der arbeitsfähigen Bevölkerung ohne Arbeit.

Drogen, Alkohol, Rauchen

Auch im sozialistischen Ungarn gab es schon **Drogenprobleme,** jedoch in einem geringeren Ausmaß. Vor allem die sogenannten „Schnüffler" *(szipózók)* bereiteten den zuständigen Behörden Kopfzerbrechen. Diese, vor allem Jugendliche und Kinder, haben die giftigen Dämpfe von Lösungsmitteln bestimmter Klebstoffe aus einer Tüte inhaliert, um sich in Rausch zu versetzen. Das war überhaupt nicht harmlos, denn die gefährlichen

Der nach Eiffels Plänen gebaute Westbahnhof:
hier pendeln die Budapester zur Arbeit

Chemikalien haben das Gehirn beschädigt, die Leber zerstört und aufgrund von Leberversagen zahlreiche Opfer gefordert.

Nach der Wende war dann die Hölle los – im wahrsten Sinne des Wortes. Von Cannabis-Produkten bis hin zu den härtesten Drogen wie Heroin überfluteten Suchtmittel das Land. Hemmungslose Dealer verteilten anfangs an den Schulen gratis oder ganz billig Drogen, um die Jugendlichen zu ködern und sich ein Geschäft aufzubauen. Man hörte von „Briefmarken" die mit der Droge imprägniert waren, um so die ahnungslosen Kinder abhängig zu machen. In den Diskotheken werden heutzutage Ecstasy und Co. immer selbstverständlicher konsumiert.

Der **Alkoholismus** erreichte schon das Ausmaß einer Volkskrankheit. Die Arbeiter kamen nicht selten betrunken zur Arbeit, sodass die kommunistische Führung in Lebensmittelläden und Kiosken ein Alkohol-Verkaufsverbot vor neun Uhr morgens verhängte. Viel haben sie damit allerdings nicht erreicht. Die Kunden mussten nun schon am Vorabend die kleinen Flaschen einkaufen, um sich am nächsten morgen gleich wieder abfüllen zu können. Laut Statistik ist jeder zehnte Erwachsene Ungarns Alkoholiker!

Nach der Wende wurden die ehemals allgegenwärtigen, wohlbekannten Stehkneipen zu eleganten Bars oder Cafés umgebaut. Die wenigen übrig gebliebenen von dieser Sorte findet man nur noch in kleinen Seitenstraßen und auf dem Land. Diese sind Treffpunkte für Arbeitslose und mittellose Alkoholiker, weil das „sich Besaufen" in diesen Läden wesentlich günstiger ausfällt. Der Alkohol war und ist für die Ungarn traditionell einer der „Fluchtwege" aus einer vermeintlich aussichtslosen Situation. Anders gesagt: Sie finden immer einen Grund, um in einen Alkoholrausch zu tauchen, egal, ob dies aus einem fröhlichen oder einem traurigen Anlass geschieht. Für sie kommt es einer Beleidigung gleich, eine Einladung auf einen Schnaps, einen „Kurzen", zurückzuweisen. Das macht es so gefährlich, mit ihnen zu feiern.

In jeder Kneipe, in jedem Restaurant oder auch in den Lebensmittelläden hängen Schilder, die darauf hinweisen, dass an Jugendliche unter 18 kein Alkohol und keine Tabakwaren verkauft werden dürfen. Trotzdem sinkt das Alter, in dem die Jugendlichen mit dem **Rauchen** anfangen, kontinuierlich. Besonders dramatisch ist der wachsende hohe Anteil junger Mädchen, die zur Zigarette greifen. Diese Entwicklung ist aber nicht nur in Ungarn zu beobachten. Die Zigaretten in Ungarn kosten übrigens immer noch nur die Hälfte des Preises in Deutschland.

Der berühmte Széchenyi-Thermalbadkomplex in Budapest ist zu jeder Jahreszeit von frühmorgens bis in die späten Abendstunden gut besucht

Freizeit, Urlaub

Das Land ist weltweit einzigartig reich, was die zur Verfügung stehende Menge an **Thermal- und Heilwasser** betrifft, denn unter 80 % des Landes befinden sich heiße Thermalquellen. Unter Budapest wurde 2008 ein riesiger Termalsee entdeckt, bzw. ein mit Wasser gefülltes Tunnelsystem, das über 100 km lang sein soll. Es wird behauptet, man könne im Taucheranzug unter der Stadt hindurch schwimmen.

Dementsprechend reicht die **Badekultur** weit in der Zeit zurück, wie der Name der Ruinen aus den römischen Zeiten am Rande des heutigen Budapest belegt: *Aquincum* = reich an Wasser. Die ersten Badeorte wurden schon damals ausgebaut und auch während der Türkenherrschaft im 16. und 17. Jh. legte man weitere Badeanstalten an, von denen viele noch heute existieren: in Budapest die Rácz-, Király- und Lukács-Bäder oder in Eger das Türkische Bad. Im 19. und 20. Jh. brachten Probebohrungen nach Öl überall **heiße Thermalquellen** zutage, worauf man die Badekultur überall im Lande weiterentwickelte. So wurden beispielsweise großangelegte Bäder in Hajdúszoboszló und Gyula im Osten sowie u. a. in Zalakaros und Sárvár im Westteil des Landes gebaut.

Heute werden in 385 Ortschaften Ungarns Badeanstalten betrieben. 39 anerkannten Heilbäder, 57 Kurhotels, 5 Heilhöhlen, 81 Mineral- und 315 Heilwasserquellen, 5 Heilmoorfundorte und eine *Mofetta* (in Mátraderecske), ein sogenanntes „Trockenbad", laden die Gäste aus aller Welt zum

065un Foto: ba

035un Foto: ut

Baden ein. Alle **Heil- und Wellnessbäder** versuchen Jahr für Jahr mit immer neuen Angeboten, die Besucher zu verwöhnen und sie mit speziellem Service zu verzaubern, um ihre Einmaligkeit unter Beweis zu stellen und die Gäste zur Wiederkehr zu motivieren. Kein Wunder also, dass die Ungarn eine Badenation sind. Sie verbringen viel Zeit in den Schwimmbädern und nehmen auch gern die verschiedenen Wellnessprogramme in Anspruch.

Dass für viele einer der beliebtesten Zeitvertreibe das **Schachspielen** ist, wird auch im bekannten Széchenyi-Bad im Budapester Stadtpark sichtbar. Man sieht hier immer einige, im Außenbecken auch bei Schneefall im angenehm warmen Wasser herumstehende, ältere Herren, die stundenlang mit lauten Bemerkungen das Spiel kommentierend, über das Schachbrett gebeugt die Zeit totschlagen.

Was die Freizeitgestaltung angeht, hat Budapest schon einiges zu bieten. Neben den zahlreichen **Museen und Ausstellungen** bieten über fünfzig Kinos, Theater und Musikhäuser eine bunte Auswahl an Programmen. Von den vielen Theatern kämpften nur einige wegen des Wegfalls der staatlichen finanziellen Unterstützung ums Überleben. Die Vorführungen in den Theatern wie auch die des Opernhauses und der Musikakademie waren und sind auch heute noch trotz steigender Eintrittspreise immer gut besucht.

Ballettaufführungen sind trotz steigender Eintrittspreise sehr beliebt

In der Sommerpause bietet die Hauptstadt Festivals und Musikereignisse an. Die **klassischen Musikveranstaltungen** und auch das Baden in den schönen alten Badeanstalten sind für die jüngere Generation aber ein weniger attraktives Freizeitvergnügen. Der Sommer ist auch in Ungarn die Zeit der Rockkonzerte, speziell der große Massen an Jugendlichen anziehenden **Rockfestivals.** In den vergangenen Jahren haben sich einige davon als durchaus überlebensfähig erwiesen. Nach dem unbestritten den ersten Platz belegenden Sziget-Festival (früher „Pepsi-Insel" genannt) auf der Donauinsel in Budapest, hat sich das Pannonia-Festival bei der Stadt Várpalota mit bis zu 100.000 Besuchern als zweitgrößtes Spektakel dieser Art etabliert. Es startete 2006 mit dem Ziel, den ungarischen Rockbands und Interpreten ein Forum zu geben, und überholte schnell die damals landesweit bekannten Festivals an Bekanntheitsgrad und Größe. Die Beliebtheit des Pannonias basiert nicht zuletzt auf den bezahlbaren Eintrittspreisen. 2010 kostete das Ticket für vier Tage inklusive Zeltplatz 3900 Forint, ca. 15 Euro. Dafür werden über 100 Konzerte angeboten.

„Die Insel" – das Sziget-Festival (von Elisabeth B., 2005)

„Wir zogen leider erst am Mittag los. Ich und zwei Freunde. Im Bus konnte man es kaum so lange aushalten, es war furchtbar warm. Kein Wunder, es war ja auch der heißeste Monat des Jahres. (Der August in Ungarn ist immer heiß.)

Während der Fahrt warfen wir nochmals einen Blick auf unser Gepäck, nur die wichtigsten Sachen hatten wir eingepackt: Zelt, Schlafsack, einige Klamotten, Zahnbürste, Taschenmesser und natürlich die Wochenkarte für das Festival, die wir schon im Juni besorgt hatten und auf der das Zeitintervall 04.08.–11.08. aufgedruckt war.

Von der Endstation Árpád-Brücke hatten wir noch drei Haltestellen Fahrt mit der S-Bahn vor uns. Der Zug war fast ausschließlich mit tätowierten, langhaarigen „Hooligans" – wie auch meine Oma sie nannte – gefüllt. Erst nachdem wir ausgestiegen waren, nahmen wir wahr, was noch auf uns wartete. Eine endlos lange Menschenschlange vor der Brücke zur Hajógyári-Insel, wo die Security-Leute schon fleißig bei der Arbeit waren. Sie durchsuchten alle, die die Brücke überqueren wollten. Erst wurden aber natürlich die nach Einlösen des Tickets ausgegebenen Armbändchen an jedem Handgelenk fixiert. Ich traf viele, die noch nicht genug Geld für eine Tageskarte zusammen hatten und die die Vorbeilaufenden um eine Spende baten. Wie ich später erfuhr, konnte man auch einige Marihuana-Zigaretten problemlos reinschmuggeln, indem man sie in den mitgebrachten Sandwiches oder in Kugelschreibern versteckte.

Noch eine wichtige Regel: Man darf natürlich kein Getränk der Firma Coca-Cola dabei haben. Problematisch wurde es auch, wenn sie einen Hammer fanden. Wir stellten uns die Frage, wie man sonst die Zelte aufschlagen sollte. Die Begründung für solche Verbote war, dass man nichts mit reinnehmen darf, womit einem anderen Menschen Schaden zugefügt werden kann. Dass sich auf der Insel und am Ufer reichlich große Steine befanden, welche man auch für böse Absichten verwenden könnte, fiel keinem auf ...

Nach einiger Zeit waren wir endlich auf der Insel, auf dem größten und am längsten andauernden Rockfestival Europas. Ein buntes Paradies der verrücktesten Leute. Nirgendwo anders sieht man so viele, mit ihren prächtigen Hahnenkämmen protzende Punks, am ganzen Körper mit Piercings verzierte, schwarz gekleidete Gothics auf einmal. Unsere Zelte schlugen wir in der Nähe unserer Bekannten, in der Nachbarschaft des Molothow-Standes aus Esztergom auf. Als Begrüßungsgetränk bekamen wir sofort ein Bier, das wir in der sengenden Hitze zu uns nahmen, was natürlich Folgen hatte ...

Komisch, oder eben gesetzmäßig trifft man sogar auf dieser ziemlich großen Insel all die Freunde, die man schon seit Ewigkeiten nicht mehr gesehen hat, und sogar diejenigen, mit denen man sonst keinen besonderen Kontakt hat, sind sehr froh, wenn man einander über den Weg läuft. Sobald man eintrifft, wird man wegen den großen Distanzen sehr faul, und möchte sich am liebsten nur im Umkreis von 100 Metern bewegen.

Als Kommunikationsmöglichkeit dienen die Handys, die fast jeder dabei hat, und für deren Akkus extra Ladestationen aufgestellt sind. Kleine Zelte, die umsonst Strom anbieten. In den Konzertzelten besteht sogar die Möglichkeit, per SMS kleine Botschaften auf die angebrachten Leinwände zu senden. Diese kann dann jeder im Zelt lesen.

Über die Vielfalt der Bühnen kann man sich wirklich nicht beklagen: Die Hauptbühne, auf der die beliebtesten ausländischen Gruppen ihre Hits zum Besten geben; Metal-Hammer-Bühne, der Name spricht für sich, Rock- und Blues-Zelt, Schlager-Zelt, das Roma-Zelt, Krishna-Zelt und viele andere.

Am Vormittag werden keine Konzerte gegeben, stattdessen faulenzt man am „Strand" der Donau oder füllt verschiedene Fragebögen und Tests in den sogenannten zivilen Zelten aus. Diese klären über AIDS, Umweltschutz und Drogen auf und berichten von Erfahrungen der heutigen Jugendlichen. Die Tageskarten laufen um 10 Uhr ab, die Kontrolleure laufen herum und stecken alle, die sich hier illegal noch aufhalten, in einen Bus, der Richtung Ausgang fährt. Man kann ihnen mit etwas Glück entkommen.

Mittags haben wir oft die Möglichkeit genutzt, bei den Krishna-Anbetern für eine kleine materielle Gegenleistung Eintopf oder Suppe zu bekommen, die sie täglich austeilten. Ein tolles, fleischloses, gesundes Mittagessen. Angesichts der Stände, an denen gebratene Steaks und Würste angeboten wurden, war es mal eine erfrischende Abwechslung. Man muss eigentlich auf keine Bequemlichkeiten verzichten, die man sonst gewohnt ist. Post, Apotheke, Bäcker und Drogerie sind ebenfalls vertreten. Wenn man nachts kein Auge zugetan hat, kann man das wenigstens am Vormittag nachholen: Eine entzückende, orientalische Melodie lockt einen in das Zelt, das man nur barfuß betreten darf. Jeder kann sich einige Kissen schnappen und sich gemütlich auf eine Decke legen.

Die Toiletten sind gegen Ende der Veranstaltung ein echtes Problem. Es gibt nie genug davon und meistens kann man sie abends nicht mehr betreten, erstens wegen der Dunkelheit und zweitens wegen ihres Zustands. Neuerdings haben sie aber sogar welche mit Wasserspülung aufgestellt.

Am Nachmittag fängt der Spaß erst an. Die „Bevölkerung" wird merklich immer dichter, das Wetter immer heißer. Ein Teil meiner Freunde wollte sich unbedingt die Fun Lovin' Criminals anschauen, was mich allerdings nicht besonders interessierte. Ich machte mich stattdessen mit meinem besten Freund, Gergö, auf den Weg Richtung Metal-Hammer-Zelt. Ignite stand auf dem Plan. Aber als wir ankamen, spielte immer noch die Vorband, die wir auch ganz nett fanden und uns deshalb in die Reihe der „Kopfschüttelnden" bewegt haben. Nach vier Liedern waren wir sehr erschöpft und wollten uns eine kleine Erfrischung holen. Die Bierstände vor dem Zelt waren von Armeen durstiger Fans belagert. Wir beschlossen deshalb, woanders zu suchen. Nach einer Viertelstunde Fußmarsch kamen wir zu einer mit vielen kleinen Lämpchen beleuchteten Allee. Diese führte zu dem großen Hügel, wo man tagsüber Theaterstücke vorführte. Endlich ein ruhiges Plätzchen. Gergö holte uns beiden Bier und wir setzten uns ins Gras. Leider haben wir das ursprünglich eingeplante Konzert vor lauter guter Unterhaltung völlig vergessen, sodass schon die nächste Band an der Reihe war, als wir wieder am Metal-Hammer-Zelt ankamen. Aber so ist das nun mal.

Ohne sich zu betrinken kann man manchmal diese Menschenmenge, die sich bis spät in die Nacht ansammelt, nicht ertragen. Aus diesem Grund wollte Gergö zurück zum Eingang laufen, weil ihm sein Kumpel eine Art Wodka mitgebracht hatte. In einer Wasserflasche getarnt, versteht sich. Wir verabredeten uns für später vor dem Hammer-Zelt. Ich blieb allein. Mühselig schlängelte ich mich durch die Menge, zurück zu meinen Freunden. Es war schon spät abends und die ausgepowerten Fans räumten den Platz vor der Hauptbühne, auf der vor einer halben Stunde noch die Band Faithless performt hatte. Die dröhnende Technomusik machte uns neugierig auf ein monumentales Zelt, das sich nicht weit von der Hauptbühne befand. Auf dem Weg dahin gingen wir an den unzähligen Containern vorbei, in denen auch zu dieser späten Zeit Tattoos angeboten wurden. Im Zelt gab es eine sehr niveauvolle Laser-Show, begleitet von der für das Ohr sehr unangenehmen, monotonen Musik und von Tänzerinnen. Mehr als zehn Minuten hielten wir es dort nicht aus und entschieden uns, einen Happen zu essen. Die beste Wahl war immer noch der gute alte Hot Dog. Da kann man nicht viel falsch machen. Einige Zeit später traf ich meine gute Schulfreundin Gabi, ihren Freund und noch einige aus ihrer Clique. Sie genossen gerade das berühmte „Nordlicht", eine Spezialität der Russen: Wodka mit Kohlensäure. Es hieß, man bekäme für jedes Getränk mit Wodka einen Stempel und zehn von diesen Stempeln könne man für ein weiteres Getränk einlösen.

Endlich kam das, was bei keinem Festival fehlen kann: Es fing an zu regnen. Daraufhin füllten sich natürlich die Zelte – zur großen Freude der auftretenden Musikgruppen.

Irgendwann ging ich dann zu unserem Zelt, um mir einige Stunden Schlaf zu gönnen. Der Boden war hart und es war sehr kalt in der Nacht.

Am nächsten Morgen schien die pralle Sonne direkt auf unser Zelt. Ab neun Uhr wird es furchtbar schwül da drinnen und man ist gezwungen aufzustehen. Nach der nicht sehr erholsamen Nacht hat man einen brummenden Schädel, denn aus den Lautsprechern schallt ununterbrochen irgendwelche Musik und man freut sich auf das eiskalte Wasser in der Dusche.

Als ich gemütlich in der Schlange vor den Waschräumen stand, fiel mir ein, dass ich das Treffen mit Gergö völlig vergessen hatte. Aber wozu sollte ich mir Stress machen? Wir hatten noch ganze sechs Tage, um es nachzuholen ..."

066un Foto: ba

Diese Ereignisse ziehen auch massenhaft junge Besucher aus den Nachbarländern und aus den westlichen Ländern nach Ungarn.

Mit dem Wegfall der jahrzehntelangen „Ausgangssperre", d.h. nach der Auflösung der Reisebeschränkungen, machten sich die Ungarn wie später auch die Bürger anderer Ostblockstaaten in Massen auf den Weg in die bis dahin verbotenen westlichen Länder.

Bis heute nehmen alle, die es bezahlen können, gerne an den von den zahlreichen Reiseveranstaltern angebotenen **Reisen** teil. Seltener reisen die Ungarn auch individuell. Der Reiselust der Ungarn weisen nur ihre finanziellen Möglichkeiten die Grenzen.

Für diejenigen, die die Ferien nicht im Ausland verbringen können oder wollen, bleibt im Sommer meistens immer noch der **Plattensee** (Balaton) das Hauptziel. Dieser südwestlich von Budapest gelegene, 78 km lange und bis zu 15 km breite See ist mit rund 601 km² der größte See Mitteleuropas. Seine maximale Tiefe beträgt 11 m; an der Südseite aber ist das Wasser so platt, dass der Badegast kilometerweit hineinlaufen kann, bis das Wasser seine Schulterhöhe erreicht. Deshalb erwärmt sich das Wasser im Sommer auch so schnell. In den letzten, niederschlagsarmen Jahren ist der Wasserpegel durch die Verminderung des Wasserzuflusses und wegen der in den ungewöhnlich heißen Sommern verstärkten Verdampfung auffallend gesunken. Ganze Küstenbereiche verschlammten. Es wurde von Plänen gesprochen, den See durch einen, von der Donau abgeleiteten, Kanal zu speisen und damit vor dem Austrocknen zu schützen.

Gesundheit

Der große Verlierer des Systemwechsels in Ungarn ist das **Gesundheitswesen.** Sein Budget von 1000 Milliarden Forint (ca. 4 Mrd. Euro) pro Jahr ist das letzte noch nicht privatisierte Geldkapital des Landes. Es reicht für die Finanzierung der notwendigen Reformen nicht aus. Das staatliche Gesundheitssystem kämpft - wie könnte es anders sein? - mit **finanziellen Problemen.** Man kann es nicht schönreden, es fehlt an allem: an Instrumenten, Personal, Materialien und Geld. Die früher übliche, vor jeder in Anspruch genommenen Behandlung fällige Zuzahlung, eine Art „Praxisgebühr" wie in Deutschland üblich, wurde 2009 per Volksabstimmung mit überwiegender Mehrheit abgeschafft. Somit bleibt die Frage der Finanzierung weiterhin offen. Die **Ärzte sind unzufrieden und äußerst unmotiviert.** Die Hausärzte machen ihre regelmäßigen Hausbesuche bei ihren älteren Patienten merkwürdigerweise immer dann, wenn diese gerade ihre Renten ausgezahlt bekommen haben. Die oft allein lebenden alten Menschen drücken ihre Dankbarkeit immer in Geldscheinen aus. Außer dem Ausstellen von Rezepten und dem Blutdruckmessen steht nicht viel auf dem Programm, zumal der Hausarzt selbst für eine simple EKG-Untersuchung in Ungarn einen Termin bei einem Spezialisten beantragen muss. Die Hausärzte sind nämlich nicht einmal mit den elementarsten medizinischen Geräten ausgerüstet, apparateabhängige Untersuchungen müssen sie in „Fachabteilungen" durchführen lassen, die jedoch meistens überfordert sind. Das führt zu Intoleranz und Aggressionen. Nach einer Untersuchung zu den Arbeitsumständen in Europa sind die ungarischen Angestellten im Gesundheitswesen am stärksten von physischer wie auch von psychischer Gewalt durch Patienten bedroht. Mitarbeiter der Krankenhäuser leiden nach durchlebten Gewaltakten an posttraumatischem Stress. Die **manchmal chaotischen Zustände** ließen scheinbar jegliches Vertrauen in das Gesundheitswesen verschwinden. Ein Chefarzt der Unfallchirurgie eines renommierten Budapester Krankenhauses berichtete 2010 von einem Vater, der seinen durch einen schweren Verkehrsunfall verletzten vierjährigen Sohn entgegen jeglichem ärztlichen Rat mit nach Hause nahm. Denn dass er seinen BMW kaputtgefahren habe, könne er noch erklären, aber wie könne er es zu Hause rechtfertigen, wenn er das eigene Kind im Krankenhaus gelassen hätte?

Das Freilichtmuseum von Szentendre, nördlich von Budapest, sammelt „begehbare" landestypische Architektur der Vergangenheit

Die **Ärzte** sind dem schlecht funktionierenden System beinah genauso ausgeliefert wie die Kranken. Neben niedrigen Honoraren charakterisieren auch Informationsmangel, geringe Aufstiegsmöglichkeiten und beinah feudalistische Verhältnisse das ungarische Gesundheitswesen. Bislang wurden lediglich einige Maßnahmen nach westlichem Vorbild durchgeführt, die das Berufsleben der Ärzte eher komplizieren. Wie z. B. das Punktesystem in den Fortbildungsvorschriften. Die Ärzte müssen, ähnlich ihren Kollegen in Deutschland, regelmäßig mit einer gewissen Punktzahl nachweisen, dass sie an Fortbildungsveranstaltungen teilgenommen haben. Sie müssen jährlich mindestens 50 Punkte sammeln. Die Fortbildungen werden je nach Qualität bzw. Bedeutung mit unterschiedlicher Punktzahl bewertet. Ein Arzt, der nach fünf Jahren weniger als 250 Punkte aufweisen kann, riskiert seine Zulassung. Zwanzig Punkte bekommt jedoch ein Arzt automatisch, wenn er seinen Beruf überhaupt ausübt ...

Diese Verordnung mag natürlich die Qualität des Ausbildungstandes der ungarischen Ärzteschaft sichern, ersetzt jedoch das Fehlen der medizinischen Geräte nicht. Von den z. T. drastischen Sparmaßnahmen bleibt der **Rettungsdienst** OMSZ (*Országos Mentö Szolgálat*) auch nicht verschont. Die Luftrettung ist von fünf Standorten (Budapest, Miskolc, Debrecen, Pécs, Balatonfüred) aus aktiv. Die Rettungshubschrauber flogen jedoch in den vergangenen Jahren aus Spargründen weniger Einsätze.

Es gibt natürlich auch noch ein anderes Gesundheitssystem. Nach der Wende entstanden einige neue, teure **Privatkliniken,** die spezielle Services wie z. B. auf dem Gebiet der Reproduktionsmedizin anbieten. Ungarische Frauen wurden kostenlos behandelt, wenn sie zustimmten, dass aus ihren Eierstöcken Zellen für künstliche Befruchtungen abgesaugt werden. Diese wurden dann an zahlungsfähige westliche Kunden weiterverkauft. Zu diesen privatisierten Bereichen gehören auch private Hautkliniken und vor allem die zahnmedizinischen Praxen. Sie locken mit im Vergleich wesentlich niedrigeren Preisen für Zahnersatz vor allem **Patienten vorwiegend aus Österreich und Deutschland** an. Für die Einheimischen sind diese Preise natürlich meistens kaum bezahlbar, für sie bleiben nur die staatlichen medizinischen Angebote.

Kinder bis 18 Jahren und Rentner genießen weiterhin eine kostenlose Behandlung. Die Arbeitnehmer sind über die einzige staatliche Versicherungsanstalt, über die Landesgesundheitskasse (OEP, *Országos Egészségügyi Pénztár*) versichert. Der Betrag für die **Krankenversicherung** wird automatisch vom Gehalt abgezogen, dafür bekommt jeder eine Versicherungskarte („TAJ-Karte“ genannt), die bei ärztlicher Behandlung vorgelegt werden muss. Auch für die Verordnung von Rezepten benötigt man die Karte, deren Ziffer (TAJ-Ziffer: „Társadalombiztosítási Azonosító Jel “) auf dem Rezept notiert wird. Ohne Karte muss man den vollen Preis für das Medikament bezahlen. Arbeitslose oder Freiberufler können sich freiwillig bei der OEP versichern, den Betrag müssen sie dann selbst monatlich bezahlen. Private Krankenversicherungen, wie im Westen, gibt es praktisch noch nicht.

Die Umstellung auf ein dem westlichen ähnliches Versicherungssystems ist langsam, schmerzhaft und heftig umstritten. Denn die Schicht, die sich eine private Krankenversicherung leisten könnte, ist ziemlich dünn. Die Regierung möchte die **Reformierung des Gesundheitswesens** unter Einbeziehung von privatem Kapital ermöglichen. Dazu werden Diskussionen über die Art und Weise der privaten Finanzierung geführt. Möglich ist die Privatisierung der Finanzierung oder die Privatisierung der Leistungen im Gesundheitsbereich. Bei der Frage, welche Möglichkeit der Privatisierung zum Tragen kommen sollte, gehen die Meinungen stark auseinander.

Die Experten sind sich allerdings in einem Punkt ziemlich einig: Die Privatisierung der Finanzierung würde die weitere Verschuldung des ungarischen Gesundheitswesens zur Folge haben.

Sie betrachten die zentrale Rolle des Staates in diesem Umstellungsprozess weiterhin als unumgänglich, als eine Art Garantie der Chancengleichheit. Denn die privaten Versicherungsgesellschaften sind naturgemäß stärker an der Versicherung junger, gesunder Menschen als alter und kranker interessiert. Die Experten sind sich darüber einig, dass es zur **Privatisierung des ungarischen Gesundheitswesens** kommen wird. Die Frage ist nur, wann und in welcher Form.

Die **Medikamente** ungarischer Produktion waren gut und für jedermann erhältlich, d.h. bezahlbar. Seit ausländische Firmen auch diesen Wirtschaftsbereich übernommen haben, sind die Medikamente um ein Vielfaches teurer geworden.

Kunst und Kultur

Nur wenige ungarische Künstler sind weltweit bekannt. Manchmal weiß die Welt auch einfach nicht, dass diese Ungarn waren oder sind.

In Anbetracht der stürmischen Geschichte des Landes dürfte es kaum verwunderlich sein, wie wenig von der ungarischen Kunst des Mittelalters und der folgenden Jahrhunderte erhalten geblieben ist. Wie Cicero sagte: *„Inter arma silent musae"* („Im Krieg schweigen die Musen"). Nach anderthalb Jahrhunderten Krieg kämpften die Ungarn nach der Befreiung von den Türken gleich noch mal für ihre Unabhängigkeit von den Habsburgern. Viel Raum für die Entwicklung der Kultur ist nicht geblieben.

067un Foto: ba

Nur langsam erwachte und etablierte sich eine emanzipierende nationale Kunst und Kultur. Vorreiter war die Literatur zu Ende des 18., Anfang des 19. Jahrhunderts. Die vitalisierende Wirkung der französischen Aufklärung hat auch Ungarn nicht unberührt gelassen. Dichter wie *Kölcsey*, *Kazinczy*, *Batsányi*, *Berzsenyi*, *Csokonay*, der Schriftsteller *Bessenyei* oder der Dramatiker *Katona József* haben mit ihren Werken die kulturmüde Seele der Nation zu neuen Aktivitäten getrieben. Mit ihren Bestrebungen, die Sprache zu modernisieren und zu erneuern, haben sie dazu beigetragen, dass aus dem nach den Zerstörungen der vergangenen Jahrhunderte sich langsam erholenden Volksgemisch eine immer selbstbewusstere moderne Nation geworden ist.

Malerei

Aus der Blütezeit der europäischen bildenden Kunst des **16. Jahrhunderts** allerdings verdient ein außergewöhnlicher Maler, der nur als *Meister MS* bekannt ist, besondere Aufmerksamkeit. Gerade mal drei Werke von ihm sind im christlichen Museum von Esztergom zu bewundern; ein weiteres in der Nationalgalerie in der Burg Buda. Aber für einen Liebhaber der bildenden Kunst lohnt es sich sogar, nur wegen dieser Tafelbilder die erwähnten Museen zu besuchen. Die Werke bilden eine Brücke zwischen der hohen Ästhetik der italienischen und der Expressivität der deutschen Renaissance. Die drei Golgota-Szenarien von *Meister MS* können nur mit Grünewalds Bildern auf dem Isenheimer Altar verglichen werden.

Nach der Befreiung Ungarns von den Türken im Jahre 1699 kamen österreichische und deutsche Künstler ins Land, wie z. B. *Maulbertsch*, der bedeutendste von ihnen. Bis die Ungarn nach den Kriegszeiten wieder aus den eigenen Reihen bedeutende Künstler hervorbringen konnten, brauchte es einige Zeit.

Auf dem Gebiet der bildenden Kunst zählen die ungarischen Vertreter der im **19. Jahrhundert,** in den Zeiten der Romantik, in Mode gekommenen historisierenden Malerei zu den namhaften Künstlern, die auch einen gewissen internationalen Ruhm erlangten. Werke von *Mihály Munkácsy* hängen sogar im Louvre in Paris. Außer ihm sind noch *Viktor Madarász* und der später am russischen Zarenhof wirkende Zeichner *Mihály Zichy* europaweit bekannt. Im **20. Jahrhundert** vertraten *László Moholy Nagy* im Bauhaus oder der in Frankreich lebende und arbeitende *Viktor Vasarely*, sowie die Bildhauer *Piérre Székely* aus Paris und *Amerigo Tot* aus Italien die ungarische bildende Kunst auf der „Weltbühne".

Literatur

Was die „Weltbühne" betrifft, hat es naturgemäß die ungarische Literatur noch schwerer, denn die Eigenartigkeit der ungarischen Sprache wurde schon erläutert.

Die im **Mittelalter** entstandenen Werke waren, wie damals üblich, in Latein geschrieben. Der erste Poet, der seine Gedichte auf Ungarisch schrieb, war *Bálint Balassi,* der in den Zeiten der türkischen Eroberung im 16. Jh. gelebt und gewirkt hat. Er ist im Kampf gegen die Türken bei Esztergom gefallen. Aus den darauf folgenden Zeiten ist nicht viel Literarisches auf Ungarisch erhalten geblieben. Betrachtet man die stürmische Geschichte Ungarns, ist es verständlich, dass das Wiedererwachen der ungarischen Literatur erst ab Ende des 18. Jahrhunderts möglich war.

Nachdem die besten Dichter und Denker der Nation sich im **19. Jahrhundert** bemühten, die ein wenig altertümliche Sprache zu erneuern und an das Industriezeitalter anzupassen, wurden die darauf folgenden Jahrzehnte das goldene Zeitalter, auch für die ungarische Literatur.

Die **Dichter** *Csokonay, Petöfi, Vörösmarty, Arany* und *Vajda* und der Dramatiker *Imre Madách* sind leuchtende Beispiele für literarische Werke mit Weltniveau, die aber unheimlich schwer in anderen Sprachen zu interpretieren sind. Wie könnte die Übersetzung der Poesie des Symbolisten *Endre Ady* aus der Zeit des beginnenden **20. Jahrhunderts** oder die sur-

Der Hauptplatz der Künstlerstadt Szentendre

realistisch anmutenden Werke des genialen *Attila József* einfach sein? Nein, die ungarischen Dichter haben in der Tat kaum Chancen, außerhalb Ungarns zu wirken.

Etwas leichter ist es mit der **Prosa.** Gerade heutzutage erleben wir einen großen Erfolg ungarischer Schriftsteller wie *Sándor Márai* oder *Antal Szerb* in Westeuropa. Neben diesen (posthum) wiederentdeckten Starautoren sind die Werke von *Peter Esterházy* oder *György Konrad* im Westen bekannt. Der Nobelpreis für Literatur von 2002 für *Imre Kertész* bedeutete auch eine Anerkennung für die gesamte ungarische Gegenwartsliteratur.

Die derzeitige literarische Welt Ungarns leidet unter zunehmenden finanziellen Einschränkungen. Nur wenige können ihren Lebensunterhalt als Dichter oder Schriftsteller bestreiten. Außer im Journalismus gibt es **kaum Honorarzahlungen,** die Mehrheit der Literaten hat „normale" Arbeitsstellen und versucht, die literarische Tätigkeit nebenbei fortzusetzen. Die Fragen von Altersvorsorge, Krankenversicherung usw. für Schriftsteller sind ebenfalls ungeklärt. Die ganze Hoffnung des Schriftstellerbundes liegt auf privaten Initiativen und Stiftungen, wie z. B. das Márai-Programm, das u. a. Lesungen und Treffen zwischen Autoren und Publikum finanziert.

Musik

Einen wirklich durchschlagenden weltweiten Erfolg kann die ungarische Musikwelt verzeichnen. Zwar hat Ungarn den ersten bedeutenden, im Land geborenen Komponisten, *Ferenc Erkel,* der auch die erste ungarische Oper und die ungarische Nationalhymne komponiert hat, erst im **19. Jahrhundert** hervorgebracht; sein Zeitgenosse *Franz Liszt* hat es aber schnell zu Weltruhm gebracht. Während *Erkel* und später auch *Ernst von Dohnányi* stark von deutschen Komponisten beeinflusst waren, sammelten und veröffentlichten Anfang des **20. Jahrhunderts** *Béla Bartók* und *Zoltán Kodály* Tausende von ungarischen Volksliedern, deren Stil und Leitmotive sie in ihren eigenen Werken verwandten. Sie gelten als Pioniere der modernen klassischen Musik.

Ungarische Dirigenten wie *Sir Gyögy Solti* oder *Jenö Ormándy* (1899–1985), der ehemalige Direktor der New Yorker Philharmoniker, Musiker wie *Zoltán Kocsis* und Sänger/innen wie der Bassist *Mihály Székely* (1901–1963), der Tenor *István Rozsos* oder die Sopranistin *Silvia Sass* gehören schon lange selbstverständlich zur Weltspitze des musikalischen Kosmos.

Kongresshalle der Katholischen Péter-Pázmány-Universität in Piliscsaba

Mode und Zeitgeschmack

Die Ungarn sind anspruchsvoll und modebewusst. Generell sind sie gepflegt und gut gekleidet, obwohl die Modeware meistens importiert und sehr teuer ist. Vorbei sind die **Zeiten der sozialistischen Konfektionsindustrie,** in der das Straßenbild von einer ziemlich eintönigen „Proletariereleganz" geprägt war. In den 1970er-Jahren galt das Tragen von Kleidungsstücken der westlichen Mode, wie Jeans („Farmerhose") oder T-Shirt und die langen Haare bei Männern als „klassenfeindlich" und kamen einem politischen Widerstand nahe. Aber die 68er Generation ließ sich auch im Osten, vor allem in Ungarn, ihren Geschmack und ihre Mode nicht von Funktionären des politischen Systems vorschreiben.

Heute kann man, was das **Angebot an Kleidung und Accessoires** betrifft, in Budapest mindestens so gut einkaufen wie in Paris, Berlin oder Rom. Ungarn hat sogar international anerkannte Modedesigner hervorgebracht wie z.B. *Naray Tamás* oder die schon europaweit bekannte Designerin *Nanoushka*.

Zwar sind die **Markenartikel** im Land zum Teil teurer als anderswo in Europa, aber in Budapest und auch in einigen anderen Städten gibt es viele Secondhand-Läden mit gutem und preiswertem Warenangebot. Man kann sagen, dass die Ungarn – ihren finanziellen Möglichkeiten entsprechend – immer mit dem **neuesten Trend** Schritt gehalten und sich trotzdem eine gewisse Individualität bewahrt haben.

068un Foto: ba

Neuerdings aber scheint es, als hätten sie ihr eigenes Urteilsvermögen verloren, denn es wird vieles aus dem Westen fast kritiklos übernommen. Der Wert der Produkte wird nicht nach Qualität und ästhetischen Kriterien bestimmt, Hauptsache, sie kommen aus dem westlichen Ausland.

Natur- und Umweltschutzdenken – Schmutz und Hygiene

Die größte Widerstandsbewegung der Bevölkerung gegen ein Umwelt zerstörendes Großprojekt entstand noch vor der Wende, als Bürgerinitiativen Hunderttausende von Unterschriften sammelten, um die Umleitung der Donau wegen des geplanten **Wasserkraftwerks von Bös-Nagymaros** (in der heutigen Slowakei gelegen) zu verhindern. Ohne Erfolg. Das Kraftwerk wurde zumindest teilweise gebaut und 1992 in Betrieb genommen. Das Donauwasser wurde größtenteils aus dem ursprünglichen Flussbett in einen langen Betonkanal umgeleitet, was immense Auswirkungen auf das Grundwasserreservoir dieser Region (immerhin das größte in Mitteleuropa) hatte.

Mit dem Kampf um das Bauverbot des Wasserkraftwerkes nahm die **unabhängige ungarische Umweltschutzbewegung** ihren Anfang. Das international umstrittene Kraftwerk sollte ursprünglich ein Gemeinschaftsprojekt der Tschechoslowakei und Ungarn werden. Aber nach Ansicht vieler zahlte Ungarn den höheren Preis dafür und trug den größeren Schaden davon. Es mussten einige ungarische Dörfer geräumt werden und Naturschutzgebiete wurden trockengelegt. Zudem befürchteten die Umweltschützer bei einem Dammbruch eine verheerende Flutkatastrophe, die nur die ungarische Seite bedrohte. Diese Meinung wurde in der Stellungnahme vertreten, die von 38 Experten über mehrere Jahre Arbeit erstellt wurde und am Internationalen Gerichtshof in Den Haag eingereicht wurde. Folgende neun Organisationen wirkten an der Erstellung des unter dem Namen **„NGO-Memorial"** bekannt gewordenen Schriftstückes mit: WWF (Schweiz), Greenpeace (Slowakei), Human Rights Advocats (USA), International Rivers Network (USA), Natural Heritage Institute (USA), REFLEX (Ungarn), Sierra Club (USA), Slovak Rivers Network (Slowakei) und SZOPK (Slowakei).

Die ursprünglichen **Verträge** waren noch zwischen den sozialistischen Regierungen von Ungarn und der Tschechoslowakei auf Druck der Sowjetunion unterschrieben worden. Nach der Trennung der Slowakei von Tschechien und dem empörten Widerstand der betroffenen Bevölkerung, versuchte die ungarische Seite sogar unter Einschaltung des **Internationale Gerichtshof in Den Haag** die Verträge zu kündigen. Doch der Richterspruch war so unklar und doppeldeutig, dass sich sowohl die Slowakei als auch Ungarn als Sieger betrachten konnten.

Dem Besucher stachen jahrelang die schockierenden Wunden der Natur ins Auge, wenn er das einmalige Panorama des Donauknies von oben, aus den restaurierten Ruinen der ehemaligen Festung auf dem Berg von Visegrád bestaunte. Die wahnwitzige Idee, einen Damm inmitten der milden Kurve des Flusses zu bauen, um den Lauf des Wassers zu beschleunigen, hat die Schönheit und Harmonie der **Landschaft** für immer zerstört. Heute trennt eine künstliche Insel vor Visegrád das Auffangbecken von dem beschleunigten Hauptstrom.

Für die Führung des jungen Staates Slowakei war der Damm ein **Prestigeprojekt** und zehn Jahre nach der Inbetriebnahme gilt er, trotz aller Kritiken, natürlich als eine Erfolgsgeschichte. Die Zukunft des Projektes ist ungewiss, denn auch in der Slowakei wird hemmungslos alles privatisiert, staatliche Großbetriebe haben keine Zukunftschancen.

Es war dieselbe ignorante Denkweise, die eine andere **Umweltverschmutzung** riesigen Ausmaßes an der Theiß zur Folge hatte, als in Rumänien der Damm einer Goldwaschanlage brach. Bei der **Bergbaustadt Baia Mare** wurde mit hochgiftigem Zyanid Gold und Silber aus der Erde gewaschen. Die maroden Einrichtungen aus *Ceausescus* Zeiten waren von einem australischen Unternehmer übernommen worden. Sie wurden überhaupt nicht erneuert, Sicherheitsvorkehrungen gab es kaum. Als im Jahr 2000 der Damm eines Rückhaltebeckens brach, strömte der giftige Schlamm ungehindert in den nahen Fluss Szamos und damit unvermeidbar in die Theiß, den zweitgrößten Strom Ungarns. Sämtliches Leben im Wasser wurde auf der vollen Länge des Flusses vernichtet und die Trinkwasserversorgung entlang der Theiß brach zusammen. Es hat Jahre gedauert, bis sich die Natur einigermaßen erholt hat, doch der Flussboden und die Wasserpflanzen sind noch immer mit Schwermetallen belastet.

Zehn Jahre später stellte eine **neuerliche Katastrophe** alle vorherige von Menschen verursachte Umweltzerstörung in Ungarn in den Schatten. Am 4. Oktober 2010 ereignete sich in der Aluminiumfabrik in Ajka, rund 165 Kilometer südwestlich von Budapest, ein folgenschwerer Unfall. Aus vorerst nicht geklärter Ursache brach der Damm eines Auffangbeckens für **Rotschlamm.** Der zähe, rote, mit Arsen, Quecksilber und anderen Schwermetallen belastete Giftbrei lief aus, vermengte sich mit dem Hochwasser, das die Region seit Tagen heimsuchte, und floss durch mehrere Dörfer – bis zu anderthalb Meter dick. Es gab mehrere Tote und 150 zum Teil schwer Verletzte. (Siehe Exkurs „Die Rotschlammkatastrophe 2010".)

Heute kümmert sich nicht nur das Wasser- und Umweltministerium um die Einhaltung der Vorschriften, sondern auch auf der Ebene der „Selbstverwaltungen" (wie die Kommunen in Ungarn offiziell heißen) ist der **Umweltschutz** eine der wichtigsten Aufgaben geworden. Sieben Prozent der Gesamtfläche Ungarns stehen inmzwischen unter Naturschutz.

Der 1973 entstandene Hortobágy Nationalpark ist der erste und größte unter Naturschutz gestellte Landesteil Ungarns. Seit seiner Entstehung wurden zehn weitere Nationalparks im Land eingerichtet, fünf davon nach der Wende. Der Hortobágy Nationalpark ist die größte zusammenhängende natürliche Grassteppe Europas. Er wurde nicht umsonst 1999 in die UNESCO-Welterbeliste aufgenommen. Dieses 52.000 Hektar große Naturmuseum bietet ein ganz besonderes Naturerlebnis. Die Menschen haben zwar durch ihre Viehherden und durch Wasserregulierungen die Entwicklung und das Aussehen der Landschaft stark geprägt, sie hat aber mit ihren Salzsteppen viel von ihrem ursprünglichen Charakter bewahrt. Nicht nur die einzigartige Flora und Fauna, sondern auch die hier lebenden Menschen scheinen in einer Art Zeitlosigkeit zu schweben. Die aus Prospekten bekannte typische Tracht des *Csikós* (siehe Glossar) wird hier noch tatsächlich als Arbeitsbekleidung getragen. Mit ein bisschen Glück trifft man Tiere, die sonstwo auf dieser Erde nicht mehr existieren. So kann man z. B. das ungarische graue Rind, dessen Hörner bis zu zwei Meter Spannweite erreichen oder die berühmten Zackenschafe als lebende Urformen der domestizierten Haustiere oder die Trappe *(túzok)*, den größten Laufvogel Mitteleuropas, unter den hier wild lebenden Tierraritäten erspähen.

039un Foto: ba

Die Rotschlammkatastrophe 2010

(Rotschlamm entsteht als Abfallprodukt bei der Aluminiumherstellung. Mittels Natronlauge werden aus dem Erz Bauxit die begehrten Aluminiumverbindungen chemisch herausgelöst. Zurück bleiben Erzrückstände mit einem Restgehalt an alkalischer Lauge: der sogenannte Rotschlamm. Der Schlamm besteht zu einem Großteil aus Wasser, den Rest machen Eisen-, Silizium- und Titanverbindungen aus. Der große Eisenanteil sorgt für die charakteristische Farbe, die Natronlauge für einen hohen pH-Wert. Erst wenn dieser nach mehrfachem Reinigen niedrig genug ist, darf der Rotschlamm in Deutschland als Abfall deponiert werden. Bei hohem pH-Wert kann es bei Hautkontakt mit dem Schlamm zu Verätzungen kommen.)

Die sogenannte „Rotschlammkatastrophe" in Ungarn ereignete sich am 4. Oktober 2010 in der Aluminiumfabrik in Ajka, rund 165 Kilometer südwestlich der Hauptstadt Budapest. Aus nicht ganz geklärter Ursache brach der Damm eines Auffangbeckens, zäher roter Giftschlamm lief aus, der sich mit dem die Region seit Tagen heimsuchenden Hochwasser vermengte und mehrere Dörfer bis zu anderthalb Meter dick unter sich begrub. Die Schlammwelle donnerte so plötzlich über die Häuser hinweg, dass sich die Bewohner kaum retten konnten. **Beim größten Chemieunfall in der Geschichte Ungarns** gab es neun Tote und 150 zum Teil schwer Verletzte, überwiegend mit schweren Hautverbrennungen. 90 % der betroffenen Bevölkerung will nicht wieder in die verseuchten Häuser zurückkehren.

Die Natur wird sich von diesem Desaster wohl lange nicht erholen. Millionen Kubikmeter Erde wurden vergiftet, eine landwirtschaftliche Nutzung wird hier auf absehbare Zeit nicht möglich sein. Noch unklar sind derzeit die gesundheitlichen **Langzeitfolgen für die Menschen** und die Auswirkungen auf das Trinkwasser.

In dem kleinen Fluss Marcal wurde sämtliches Leben ausgelöscht und die Gifte verursachten auch im Rába Schäden, einem Nebenfluss der Donau. Eine Verseuchung des zweitgrößten Flusses Europas ist gegenwärtig nicht auszuschließen.

Die Regierung Ungarns bat formell um Hilfe bei der EU, da sie selbst keine Erfahrung im Umgang mit chemischen Unfällen diesen Ausmaßes habe. Vertreter des Aluminiumwerkes, das früher zu einem staatlichen Aluminiumkombinat gehörte und nach der Wende privatisiert worden war, sprach von einer nicht vorhersehbaren „Naturkatastrophe" ...

Das Unglück lenkte die Aufmerksamkeit erneut auf die immer noch schwierige Umweltsituation in Mittel- und Osteuropa. Niemand weiß, wie viele tickende Zeitbomben hier noch ausgeschaltet werden müssen, bis man solche Umweltkatastrophen in Zukunft nicht mehr befürchten muss.

Die **Vorschriften und Gesetze,** die man zum Schutz von Natur und Umwelt eingeführt hat, werden von immer mehr Menschen akzeptiert und eingehalten. Zwar beschweren sich viele wegen der kontinuierlich steigenden Müllabfuhr- und Entsorgungskosten, aber von einigen Ausnahmefällen abgesehen, wird es heute als Selbstverständlichkeit angesehen, dass man Abfall oder Schrott nicht im Wald entsorgt, Altöl nicht in die Kanalisation fließen lässt und in Naturschutzgebieten keine Pflanzen oder Mineralien sammelt und keine Tiere fängt.

Ungarn ist in den letzten Jahren sicherlich sauberer und umweltbewusster geworden. Die **Macht der Naturschutz-Organisationen** wächst, sie lassen ihre Stimme immer lauter hören. Das zeigt auch der wachsende Widerstand gegen das geplante Militärprojekt im Ostteil des Mecsek-Gebirges, auf dem „Zengö" Berg, inmitten eines **Naturschutzgebietes in Südungarn** bei Pécs. Dort sollte eine **NATO-Radaranlage** gebaut werden, zuständig für Südosteuropa und den Nahen Osten. Dafür wird der Wald abgeholzt, der Lebensraum seltener, unter Naturschutz stehende Pflanzenarten vernichtet. Mehrere Hundert Demonstranten und Umweltaktivisten verhinderten die weitere **Abholzung**. Die Bauarbeiten wurden (sicherlich nur vorübergehend) gestoppt, wie man den Diskussionen in den Medien entnehmen kann. Das Gebiet steht seit 1977 unter Naturschutz und die Versuche, mehrere Tausend Pflanzenraritäten umzusiedeln, schlugen fehl: 90 % der umgesiedelten Pflanzen sind zugrunde gegangen. Vier internationale, 21 ausländische und 64 heimische Natur- und Umweltorganisationen sowie andere zivile Vereine wandten sich direkt an den Generalsekretär der NATO, um die Pläne noch einmal überprüfen zu lassen und das Projekt eventuell zu stoppen. Gegen Militärprojekte haben jedoch erfahrungsgemäß auch noch so gut organisierte Zivilisten kaum Erfolgschancen. Die Umweltaktivisten wurden und werden aber mit jeder Niederlage selbstbewusster, sodass sie heutzutage immer öfter erfolgreich sind. Auch ihnen ist es zu verdanken, dass Umweltschutz in der ungarischen Politik kein Fremdwort mehr ist.

Das heißt allerdings nicht, dass in Sachen Umwelt und **Hygiene** nichts mehr zu bemängeln wäre. Jeder mit dem Auto Richtung Osten Reisende mit Kleinkind kann eine Abnahme der Kinderfreundlichkeit feststellen, zumindest was die Präsenz und die Gestaltung der Babywickelräume in den **Raststätten** oder den größeren Tankstellen betrifft. Schon in Österreich sind diese Räume ärmlicher ausgestattet als man es aus Deutschland kennt. In Ungarn muss man selbst in den neuen Raststätten um den entsprechenden Schlüssel betteln, mit dem man in den meist hinter eleganten Shops versteckten Raum gelangt, der in der Regel kalt, unbeheizt und lieblos eingerichtet ist.

Die **Toiletten** dagegen weisen eine erstaunliche Entwicklung auf. Sie wurden ersteinmal „privatisiert". Nach der Wende schien einer der lukrativsten Jobs Toilettenbetreiber zu sein. Selbst in vornehmen Restaurants musste der Gast eine verhältnismäßig hohe Gebühr bezahlen, um in den „Genuss" einer Toilettenbenutzung zu kommen. Dafür aber waren diese sauber. Am Anfang wurde zwar das Klopapier streng rationiert und nicht selten persönlich vom „Chef" verteilt. Später aber konnten diese „Kleinbetriebe" ein wenig „Materialverschwendung" verkraften und der Besucher durfte die verwendete Papiermenge selbst bestimmen. Öffentliche Toiletten außerhalb von Restaurants und Hotels aber sind in Budapest seltener geworden.

Sport, Spielsucht

Sport und gut trainierte Körper waren Teil der sozialistischen Philosophie. In internationalen Veranstaltungen die Überlegenheit gegenüber dem Kapitalismus zu demonstrieren, war eine **politische Aufgabe der Berufssportler,** die übrigens immer auch über eine „zivile" Arbeitsstelle verfügen mussten. Dies sollte den Unterschied zu „geldgierigen" westlichen Athleten unterstreichen. Gleichzeitig aber bot der Sport auch im Sozialismus die besten Aufstiegschancen.

Spitzensportler genossen Privilegien, die den „Normalsterblichen" verwehrt blieben wie Reisefreiheit, ein westliches Devisenkonto, teure Autos usw. Dafür mussten sie die „Kapitalisten" im Sport schlagen. Junge Sportler bekamen immer einen Studienplatz, meistens wurden sie zu Medizinern oder Juristen ausgebildet. Ausscheidende „Profis" ohne geeignete Ausbildung durften, als Lob und Anerkennung für ihre Leistungen, kleine Geschäfte oder Modeboutiquen betreiben.

Das sozialistische Ungarn war bei den **Olympischen Spielen** immer in der Oberliga der Medaillengewinner. Und das tat natürlich auch über die alltägliche Politik hinaus dem nationalen Selbstbewusstsein gut.

Sportler genießen auch heute hohes Ansehen, sie werden zusammen mit Ärzten, Rechtsanwälten und Schauspielern zu den Prominenten der Gesellschaft gezählt. Dazu trägt sicherlich bei, dass die Ungarn generell Sport liebende und körperbewusste Menschen sind und es **zahlreiche Sportmöglichkeiten** im Land gibt. Die unzähligen Fitnessstudios brauchen nicht um ihren Umsatz bangen. Touristen und sportbewusste Gäste finden unzählige Möglichkeiten, ihre Körper zu trainieren. Viele Hotels haben eigene Tennisanlagen wie z.B. das Hotel Flamenco auf der Margaretheninsel in Budapest. Es verfügt über einen überdachten Tennisplatz, der ganzjährig geöffnet ist.

Da die Ungarn, wie bekannt, ein Reitervolk sind, wäre es verwunderlich, wenn die Liebhaber der **Reitsportarten** nicht auf ihre Kosten kommen könnten. Reittouren werden seit Jahrzehnten überall im Lande angeboten, meistens über Reisebüros oder von Fremdenverkehrsämtern organisiert.

Während des Sozialismus war einer der Hauptgründe für die regelmäßigen Besuche vieler deutscher Männer das **Jagen.** Diese könnten Geschichten erzählen (sie tun es auch) über die kapitalen Trophäen, die sie nach Ungarn lockten. Die Wälder waren reich an Klein- und Großwild. Kein Wunder, dass selbst die damaligen Herren aus der Arbeiterbewegung diesem fürstlichen Vergnügen erlagen.

Eine andere Leidenschaft vieler Männer ist der **Angelsport.** Mittlerweile hat diese Leidenschaft auch immer mehr Frauen in ihren Bann gezogen. Es gibt kaum ein Land in Europa, wo die Angler an den Gewässern so friedlich beieinander sitzen wie bei den Magyaren. Ihr Mekka ist die südliche Donau an der Grenze zu Kroatien. Kapitale Welse, Karpfen und Hechte sind dort keine seltene Beute. Am Plattensee gehören riesige Graskarpfen *(Amuren)* und Aale zu den begehrten Anglertrophäen. Ausländer können überall gegen Vorlage ihrer Pässe einen Angelschein erwerben. Zum Angeln an Theiß und Szamos berichten ungarische Umweltaktivisten, die ökologische Situation habe sich hier nach der Umweltkatastrophe von 2000 zwar erholt, die Schwermetallbelastung sei jedoch auch heute noch zu hoch.

Auch der **Wassersport** hat eine lange Tradition. Zum Wasserski, Bootsfahren und Segeln fährt man am liebsten an den Plattensee. Aus Umweltschutzgründen sind dort nur Fahrzeuge mit Elektromotoren zugelassen.

Ungarn prahlte mit der Eröffnung des ersten **Spielkasinos** im ganzen Ostblock Ende der 1970er-Jahre. Nach der Wende vermehrten sich die Spiellokale in allen Landesteilen. Auch die Spielautomaten wie der früher schon allgegenwärtige „Flipper" sind aus den öffentlichen Räumen und Kneipen nicht mehr wegzudenken.

Früher schlugen in den Zügen viele, die jeden Tag zur Arbeit pendelten, die Zeit mit Kartenspielen tot. Andere spielten Schach und es gab auch unzählige **Gesellschaftsspiele,** die man ohne Spielbrett oder andere

Viele Ungarn sind leidenschaftliche Angler

Utensilien spielen konnte. Vor allem Schüler und Studenten spielten *Barkohba* (Erraten der von den anderen ausgedachten Begriffe) oder „Wort-Bridge“ *(szóbridzs),* ein anderer Geistessport, basierend auf freien Assoziationen. Heute würde man vergeblich nach spielenden Gruppen in den Zügen oder Fernbussen suchen. Nein, die Spielsucht der Ungarn hat nicht nachgelassen, aber die Entwicklung der Elektronikindustrie, die Handys und Computerspiele haben die Gesellschaftsspiele aus dem öffentlichen Leben verdrängt.

Telefon und Kommunikation

Das Telefon ist sicherlich einer der Gründe, warum die Menschen in den Zeiten des Sozialismus das Leben so unerträglich empfanden, einige Kabarettisten konnten einen halben Abend mit Lachnummern zu diesem Thema füllen.

Weil die Kabelkapazität fehlte, um neue **Telefonanschlüsse** zu schaffen, wurden die vorhandenen Leitungen in sogenannte „Zwillinge“ geteilt, d. h., auf eine Leitung kamen zwei Telefonanschlüsse. Wenn der Besitzer einer dieser „Halbstationen“ gerade telefonierte, hatte der andere keinen Ton und für Anrufer war bei ihm „besetzt“. Die Kabel waren so alt und von so schlechter Qualität, dass man ständig Gespräche aus anderen Leitungen mithörte. Trotzdem waren viele bereit, für einen Telefonanschluss hohe Summen zu bezahlen und man freute sich, wenn das Telefon überhaupt funktionierte. Nach stärkeren Regenfällen wurden nämlich die Kabel nass und in ganzen Stadtteilen von Budapest verstummten die Geräte für eine Weile. Die Telefonsituation war nirgendwo im Ostblock so schlecht wie in Ungarn. Eine Wohnung mit vorhandenem Telefonanschluss konnte 20–30 % mehr als den üblichen Kaufpreis erzielen.

Als die kommunistische Führung die Wirtschaft teilweise privatisierte, haben viele der neuen Unternehmer wie Taxifahrer und Handwerker, die selbst über keinen Anschluss verfügten, Rentner, Hausfrauen oder Kranke, die einen hatten und den Tag vorwiegend zu Hause verbrachten, für ihre „Telefondienste“ bezahlt. Diese sollten ein Buch über Anrufe, Bestellungen und Mitteilungen führen, die dann beim Besuch oder bei einem gelegentlichen Anruf des „Chefs“ aus einer Telefonzelle, an ihn weitergegeben wurden. Und dies alles in der Heimat von *Tivadar Puskás,* der die **Telefonzentrale** erfunden hat! Die Telefonzentrale, die in ländlichen Gebieten teilweise bis zum Ende des Kalten Krieges so funktionierte wie zu Zeiten ihrer Erfindung: Eine Dame saß vor der Schalttafel und stellte per Hand die Verbindungen her. Erstaunlich, wie schnell sich so etwas ändern kann.

Man sagt, das liegt daran, dass auf einmal das Mitverlegen der Abhörleitungen nicht mehr notwendig war.

Innerhalb von fünf Jahren nach der Wende hatten alle Haushalte selbst in den entlegendsten Gegenden Telefonverbindung. Gerade noch rechtzeitig vor dem Beginn des Handy-Zeitalters. Gleichzeitig setzte sich die Antall-Regierung eines ihrer wichtigsten Ziele in der Bildungspolitik: innerhalb einer Legislaturperiode die Versorgung sämtlicher Schulen im Land mit einem **Internetzugang** zu gewährleisten. Heutzutage laufen die Schulkinder alle mit Handys herum und seit zehn Jahren gibt es in Ungarn keine Schule mehr ohne Internetverbindung.

Treffpunkte

Für Verabredungen und Treffen werden von den Ungarn **Restaurants** bevorzugt. Es kommen aber auch immer mehr die **Kaffeehäuser** wieder in Mode. Die bekanntesten haben internationalen Rang und sind sehr beliebt, wie das seit hundert Jahren unter den Literaten, Journalisten und Künstlern beliebteste „Café New York" (während des Sozialismus „Hungaria Café") in der Nachbarschaft des Blaha Lujza Platzes, das „Café Central" in der Nähe der Elisabeth-Brücke oder die weltberühmte „Gerbeaud" Konditorei am Ende der Váci Straße.

080un Foto: Wikimedia Commons

Eine ganz spezielle Rolle spielen bei Verabredungen die in den letzten Jahren gebauten großen **Einkaufszentren.** In diesen Hochburgen des Konsums, deren luxuriöse Ausstattung die älteren Einkaufszentren Deutschlands wie Anlagen aus der Dritten Welt aussehen lassen, kann man wirklich den ganzen Tag die Zeit vertreiben. Rund um Budapest, aber auch mitten in der Stadt, wuchsen gewaltige Anlagen mit berauschendem Warenangebot aus dem Nichts. Neben Kaufhäusern und unzähligen Läden mit zum Teil exklusivem Warenangebot, beherbergen sie viele Cafés, Bars und Restaurants und mehrere Kinosäle. Die mit großzügiger Bepflanzung und Springbrunnen mit raffinierten Wasserspielen elegant ausgestatteten Malls machen selbst das einfache Herumsitzen zu einer fast meditativen Erholung. Die ersten Shoppingcenter dieser Art waren „DUNA PLAZA", „POLUS CENTER" und „MAMMUT", gefolgt von riesigen Discountern wie „CORA" und „TESCO". Zwischen Szentendre und Budapest wurde das von Franzosen betriebene „AUCHAN" gebaut, das auch an Wochenenden bis spät abends geöffnet hat und somit auch für Berufstätige eine willkommene Möglichkeit für einen Einkaufsbummel zu Tageszeiten anbietet, in denen früher selbst in der Millionenstadt Budapest die einfachsten Artikel nur sehr schwer zu besorgen waren.

Das zu einem israelischen Konsortium gehörende „WESTEND" steht in direkter Nachbarschaft zu dem vom „McDonald's" gekauften und restaurierten alten Westbahnhof. Die Pläne des Bahnhofs wurden übrigens von dem weltberühmten französischen Ingenieur *Eiffel* angefertigt.

Wohnen

Engpässe beim Wohnungsangebot vor allem in den Städten gab es immer. Nach dem Krieg haben die Kommunisten die Häuser und die großen Wohnungen der „Klassenfeinde" enteignet und in mehrere kleinere Einheiten mit gemeinsamer Küche geteilt. Ab und zu „durften" die früheren Eigentümer sogar in ihren enteigneten Wohnungen bleiben und mussten ihr Leben in gemeinsamer Küche und Bad mit wildfremden Familien teilen. Die meisten der ehemaligen Kapitalisten oder Aristokraten wurden aber entweder gleich interniert oder zwangsumgesiedelt. Sie wurden in die entlegensten ländlichen Landesteile gebracht und in Bauernhöfen einquartiert. Erst Jahre später, nach dem Ende der stalinistischen Ära, konnten sie, wenn überhaupt, in die Hauptstadt zurückkehren.

Eines der traditionsreichsten Kaffeehäuser Europas: die Café-Konditorei Gerbeaud

Die **kommunistische Regierung** versuchte außerdem von Anfang an, mit großen **Wohnungsbauprojekten** den Mangel an Wohnungen zu lindern. Die großen Wohnsiedlungen verraten durch ihren Baustil und ihre Größe, in welchem Jahrzehnt sie „dahingezaubert" wurden. Die in den 1950ern gebauten Häuser sind maximal vier Stockwerke hoch, denn laut Bauvorschriften brauchte man damals bei Gebäuden mit bis zu vier Stockwerken keine Aufzüge einzubauen. Die größeren Bauten und die öffentlichen Gebäude aus dieser Zeit entsprachen Stalins Visionen von der Formenwelt des „sozialistischen Realismus" und im Sinne des Zeitgeschmacks, der Glorifizierung der Leistungen der Arbeiterschaft, erinnern ihre Fassaden generell an die Architektur des Klassizismus. Die Häuser der 1960er sind vielleicht in Maß und Harmonie am menschenfreundlichsten gelungen.

Dann kamen die **Plattenbauten,** die schrecklichen Wohnkasernen aus den 1970ern und 1980ern. Aus den in den „Wohnungsfabriken" aus dünnem Stahlbeton angefertigten Elementen wurden die riesigen, zehnstöckigen Wohnblocks zusammengeschweißt. Einige Wohnsiedlungen bestanden aus Dutzenden von diesen monumentalen „Wohnbatterien", die als Lösung für die Wohnungsnot von Architekten des Sozialismus entwickelt wurden. Eine der ästhetisch und menschlich gesehen schrecklichsten Umwandlungen des Stadtbildes, die von der sozialistischen Regierung in und um Budapest vorgenommen wurden, ist die „Erneuerung" des alten Stadtteils Buda. Praktisch der ganze 3. Bezirk mit seiner kleinstädtischen, fast dörflichen Atmosphäre mit den kleinen Familienhäusern und Bauernhöfen wurde platt gewalzt, um den riesigen, schmuck- und phantasielosen Plattenbauten Platz zu machen. Diese quadratischen „Kartenburgen" aus Beton, die „Ausschusssilos der Arbeitskraft", wie sie vom Poet *György Petri* genannt wurden, passen überhaupt nicht in die Landschaft am Fuße der Berge von Buda. Von dem daraus resultierenden psychischen Schaden der Bewohner ganz zu schweigen.

Mit dieser Problematik setzte sich eine neu entstandene Fachrichtung, die **Wohnsiedlungspsychologie,** auseinander. Mittlerweile leben Hunderttausende Menschen in diesen übergroßen „Legebatterien" in der Hauptstadt und auch in den anderen größeren Städten. Immerhin haben die Wohnungen zumindest ein kleines Bad und eine Toilette, während in vielen Altbauwohnungen der Budapester Außenbezirke diese Standards noch fehlen! Die unbeheizte Toilette im Treppenhaus ist keine Seltenheit. Die Neubauten bedeuteten also den Anschluss an die Moderne. Wenigstens solange die Häuser noch neu und in gutem Zustand waren.

Weil der Staat als Vermieter sich nach der Wende zurückgezogen hatte und für die Instandhaltung kein Geld mehr vorhanden war, gerieten viele von diesen zum Teil noch gar nicht alten Wohnblocks in einen so heruntergekommenen Zustand, den man nur aus den Ländern der Dritten Welt kennt. Diejenigen, die noch in den alten Zeiten eine staatliche Mietwohnung hatten, konnten diese nach der Wende sehr günstig abkaufen. Der Staat hat sich also als Eigentümer zurückgezogen und bei dieser **Privatisierung** seinen früheren Mietern gewisse Vorrechte gewährt: Die Wohnungen durften in erster Linie diejenigen abkaufen, die schon lange darin gewohnt hatten. Allerdings in einem technisch sehr schlechten Zustand – um das Äußere des Hauses kümmerte sich keiner.

Während früher der sozialistische Staat eine Monopolstellung hatte und seine Beamten entschieden, wer eine Mietwohnung zugewiesen bekommen durfte, wurden nach der Privatisierung dieses Wirtschaftsbereiches die Wohnungen zum Teil auch von Spekulanten oder Geldanlegern aufgekauft.

Die Preise auf dem **Immobilienmarkt** sind nach dem Ende des Sozialismus erwartungsgemäß geradezu explodiert. Budapest gehört heutzutage zu den teuersten Städten Europas, was die Quadratmeterpreise betrifft.

Um **jungen Ehepaaren** in ihrer Wohnungsnot zu helfen, hat die Regierung erneut – ähnlich wie in den Zeiten des Sozialismus, als Familien mit mindestens zwei Kindern beim Wohnungsbau hohe Kreditzuzahlungen bekamen, die pro Kind berechnet wurden – ein Wohnungsprogramm aufgestellt. Dies bietet hohe Kredite für den Kauf von Neubauwohnungen, aber auch kleinere für den Erwerb von Altbauwohnungen. Es sind auch Gelder für die Erneuerung der Plattenbauten in der Hauptstadt und in den größeren Städten des Landes vorgesehen.

Die Lage auf dem Wohnungsmarkt hat sich entspannt, es gibt viele private Mietwohnungen, aber für sehr viel Geld. Und es entstand eine neue Bevölkerungsschicht, die in Ungarn früher unvorstellbar gewesen wäre: die **Obdachlosen.** Sie leben jedoch mehrheitlich nicht in der Hauptstadt, sondern in den größeren und kleineren Städten im Lande, was im restlichen Europa ungewöhnlich ist, aber für Ungarn bezeichnend. Man trifft sie aber auch auf den Straßen und in den Unterführungen von Budapest. Sie betteln oder verkaufen ihre Straßenzeitung, um sich etwas Geld zu verdienen und ihren Verein zu unterstützen. Die Regierung hat neuerdings sogar in Erwägung gezogen, schon länger leer stehende Wohnungen von den Eigentümern gegen eine vereinbarte Pauschalzahlung zu mieten und den Bedürftigen zur Verfügung zu stellen. Denn nach Schätzungen gibt es ca. 30.000 bis 40.000 Obdachlose in Ungarn. Im ganzen Land stehen für sie 7500 Betten als Schlafplätze und um die 4000 Tagesplätze zur Verfügung. Im Winter erfrieren jährlich 300 Menschen, die auf der Straße übernachten müssen.

069un Foto: ba

ALS FREMDER IN UNGARN

Das Bild von Touristen und von Deutschen

Als die Welt noch geteilt und überschaubar war, hatten die Ungarn ein **ambivalentes Verhältnis zum Westen.** Einerseits fühlte man sich von den „Imperialisten" militärisch bedroht, andererseits betrachtete man mit Neid die sich in den für „Ossis" unbezahlbar teuren Nachtlokalen vergnügenden Kapitalisten wie Halbgötter und bediente sie mit Ehrfurcht und Unterwerfung. Denn die **„Wessis"** bezahlten gelassen und ohne Erschütterung die unglaublich hohen Rechnungen.

Für die weniger gut situierten „Wessis", die in Bussen und in Reisegruppen kamen, organisierten die „Experten" des staatlichen Fremdenverkehrsamtes die sogenannten **„Gulaschpartys".** In einem riesigen Saal wurden für sie die Spezialitäten der ungarischen Küche aufgetischt; dazu wurde „Zigeunermusik" gespielt. Anschließend wurden sie in die Puszta

Das altehrwürdige Széchenyi-Thermalbad im Stadtpark von Budapest wird auch von Touristen gern besucht

gebracht, wo weitere Folklore-Programme auf sie warteten. So „überfielen" z. B. *Betyáren* (Straßenräuber mit Robin-Hood-Charakter) den Reisebus und raubten die Gäste aus. Selbstverständlich bekamen die „Opfer" nach der Show ihre Gegenstände wieder zurück, denn die Räuber waren nur professionelle Statisten, die dann von den amüsierten Touristen noch Trinkgeld bekamen. Oder es wurde eine Show mit Pferdeakrobatik von den als „Tschikosch" (Pferdehirt, siehe Glossar „Csikós") verkleideten Schaustellern vorgeführt. Das Publikum war entzückt und nahm das romantische Bild des „wilden Ungarn" mit nach Hause.

Von den **„Brüdern"** aus den sozialistischen Staaten wusste man dagegen, dass sie kein Geld dabei haben können. Mit diesen machte man höchstens gute Geschäfte, indem man ihnen die mitgebrachten Industrieprodukte oder Genussmittel wie Tabak oder Alkohol zum Teil weit unter gewöhnlichem Preisniveau in den **illegalen Schwarzmärkten** abgekauft hat. Von den Polen kaufte man Zigaretten, Wodka und Werkzeuge, von den Rumänen Textilien und Unterwäsche und von den Jugoslawen guten Kognak. Diese geregelte, gut funktionierende Welt, in der die Bürger verschiedener politischer Blocks ihren zugewiesenen Status im Fremdenverkehr hatten, ist heute nur noch Geschichte.

Mit der **Wende** verschwanden die erkennbaren Merkmale der Gäste und Touristen. Das in der Vergangenheit entstandene Bild über die reichen, vorwiegend (west-)deutschen Ausländer, die sich in den teuren Restaurants wie im „Mátyás Keller" usw. vergnügten, hat sich gewaltig geändert. Heute kann sowieso keiner für fünfzig Deutschmark (bzw. 25 Euro) einen ganzen Abend mit Freunden dort verbringen. Die Deutschen sind auch in Ungarn unauffälliger geworden. Im Allgemeinen sind die Unternehmer zurzeit ein wenig enttäuscht, was die **Tendenzen in der Touristikbranche** betrifft. Die Zahlen der Besucher sind nach einem anfänglichen Aufschwung nach der Wende in den letzten Jahren eher rückläufig.

Was dem Fremden sofort auffällt

Vierzig Jahre lang war es unmöglich, in Ungarn einen **Telefonanschluss** zu bekommen. Selbst Ärzte, Rechtsanwälte, Journalisten und Vertreter anderer Berufsgruppen, die ohne Telefon nur sehr schlecht arbeiten konnten, hatten jahrzehntelang so gut wie keine Chancen auf einen Telefonanschluss. Die Preise der Wohnungen stiegen, wenn sie mit Telefonanschluss

Das Casanova-Haus in Buda ist denkmalgeschützt

angeboten wurden. Man konnte zwar die Rufnummer nicht automatisch übernehmen, aber es war leichter, einen neuen Anschluss zu bekommen, wenn schon früher in der Wohnung einer drin gewesen war. Man hat erzählt, die Kabelverleger kommen mit dem Montieren der gleichzeitig anzuschließenden Abhörkabel nicht nach. Auf jeden Fall war einer der Träume vieler Ungarn, noch in diesem Leben ein Telefon zu haben.

Kein Wunder also, dass die neue Freiheit sofort zu einer **explosionsartigen Vermehrung der technischen Kommunikationseinrichtungen** geführt hat. Alle Haushalte, die ihren Anspruch angemeldet hatten, wurden erstaunlich schnell mit einem Telefonanschluss ausgerüstet. Als die **Handys** auf den Markt kamen, konnten die Anbieter sicherlich die besten Geschäfte in den ehemaligen Ostblockländern wie auch in Ungarn machen, denn der schnellste Weg, dort zu einem Telefon zu kommen, waren die Mobiltelefone. Dem Besucher aus dem Westen fiel einige Jahre nach der Wende gleich auf, dass es kaum jemanden auf den Straßen zu sehen gab, der nicht mit einem *Mobil,* wie die Ungarn das Handy nennen, unterwegs war. Das Bild hat sich bis heute nicht geändert. Jeder hat ein oder sogar zwei Handys. Überall sieht man Läden, die gebrauchte Handys zum Kauf oder Tausch anbieten.

Die **Straßen** in den ländlichen Gebieten sind in einem unheimlich schlechten Zustand, dies hat sich gegenüber den vergangenen Jahren eher noch verschlechtert.

0/4un Foto: ba

Demjenigen, der nicht zum ersten Mal nach Budapest kommt, fällt allerdings das sich ändernde Straßenbild auf – die alten Häuser wurden in den letzten Jahren auch in den Nebenstraßen rekonstruiert. Die ursprünglich wunderschönen, meistens im Jugendstil am Ende des 19. Jahrhunderts gebauten **Bürgerhäuser,** auf deren Außenwand man jahrzehntelang die Einschusslöcher aus dem Zweiten Weltkrieg oder aus den Zeiten des Aufstandes von 1956 sehen konnte, strahlen wieder in ihrer ursprünglichen Eleganz.

Das **Warenangebot** in den Geschäften übertrifft in Vielfalt und Glanz langsam das des Westens. Viele Geschäfte sind auch sonntags geöffnet. Die Öffnungszeitenregelungen sind viel liberaler als in Deutschland. Dafür gibt es keine Zigarettenautomaten, wie die Raucher schnell merken werden. Aber es gibt an jeder Straßenecke einen Lebensmittelladen, wo der Süchtige rund um die Uhr Zigaretten kaufen kann.

Was die **Autos** betrifft, sind noch zwar einige alte Modelle wie z. B. Trabis und Ladas unterwegs, aber die neueren Modelle beherrschen den Straßenverkehr. So gesehen versteht der Besucher nicht, warum die Ungarn sich über ihre schlechte Lage beklagen, denn sie fahren scheinbar fast alle neue Wagen.

Regelmäßige Besucher, die Freunde oder Verwandte im Land haben und öfters privat bei denen zu Gast sind, lernen schnell einen Unterschied zu Deutschland kennen: Die **Namenstage** werden groß gefeiert, die Geburtstage eher weniger.

Begegnungen, Begrüßungen, Verabschiedung

Keiner weiß genau, woher die allgegenwärtige Begrüßung **„Szia"** stammen kann. Die wahrscheinlichste Erklärung wäre die Herleitung vom Englischen „see you". Auf jeden Fall wird beim Begrüßen und beim Verabschieden dasselbe gesagt. (Zum Abschied sagt man manchmal auch *„Na, Szia"*.) Außer dem konventionellen und offiziellen „Guten Tag!" *(„Jó napot!"),* wird auch das aus dem Österreichischen „Servus" stammende *„szerbus"* oder, vor allem von Jugendlichen, *„hello!"* gesagt. Hie und da taucht als Abschiedsgruß noch das selten gewordene *„csö!"* (sprich: Tschö) auf – vielleicht eine vom deutschen „Tschüss!" oder dem italienischen „Ciao!" abgeleitete Form. Männer bieten einander nur die Hand an, den Frauen jedoch geben sie gewöhnlich zwei oder drei Küsschen auf die Wange. So begrüßen sich auch die Frauen gegenseitig.

Es gibt kaum einen Fleck auf dieser Erde, wo man keinen Ungar finden kann. Wer das nicht glaubt, soll in einer Großstadt – egal auf welchem

Wichtige Namenstage

Die Namenstage der traditionell weit verbreiteten Namen sind Ereignisse für die ganze Öffentlichkeit. An diesen Tagen werden Bälle, Partys oder politische Veranstaltungen durchgeführt. Berühmt und international besucht war schon immer der „Anna-Ball", der jedes Jahr im Juli in Balatonfüred veranstaltet wird und bei dem eine Schönheitskönigin und zwei ihrer Hofdamen unter den anwesenden Annas aus aller Welt gewählt werden. Die Königin des Balls wird von einer Jury aus den 10 schönsten Damen, die die Entscheidungsrunde erreicht haben, gewählt. Sie bekommt den goldenen Apfel und eine hochwertige Porzellanvase aus *Herend* (aus der berühmtesten Porzellanfabrik Ungarns). Auch die Hofdamen bekommen eine etwas kleinere Vase aus *Herend*.

Die Tradition geht auf den 26. Juli 1825 zurück. Damals fand im Herrenhaus von *Horváth Fülöp János* in Balatonfüred der erste „Anna-Ball" statt, um dessen Tochter, namens *Anna,* zu ehren. Die „Namensgeberin" *Anna* hat auf jenem Ball ihren späteren Ehemann, den Husarenkapitän *Ernö Kiss* kennengelernt, der später im Freiheitskampf von 1848/49 General der aufständischen Armee war und als einer der 13 Märtyrer von Arad (siehe Glossar) hingerichtet wurde. Der „Anna-Ball" von Balatonfüred war im 19. Jahrhundert eine der exklusivsten Veranstaltungen, an der fast alle namhaften Prominenten Ungarns, wie z. B. *Kossuth* (späterer Gouverneur Ungarns), der Schriftsteller *Jókai,* die Schauspielerin *Lujza Blaha* oder der Dichter *Wörösmarty* teilnahmen. Die Tradition der Bälle wurde auch nach dem Zweiten Weltkrieg, in den Zeiten des Sozialismus, fortgeführt und hat auch in der heutigen Zeit nichts von seiner Bedeutung verloren.

Der Erzsébet-Tag (nach Elisabeth), der am 19. November begangen wird, zählt zu den öffentlich gefeierten Namenstagen. Der Name Erzsébet war schon im frühen Mittelalter sehr populär, etliche ungarische Königstöchter wurden auf diesen Namen getauft. Wie auch die vier Jahre nach ihrem Tod, im Jahr 1235, heilig gesprochene *Elisabeth von Thüringen* (in Ungarn: *Heilige Elisabeth aus dem Hause Árpáds*), Tochter von *Andreas II.,* die als Namensgeberin für den Erzsébet-Tag gilt. Sie wurde schon als Kind mit *Ludwig,* dem zukünftigen Graf von Thüringen, vermählt. Als in dieser glücklichen Ehe *Ludwig* während eines Kreuzzuges starb, verzichtete *Elisabeth* auf alle weltliche Macht und allen Besitz, verließ die Wartburg und zog nach Marburg, wo sie als Krankenpflegerin im von ihr gegründeten Armenhospital arbeitete. Über von ihr vollbrachte Wunder und über ihre Religiosität, selbstlose Aufopferung den Armen, Mittellosen und Kranken gegenüber wurden zahlreiche Legenden überliefert. Sie starb in Marburg 24-jährig am 17. November 1231.

Auch *Elisabeth („Sissi"),* die Frau von Kaiser *Franz Josef I.,* die die Ungarn liebevoll behandelte und deshalb auch von ihnen verehrt wurde, trug stark zur Beliebtheit des Vornamens bei.

Am 11. Dezember, am Árpád-Tag, werden traditionell politische Versammlungen organisiert, ähnlich dem „politischen Aschermittwoch" in Deutschland.

Kontinent – nur das Telefonbuch aufschlagen und sicherlich findet er darin ungarische Namen. Zu den überraschendsten Begegnungen gehört es, wenn sich zwei Ungarn in Nepal oder in Eritrea begegnen, wie es z. B. mir persönlich schon mal passierte. Dies wäre überhaupt nicht außergewöhnlich bei Söhnen der sogenannten großen Nationen. Engländer, Franzosen oder Deutsche in den entlegensten Ecken der Welt zu finden ist ganz selbstverständlich. Wie kommen aber sogar Ungarn als Bewohner in die afrikanischen oder asiatischen Städte?

Überraschend aber wahr: Sie sind so **zerstreut in der Welt,** wie nur wenige der kleineren Nationen. Die großen Emigrationswellen folgten naturgemäß den stürmischen Zeiten der jüngsten ungarischen Geschichte. Nach dem Freiheitskampf von *Rákóczi II.* Anfang des 18. Jahrhunderts tauchten die Husaren in fast allen europäischen Armeen auf und viele der Offiziere der aufständischen Heimwehrarmee von 1848/49 kämpften weiter im Amerikanischen Bürgerkrieg. Anfang des 20. Jahrhunderts, als die USA ihre Tore für Emigranten aus ganz Europa öffneten, verließen 1,5 Millionen Bürger des Königreichs Ungarn ihre Heimat, um in der Neuen Welt ihr Glück zu versuchen. Die Zerschlagung der Österreichisch-Ungarischen Monarchie nach dem Ersten Weltkrieg löste auch eine große (nicht immer freiwillige) Auswanderungswelle aus den abgetrennten Gebieten, nicht nur in Richtung Kernland aus. Nach dem Zweiten Weltkrieg verließen einige das Land, erst aus Angst vor den Sowjets, dann aus Angst vor der Machtergreifung der Kommunisten. Der gescheiterte Aufstand im Herbst 1956 führte zur Flucht von Hunderttausenden Richtung Westen. Wenn man also die Nachkommen der Emigranten mitrechnet, kommt man leicht auf einige Millionen Weltbürger in allen Himmelsrichtungen, die bewusst oder auch unbewusst, auf ungarische Vorfahren zurückblicken können.

Merkwürdigerweise verstecken sich die in ihrer Heimat lebenden Ungarn im Ausland eher, wenn sie bemerken, dass der andere auch aus Ungarn kommt. Sie tun so, als würden sie die Sprache nicht verstehen. Vielleicht wollen sie sich vor unerwünschten Fragen wie „Aus welcher Gegend Ungarns kommen Sie?“ oder „Was tun Sie hier?“ schützen. Sind sie aber im Ausland geboren oder leben sie seit Langem fern der Heimat, freuen sie sich meistens über das Treffen mit ungarischen **Landsleuten** und versuchen sich sofort auf Ungarisch zu unterhalten. Sie wollen beweisen, dass sie die Sprache noch einigermaßen beherrschen.

Ess- und Trinkkultur

Die klassische ungarische Küche kann ohne das Gewürz **rote Paprika** nicht auskommen. Es gehört obligatorisch seit Jahrhunderten zur Ausstattung jedes ungarischen Haushaltes. Die Paprikapflanze kam vermutlich mit den Türken ins Land. Das reife rote Gemüse auszutrocknen, zu Pulver zu mahlen und als Gewürz zum Kochen zu verwenden, war aber eine ungarische Erfindung. Die weit verbreitete Meinung, dass die Ungarn alles feurig scharf essen, stimmt mit der Wirklichkeit nicht ganz überein. Entsprechend der gewählten Paprikasorte kann das Gewürzpulver und damit das gekochte Gericht „edelsüß" (d. h. mild), mittelscharf oder sehr scharf werden.

Ungarisch zu kochen bedeutet übrigens: Fein gehackte Zwiebel dünsten, Salz, Pfeffer und dann reichlich rotes Paprikapulver beimischen und – damit es nicht anbrennt und bitter wird – nur ein bisschen anbraten. Das

Gastfreundschaft – zu Gast im Dorf

Nordöstlich von Budapest, am Fuße des Matra-Gebirges, im Tal des kleinen Flusses Tarna reihen sich Dörfer, in denen die Zeit auch heute noch langsamer zu laufen scheint. Die hier lebenden Menschen gehören größtenteils zum Volk der Palóc, die früher eine wunderschöne bunte Volkstracht trugen (heute nur noch in Museen zu bewundern) und einen eigenen Dialekt sprechen.

Die historische Stadt Eger (auf Deutsch: Erlau), deren Festung 1552 den Angriff der zehnfachen türkischen Übermacht trotzte, ist in der Nähe. Dank des Romans „Die Sterne von Eger" von *Géza Gárdonyi* ist die Geschichte der Helden und nicht zuletzt ihrer Frauen in den Köpfen der Ungarn sehr lebendig. Der Roman ist Pflichtlektüre in den ungarischen Grundschulen. Die ehemalige Burganlage bzw. das, was davon übrig geblieben ist, ist eine Art Wallfahrtsort von Schulklassen aus dem ganzen Land.

In den Dörfern um Eger herum schien das Leben schon immer besonders ruhig. Vor den Häusern auf den breiten Hauptstraßen stehen noch die Bänke, auf die sich die Alten nachmittags setzten, um sich im Licht der untergehenden Sonne zu wärmen. Selbst die vorbeilaufenden Fremden haben sie begrüßt und sie zu einer kleinen Plauderei angehalten. Auf beiden Seiten der staubigen Asphaltstraße blühten zwischen den Gräben und den Häusern den ganzen Sommer über bunte Blumen, die mit ihrem Duft die Abendluft erfrischten.

Die Bänke blieben zwar seit dem Beginn des Fernsehzeitalters abends leer, aber in Sachen Gemütlichkeit hat sich noch nicht viel geändert.

Mein Onkel ist in dieser Gegend geboren. Wir fuhren in das kleine Dorf Verpelét, wo noch Mitglieder seiner Familie lebten. Es ist bald zehn Jahre her, als wir sie zuletzt besuchten. Aber der Tag würde heute genauso ablaufen wie damals. Ein Telefon gab es dort noch nicht, wir konnten unser Kommen nicht ankündigen und der Ausflug war sowieso spontan beschlossen. Aber dass sie nicht zu Hause wären, war schwer vorstellbar.

Der Schwager meines Onkels, András *Bácsi* (sprich: Batschi, übliche Ansprache für ältere Herren, bedeutet aber auch Opa), damals schon über 80, obwohl er mindestens zehn Jahre jünger aussah, stand grinsend am Tor – in seinen langen Stiefeln und mit seinem schwarzen Hut, den er gegen das grelle Licht tief ins Gesicht gezogen trug.

Wir fuhren in den Hof, stiegen aus und umarmten seine Frau und die Tochter, die auch schon über 50 war. Wir gingen in die gemütliche sogenannte „kleine Küche" (*Kiskonyha)*, wo sie sich den ganzen Tag über aufhielten. Sie befand sich hinter dem für das alltägliche Leben praktisch kaum benutzten Hauptgebäude. (Als wäre das neue Haus zu groß und viel zu vornehm für sie ...)

Wir mussten zum Mittagessen bleiben, das war keine Frage. Zwei Hühner wurden geschlachtet und während die Frauen das *Paprikás* (Hähnchengulasch) und die dazu gehörigen Eiernudeln kochten, drängte uns Onkel András in den Keller, um uns stolz seinen neuen Wein zu präsentieren ...

Er holte mit dem *Lopó* (Weinheber) den Wein aus einem der Fässer und als er ihn vorsichtig fließen ließ, schäumten die goldgelben edlen Tropfen in den kleinen Gläsern. Der gute Alte grinste so stolz, dass die Weinprobe abzulehnen sehr unhöflich gewesen wäre. Kaum hatten wir ihn gekostet, schenkte er wieder nach. „Trinken wir, dann erinnern wir uns an mehr!", sagte Onkel András vor jeder Runde. Er hat immer neuen Fässern den Kork ausgeschlagen. Mein Onkel und ich mussten alle mit ihm „begutachten". Es gab immer eine noch bessere Sorte oder einen besonders guten Jahrgang. Irgendwann nach dem fünften Glas fing Onkel András an zu singen. Leise, mit leicht zitternder Stimme, sang er Soldatenlieder aus dem Ersten Weltkrieg. Dann über Mädchen und Frauen mit leicht „unmoralisch" anmutendem Text, mit leicht geneigtem Kopf, kokettierend grinsend, sodass man sein Alter völlig vergaß. Wir lachten aus ganzem Herzen. Und er hat immer wieder nachgeschenkt, mit der Aufforderung: „Trinken wir, dann erinnern wir uns an mehr!" Was auch immer damit gemeint war, ihm fielen tatsächlich immer neue Lieder ein. Geschichten längst vergangener Zeiten schwebten wieder vor unserem geistigen Auge mit den Texten der gesungenen Balladen – tragische Geschichten, traurige Lieder, voll Selbstmitleid. Es glänzten Tränen in seinen Augen. Ob sein Alter oder die durchlebten Tragödien der Grund dafür waren, war schwer einzuschätzen. Aber woher würde sonst die Redewendung stammen: „Weinend feiert der Ungar" ...?

Bis die Frauen nach uns gerufen haben, denn das Essen stand auf dem Tisch, hatten wir unsere Mägen schon reichlich „vorgewärmt". Als wir aus dem kühlen Keller nach oben, in das grelle Sonnenlicht gelangten, traf das ein, was nach einer ausgiebigen Weinprobe eigentlich immer zu befürchten ist: Die Wärme der Sonne und das blendende Licht wirkten wie ein Schlag mit einer Keule auf den Kopf. Ich gab mir Mühe gerade zu laufen und dachte verzweifelt über andere Transportmittel nach, denn in Ungarn galt schon immer die 0,0-Promille-Grenze im Straßenverkehr und das Autofahren schien mir in dieser Hinsicht für die nächsten Stunden, trotz westlichem Kennzeichen, viel zu riskant.

Ich sagte dies auch laut als ich nach dem königlichen Mahl wieder mit dem guten Wein traktiert wurde. „Du musst nicht fahren! Der Wagen fährt doch selbst oder nicht?", erwiderte Onkel András augenzwinkernd. „Die Pferde haben auch immer nach Hause gefunden. Oder waren die Pferde doch klüger als die Autos?" „Auf jeden Fall praktischer", dachte ich mir und hielt mich zurück, was den Wein betraf. Aber Onkel András war in seinem Element. Von den Geschichten aus dem Ersten Weltkrieg bis hin zu aktuellen politischen Ereignissen gewürzt mit Liedern und Witzen kam alles in seinem Repertoire vor. Alle anderen mischten, vor allem bei dem Singen, mit, aber den Ton gab der gute Alte an. Am Abend, als wir uns auf den Weg machen wollten, stopften sie noch einen Sack Kartoffeln und einen großen Korb Zwiebeln vom ei-

044un Foto: ba

genen Feld in den Kofferraum. Onkel András drückte noch ein *Demizson* (Korbflasche, ca. 5 Liter) Wein in meine Hand. Jede Widerrede schien zwecklos.

Obwohl immer weniger András Bácsis noch am Leben sind, so oder ähnlich dürfte es dem Besucher vor allem im tiefsten Osten Ungarns auch heute noch ergehen, wenn er bei einer Familie zu Gast ist. Die Ungarn gehören generell zu der besonders gastfreundlichen und die Geselligkeit liebenden Menschensorte. Sie freuen sich, wenn sie Besuch bekommen und würden das letzte Hemd ausziehen, um es dem Gast zu schenken.

So war es in den guten alten Zeiten und so ist es eigentlich auch heute noch. Denn die fast grenzenlose Gastfreundschaft und die Aufnahmebereitschaft der Ungarn Fremden und in Not Geratenen gegenüber ist eine der ältesten Tugenden des Volkes, die sogar von den Königen des Landes ganzen Völkern gegenüber praktiziert wurde. Selbst *der Heilige Stephan,* der Staatsgründer schrieb an seinen Sohn: „... *Denn wie auch Gäste, die aus verschiedensten Gebieten und Ländern kommend die verschiedensten Sprachen und Bräuche, sowie die verschiedensten Beispiele und Waffen mit sich bringen, dies alles das Land schmücken, den Ruhm und Ausstrahlung des Hofes heben und die Ausländer von der Überheblichkeit fernhalten wird. Denn ein einsprachiges Land ist sehr schwach und armselig. Deshalb befehle ich dir, mein Sohn, die Neuankömmlinge zu schätzen und zu unterstützen, damit diese sich lieber bei dir aufhalten, als anderswo wohnen wollen.*" Gastfreundschaft also zählt zu den königlichen und elementarsten Tugenden in Ungarn.

Ob die neue Reisefreiheit und die alles homogenisierende Globalisierung daran viel ändern werden, bleibt abzuwarten. Zeichen dafür gibt es schon zahlreiche, gleich im Straßenverkehr haben die Ungarn z. B. ihre Höflichkeit und Hilfsbereitschaft Fremden gegenüber über Bord geworfen. Niemand mehr sollte von Ungarn Toleranz oder Geduld im Autoverkehr erwarten.

ist die Ausgangsposition der **ungarischen Küche.** Ob es *Halászlé* (Fischsuppe aus Karpfen, am besten aber aus mehreren Fischsorten), *Gulyás* (gewöhnlich aus Rind- oder Schweinefleisch), *Paprikás* (aus Geflügel) oder *Pörkölt* (z.B. aus Wild) gekocht werden soll – es fängt immer genauso an.

Der Magen der Ungarn war schon immer ziemlich konservativ. Die Küche wurde vielleicht ein wenig in den friedlicheren k.-u.-k.-Zeiten modernisiert und um neue Gerichte bereichert und sie ist auch raffinierter geworden. Wie z.B. durch das *Wiener Schnitzli* und bestimmte Süßigkeiten wie der Strudel *(rétes)* oder das *Beigli* (Rolladenkuchen), das mit gemahlenem Mohn oder Walnuss gefüllte Traditionsgebäck, und natürlich die beliebten Palatschinken (dünne Pfannkuchen, gefüllt mit Marmelade, oder süßem Quark, evtl. mit gemahlenen Nüssen oder mit Schokolade) – die auch in der ungarischen Küche ihren Platz eingenommen haben. Im Wesentlichen jedoch hat sie die jahrhundertealten, traditionellen, volkstümlichen Rezepte bewahrt.

„Szegediner Gulasch" gibt es allerdings nur in Deutschland. Etwas Ähnliches gibt es unter dem Namen „Sekler Gulasch" auch in der ungarischen Küche, aber es kommt viel seltener auf den Tisch (dann aber mit saurer Sahne verfeinert), als das in Deutschland geglaubt wird. Mit Sauerkraut wird die viel populärere, mit Hackfleisch und Reis gefüllte Krautroulade *(töltött káposzta)* gekocht. Diese ist immer noch so beliebt, dass sie oft auch bei Hochzeiten auf den Tisch kommt. In der Regel nach Mitternacht, wenn der vom Alkohol gesättigte Magen für etwas Deftiges dankbar ist.

076un Foto: ba

Der heutige Besucher muss allerdings schon intensiv suchen, bis er in Budapest ein **Restaurant** mit klassischen ungarischen Spezialitäten findet. Das ist die Kehrseite der neuen Weltoffenheit und Neuorientierung. Wie die Pilze schossen nach der Wende Fast-Food-Restaurants und Gaststätten, die exotische Küche anbieten, in der Stadt und auf dem Land aus dem Boden. **Klassische ungarische Gerichte** tauchen nur noch sporadisch auf den Speisekarten einiger Restaurants, überwiegend in ländlichen Gebieten, auf. Palatschinken- oder Langosch-Buden sind auch seltener geworden. Lediglich in den von Touristen besuchten Gegenden und rund um den Plattensee sind sie noch öfters zu finden. Der *Lángos,* eine aus einem Brotteig in heißem Öl gebratene Spezialität, der anschließend oft mit Knoblauch und saurer Sahne bestrichen gegessen wird, aber auch die mit süßem Quark, Schokolade oder mit Marmelade gefüllten *Palacsinta* wurden scheinbar von den Pizzas und Kebabs fast besiegt. Die ungarische Küche ist in Bedrängnis geraten. Obwohl die ungarische Küche viel mehr bieten kann als nur das weltbekannte Gulasch oder Fischsuppe. Trotzdem ist sie, zumindest im gastronomischen Bereich, gerade in Ungarn außer Mode gekommen.

Es ist zwar eine Tatsache, dass einige der guten alten Gerichte der traditionellen ungarischen Küche immer ein bisschen zu fett, kalorienreich und schwer verdaulich waren, dies war jedoch nur nebenbei ein Grund bei der **Umstellung der Esskultur.** Vielmehr scheinen einerseits die Restaurantbesitzer Ungarns in ihrem Streben nach Gleichstellung mit der internationalen Gastronomie alles, was an die unbeliebten „alten Zeiten" erinnert, beiseite zu schieben. Andererseits tauchten durch die Liberalisierung der Wirtschaft und durch die Erleichterung der Geschäftsbedingungen viele ausländische Unternehmer in der Gastwirtschaft auf, die nun auch in Ungarn die verschiedensten exotischen Küchen anbieten.

Aber zum Glück lassen sich die heimischen Küchen nicht so leicht umstellen. Das unter freiem Himmel, im Kessel gekochte *Gulyás* (Gulasch), Fischsuppe, bei Lagerfeuer wie Schaschlik am Spieß gebratenes Fleisch oder zumindest Wurst mit Speck bleiben weiterhin unentbehrliche Bestandteile jeder privaten Party. Während das **alltägliche Kochen** immer noch überwiegend Frauensache in den Familien ist, werden diese deftigen, urtümlichen Spezialitäten am besten von den Männern zubereitet. Frauen lassen sie traditionell nicht in die Nähe kommen, denn eine **Gulasch-Party** ist Männersache.

Unter den **alkoholischen Getränken** bleibt auch für die Ungarn das **Bier** der üblichste Durstlöscher. Historisch gesehen sind sie aber mehrheitlich eher Weinliebhaber. Die Bodenbeschaffenheit einiger Gegenden des Landes eignet sich hervorragend zum **Weinanbau.** Während um den Plattensee herum traditionell Weißwein angebaut wird, sind Süd-Transdanubien nördlich von Pécs, die östlichen Ausläufer der Alpen an der Westgrenze zu Österreich um Sopron herum und das Nord-Mittelgebirge in der Gegend von Eger (Erlau) bekannte Rotweingebiete.

Man darf natürlich den berühmten **Tokajer** auch nicht vergessen. Der Ort Tokaj liegt in der nordöstlichsten Ecke des Landes, nahe der ukrainischen Grenze. Aber Tokajer ist nicht gleich Tokajer. Der weltberühmte „Aszu" (sprich: Aßu), dieser edle goldbraune Dessertwein, gehörte seit dem Mittelalter zur Ausstattung jeder königlichen Hofkellerei und der des Papstes. *„Vinum regnum, rex vinorum"* (Wein der Könige, König der Weine) steht stolz auf dem Etikett. Er wurde jahrhundertelang in den Apotheken unter dem Namen *„Vinum tokajense passum"* auch als Arzneimittel verkauft. In den modernen Zeiten weist die Zahl auf der Flasche darauf hin, wie viel Fässer Spätlese-Rosinen zu einem Fass Wein zugegeben wurden. Die 6er Flasche war und ist auch heute noch die teuerste.

Jede Nation hat ihre eigene **Schnapsspezialität.** Was für die Schotten und Iren der Whisk(e)y, für die Polen und Russen der Wodka, für die Südslawen der Slibowitz, das ist für die Ungarn der **„Pálinka".** Er ist ein duftender starker Obstler, am berühmtesten ist die Sorte aus Aprikose. Der *„barackpálinka"* (Aprikosengeist), ein weiteres Markenzeichen der ungarischen Gastronomie, ist nicht selten hausgemacht. Er ist ein hervorragender Digestif nach einer ausgiebigen Mahlzeit. Aber wehe, man fängt damit vor dem Essen an! Denn die hochprozentigen Edeltropfen, die dem Gast oft gleich als Begrüßungsgetränk angeboten werden, können im lee-

Tokaj im Frühling

ren Magen ganz schön brennen. Normalerweise bekommt man ein halbes Wasserglas gereicht, aber zumindest 5 cl.

Der **Stampedli** (Schnapsglas) ist nun mal so groß und ihn nicht ganz zu füllen wäre unhöflich. Wie auch, ihn nicht „bis zum Boden" zu leeren. „*Fenékig!*", wie die Ungarn befehlen. Ja, wie sie ihren Nachnamen zuerst nennen, genauso fangen sie oft mit einer Spirituose als Aperitif die Mahlzeiten an. In den Restaurants wird dafür gerne „Unicum", eine Art Kräuterlikör, bestellt. Es handelt sich dabei um ein schwarzes, bittersüßes hochprozentiges Getränk aus einer kugelförmigen Flasche.

Einkaufen

Für Deutsche, die von ihrem Ladenschlussgesetz genervt sind, ist Ungarn ein wahres Einkaufsparadies. Es gibt keine allgemein geltende Vorschrift, was die **Öffnungszeiten** betrifft. Die Geschäfte haben generell bis 19, 20 oder zum Teil bis 21 Uhr auf. An fast jeder Straßenecke von Budapest findet man kleine Supermärkte, die rund um die Uhr (auch Sonntag!) aufhaben und in denen man gegen geringen Aufpreis für den alltäglichen Bedarf praktisch alles kaufen kann.

Die in den Außenbezirken angesiedelten riesigen **Einkaufszentren** wie „TESCO", „CORA" oder „AUCHAN" sind auch am Wochenende bis 21 Uhr geöffnet. Sollte dies alles nicht genügen – die Tankstellen sind mit Lebensmitteln, Getränken und mit den wichtigsten alltäglichen Waren mindestens so gut ausgestattet wie in Deutschland.

Bezahlen sollte man mit der ungarischen Währung, aber man kann fast überall mit EC-Karte und mit allen gängigen Kreditkarten Rechnungen begleichen. Was das Zahlen mit Forint betrifft, fehlt leider oft das nötige Kleingeld, um genau zurückzugeben. Man sollte aber nicht erwarten, dass das Auf- und Abrunden zugunsten des Kunden geschieht.

Etwas lästig kann die Gewohnheit der Ladenbesitzer wirken, dass sie sofort auf die eintretenden potenziellen Kunde zugehen und fragen, ob sie behilflich sein können. Ob sie dies aus Angst vor Diebstählen oder aus wahrer Hilfsbereitschaft tun, ist schwer einzuschätzen. Die Präsenz der uniformierten Sicherheitsleute in den größeren Kaufhäusern oder am Eingang der Geschäfte mit hochwertigem Warenangebot lassen allerdings das erste vermuten. Das **Wachpersonal** folgt den Kunden ins Innere des Ladens und schaut ihnen nicht unbedingt diskret auf die Finger. Es ist für den Besucher aus dem Westen nicht einfach, sich daran zu gewöhnen. Aber die ungarischen Ladenbesitzer haben offensichtlich in den letzten Jahren schlechte Erfahrungen gemacht, was die Ladendiebstähle betrifft.

070un Foto: ba

Außer Gelegenheitsfunden wie Folkloreartikel, Kleidung oder Schmuckstücke sind die **landestypischen Lebensmittelprodukte** wie verschiedene Gewürze, die berühmte Paprika- oder Gulaschcreme aus der Tube, die ungarischen Weine, vor allem Tokajer und natürlich Salami interessante Einkaufswaren für den ausländischen Gast.

Das **Gemüse- und Obstangebot** auf den Märkten und in den Einkaufszentren (abgesehen von den exotischen Sorten) überbietet nicht nur in Qualität und Vielfalt die Waren in Deutschland, sondern kostet auch nur ein Bruchteil dessen, was man im Westen dafür zahlen muss.

In der neu gebauten Lehel-Markthalle in Budapest herrscht immer noch ein bisschen Basaratmosphäre

Zeitverständnis, Pünktlichkeit

Die Ungarn nehmen es nicht so genau mit der Pünktlichkeit. Es gibt zwar dazu ein ungarisches Sprichwort: „Pünktlichkeit ist die Höflichkeit der Könige", womit gemeint ist, dass die Pünktlichkeit eine edle Sache ist. Aber wenn die Ungarn mit irgendetwas mit Leib und Seele beschäftigt sind, vergessen sie gerne mal die Zeit - und verspäten sich natürlich bei den darauf folgenden Treffen oder Verpflichtungen. **Theatervorführungen** und Vernissagen fangen deshalb nie pünktlich zur angekündigten Zeit an. Man will den sich Verspätenden die Möglichkeit nicht vorenthalten, von Anfang an dabei zu sein.

Zwar sind die Verhältnisse weit weg von der „Zeitlosigkeit" der Dritten Welt, aber falls man in Ungarn eine Verabredung hat, sollte man sich schon darauf einstellen, dass die Ungarn sich eher dem Volk nahe fühlen, was die königliche Tugend der Pünktlichkeit angeht. Wahrscheinlich wird auch deshalb die andere Auffassung praktiziert: Es ist unhöflich als Gast viel zu früh und als erster anzukommen.

Noch schlimmer wäre es, bei einem **Rendezvous oder Date,** wie es heutzutage heißt, als erste(r) zu erscheinen und damit eventuell zu verraten, dass das Treffen für einen viel wichtiger ist, als demjenigen, der sich etwas Zeit lässt.

Noch schwieriger ist es mit dem **Abschied nehmen.** Bei den Ungarn dauert es manchmal unendlich lange, es fällt einem fast immer beim Gehen noch etwas ein, und das wird schnell noch ausdiskutiert. Wie die Redewendung dies so bildhaft schildert: „Die Engländer gehen, ohne dass sie sich verabschiedet hätten, die Franzosen verabschieden sich und gehen. Die Ungarn aber verabschieden sich ohne zu gehen ..."

Namen und Anreden

Vorsicht! Wenn die Ungarn sich vorstellen, sagen sie erst ihren **Familiennamen,** gefolgt vom Eigennamen. Gerade umgekehrt also wie in der deutschen Sprache. Monika Maier würde demnach in Ungarn „Maier Mónika" heißen.

Verheiratete Frauen übernahmen traditionell den Namen ihrer Ehemänner mit einer kleinen Nachsilbe aus zwei Buchstaben am Ende: „-né" (was ungefähr „Frau des ..." bedeutet). Die Frau von Herbert Müller bekäme also nach der Eheschließung in diesem Sinne immer den Namen „Müller Herbertné". Bei der Anrede wird dieser abgekürzt: „Müllerné". Ihr eigener Familienname und Vorname wurde dann nicht mehr weitergeführt bzw. nur noch in offiziellen Formularen unter der Rubrik „Geboren" oder „Mädchenname" erwähnt.

Aber in den jüngsten Zeiten blieben auch diese Bereiche des Lebens von den Veränderungen und Reformen nicht verschont. Dass die Frau bei der **Eheschließung** zwischen ihrem eigenen Familiennamen und dem ihres Mannes wählen kann, wird seit Jahrzehnten praktiziert. Sie kann natürlich auch beide gleichzeitig führen. Neuerdings darf der Ehemann auch den Familiennamen seiner Ehefrau annehmen oder gleichzeitig beide, d. h. den seiner Frau zusammen mit seinem eigenen benutzen. Nach der **Geburt eines Kindes** müssen die Eltern entscheiden, wessen Namen das Kind tragen soll: den Namen des Vaters, der Mutter oder beide als Doppelnamen. Allerdings müssen alle Kinder aus derselben Ehe die gleiche Namensvariante als Familiennamen tragen. Das neueste, in Ungarn am 1. Januar 2004 in Kraft getretene Gesetz über die Namensgebung ist eines der liberalsten in Europa.

Es geht so weit, dass es der Frau nach der **Scheidung** erlaubt, nicht nur den Namen des geschiedenen Ehemannes weiterhin zu führen, sondern diesen an ihre später, von einem anderen Partner oder Ehemann stammenden Kinder weiterzugeben, falls sie dies mit dem biologischen Vater vereinbaren kann!

Die einzige Beschränkung: Kein Familienname darf länger als zweiteilig sein. Es heißt, Kinder mit zweiteiligem Familiennamen müssen bei der späteren Heirat vorher entscheiden, welchen Teil sie aus dem mit Bindestrich geschriebenem Doppelnamen weiter benutzen. Anders formuliert: Sie sollen entscheiden, welcher Doppelname weitergeführt wird, der auch nicht länger als zweiteilig sein darf. Ganz einfach, oder? Also, wenn der Vater z. B. Maier-Schmidt, die Mutter Ritter-Müller mit Familiennamen heißt, dürfen sie und ihre Kinder Maier-Ritter oder Maier-Müller bzw. Schmidt-Ritter oder Schmidt-Müller heißen.

Die **Vorschriften der Anrede** wurden schon in der Kádár-Ära, in den 1960er- und 1970er-Jahren, gelockert. Das aus den stalinistischen Zeiten stammende strikte „Genosse/Genossin" blieb nur unter Parteimitgliedern und für offizielle Anlässe bzw. in Arbeitsverhältnissen erhalten. Die Funktionäre sprachen die Arbeiter immer auf diese Weise an, die Abteilungsleiter meistens auch, um sachlich und offiziell zu bleiben. Im übrigen Leben und in der Privatsphäre kam schon damals wieder öfter die heute übliche Anrede: „Mein (verehrter) Herr!" (*Uram!*), „Meine (verehrte) Dame!" (*Asszonyom!*) zur Anwendung.

Gesprächsverhalten

Selbst gebürtige Ungarn sind, wenn sie schon längere Zeit im Ausland leben, manchmal überrascht oder geschockt, wenn sie ihre diskutierenden Landsleute hören. Sie haben natürlich den Vorteil, dass sie verstehen, worum es geht. Ausländer aber schätzen Situationen oft falsch ein, weil sie glauben, dass die Menschen gerade streiten oder einander gleich angreifen werden. Denn diese gestikulieren während einer **Diskussion** nicht nur intensiv, sondern sprechen auch meistens laut und emotionsgeladen. Die ungarische Grammatik lässt ihnen keine Wahl. Es liegt an der besonderen Betonung, ob ein Satz eine Frage wird, etwas feststellt oder eine Aufforderung sein soll. Daher legen sie bei der Aussprache ein entsprechendes Temperament an den Tag.

Die Menschen sind an öffentlichen Orten wie in Restaurants, Bädern, in Wartesälen oder während der Reise **kontaktfreudiger,** kommen leichter ins Gespräch als man das z. B. in Deutschland gewohnt ist. Sie äußern ihre Meinung und geben ihre Gefühle schneller Preis.

Sie scherzen gerne, da Ungarn schon immer eine Großmacht in Sachen **Anekdoten und Witze** erzählen war. In den dunkelsten Zeiten der Geschichte riskierten sie, verhaftet und interniert zu werden, wenn sie z. B.

075un Foto: ba

Witze über Stalin erzählt oder über diese zu laut gelacht haben. Trotzdem schafften es die Ungarn, über ihr eigenes Elend zu lachen. Man sagt, wenn die Ungarn keine neuen Witze mehr erzählen können, dann geht es mit ihnen zu Ende. Wenn es keine neuen Geschichten gibt, formulieren sie ihre Sätze um oder verdrehen die Worte, um wenigstens ein kleines Lächeln auf die Gesichter der Zuhörer zu zaubern.

Sie können aber auch so fürchterlich **fluchen** wie man das sonst nur von den Italienern kennt. Sie müssen dafür nicht einmal wütend sein. Dies alles passiert mit einer solch intensiven Gestik und Mimik, dass für jemanden, der die Inhalte nicht versteht, diese Kapriolen der Emotionen nicht immer richtig einzuordnen sind.

Konfliktverhalten

Ein Solidaritätsgefühl zu pflegen, den anderen zu unterstützen, nur weil der ein Landsmann ist, erwartet man von den Ungarn vergebens. Sprichwörtlich gilt bis heute: „Der größte Feind eines Ungarn ist ein anderer Ungar." Ohne das nicht einfache Problem vulgarisieren zu wollen, sollte man nur die ergebnislose Volksabstimmung vom 5. Dezember 2004 hierzu erwähnen, bei der die Ungarn über die evtl. doppelte Staatsbürgerschaft der außer den heutigen Grenzen – damit zum Teil auch außer der Europäischen Union – gebliebenen ungarischen Minderheiten entscheiden sollten.

Sicherlich gehören die Ungarn zu den Nationen, bei denen das **Rivalitätsgefühl zu den eigenen Mitbürgern** am stärksten ausgeprägt ist. Kleinste Streitereien können leicht zu einem groben, aggressiven Wortwechsel ausarten. Und es ist immer ein großes Glück, wenn es bei Worten bleibt. Aber Gott sei Dank ist da das Fluchen, in dem die Ungarn wahrlich Weltmeister sind. Nein, dass sie leise und elegant ihre Konflikte lösen, kann man nicht behaupten.

In ihrem **Stolz und Selbstbehauptungszwang** lassen sie sich nie von etwas Neuem berichten, ohne gleich zu erwidern: „Das haben wir auch schon!" „Bei uns auch!" oder „Wir auch!" Bloß nicht den Eindruck aufkommen lassen, dass sie uninformiert, unterentwickelt oder minderwertig wären. Die Ungarn mit ihrem sprichwörtlichen Temperament und mit ihrer krankhaften Überempfindlichkeit können in ihre Angelegenheiten niemanden reinreden lassen. Sie wissen es immer besser!

Mit dem zunehmenden Autoverkehr wächst auch Aggressivität auf den Straßen

Es hat sich in dieser Hinsicht nach dem Ende des Kalten Krieges und des Sozialismus nichts geändert. Der Schriftsteller *Máray* oder der Dichter *Faludy*, die den größeren Teil ihres Lebens im Exil verbrachten, dürften in der westlichen Welt eine gewisse Berühmtheit erlangt haben, in Ungarn blieben sie umstritten oder werden von vielen als „nicht ungarische Literaten" eingestuft.

Gleichzeitig ist aber weit verbreitet, jeden für einen Ungarn zu halten, der auch nur einen Großvater oder irgendwelche anderen ungarischen Verwandten in seinem **Familienstammbaum** hat. („Der ist doch *auch* Ungar!" ...) Kaum wurde der Präsidentschaftskandidat der Demokraten 2004,

051un Foto: kw

John Kerry, in den USA bekannt, haben die Ungarn auf seiner väterlichen Seite ungarische Vorfahren entdeckt – angeblich war seine Großmutter Ungarin. Der Schauspieler *Tony Curtis* (alias *Kertész Antal*) wurde in den Medien zum Gesicht Ungarns 2003 gewählt.

Aber wie verhalten sich die Ungarn Fremden gegenüber? Die früher unfreundlichen und groben ungarischen Polizisten werden zunehmend höflicher, die Menschen auf den Straßen dagegen verhalten sich zunehmend intoleranter, ungeduldiger und aggressiver zueinander. Und zumindest im **Straßenverkehr** verhalten sie sich so auch Fremden gegenüber. Während früher Autos mit fremden (vor allem westlichen) Kennzeichen höflich vorgelassen wurden und man oft Verständnis für die Unentschlossenheit und für das langsame Vorankommen gezeigt hat, werden sie heutzutage von den einheimischen Fahrern geradezu bekämpft, abgedrängt und buchstäblich „gehasst".

Dies hat sicherlich etwas mit dem explosionsartig wachsenden Autoverkehr zu tun, aber auch damit, dass in den letzten Jahren auch immer mehr Ungarn bessere und PS-stärkere Autos fahren. Einerseits ist die schon erwähnte „Wir auch!"-Mentalität, andererseits der immer dichter werdende Verkehr auf den zum Teil verkommenen, alten Straßen schuld daran, dass die ungarischen Autofahrer einen die Vorschriften missachtenden, oft haarsträubenden Jongleur-Fahrstil als Geschicklichkeit und besondere Fahrtüchtigkeit betrachten. Mit dem Nachlassen der Angst vor der Polizei(-Willkür) nimmt die Zahl der Verkehrsdelikte zu (und nicht nur in Sachen Geschwindigkeitsbegrenzung) und damit steigt auch die Gefahr, unschuldig in einen Unfall verwickelt zu werden. Vorsicht also! Die Gastfreundschaft der Ungarn hat sich aus dem Verkehr gezogen, im wahrsten Sinne des Wortes.

Umgang mit Behörden und Polizei

Offizielle Angelegenheiten zu erledigen ist beschwerlich. Man sollte möglichst viel Zeit einkalkulieren, weil die ungarischen Beamten nicht besonders bürgerfreundlich sind und keine Hektik und ungeduldige Kunden mögen.

Während früher Besucher aus dem Westen von der Polizei mit einer gewissen Nachsicht, ja fast Respekt behandelt wurden, gibt es heutzutage keine Prioritäten mehr. Die Polizisten sind eigentlich freundlich und mehr oder weniger hilfsbereit, aber einige Beamte bei den verschiedenen Behörden können bei Verständigungsschwierigkeiten in ihrem Machtbewusstsein ganz schön arrogant werden.

Für Ausländer kann es also besonders schwierig werden, etwas bei den Behörden in die Wege zu leiten – vor allem, wenn die Sprachkenntnisse auf beiden Seiten fehlen. Allerdings sprechen heutzutage immer mehr ungarische Polizisten Fremdsprachen, vor allem Englisch oder ein wenig Deutsch.

Verkehr und Transportmittel

Während des Sozialismus wurde die Zahl der Neuzulassungen von den zuständigen Behörden kontrolliert niedrig gehalten, um das vorhandene Straßennetz nicht zu überlasten. Nach der Wende haben die Politiker wenigstens mit angepasstem Einfuhrzoll versucht zu verhindern, dass Ungarn zum Entsorgungsland und Schrottplatz der im Westen ausgemusterten Automethusalems wird. Aber das **Anschwellen des Straßenverkehrs** war die logische Folge der Liberalisierung des Alltagslebens und des freien Handels. Hinzu kam der wachsende Transitverkehr infolge der gesperrten Strecken durch die Länder des ehemaligen Jugoslawiens.

Ungarn war schon immer ein **Durchgangsland** zwischen dem Balkan und dem Westen. In den 1990ern fuhren dann nicht nur all jene durch, die nach Osten und Südosten, sondern auch diejenigen die gen Süden wollten. Das Straßennetz war diesem dramatischen Anstieg des Verkehrs nicht gewachsen und schnell hoffnungslos überfüllt und verstopft. Die Staus sind allgegenwärtig.

Die **Straßen** in Ungarn sind, vor allem in Budapest und in anderen größeren Städten, generell in einem schlechten Zustand. Daran hat sich in den letzten Jahren nicht viel geändert. Das Straßennetz besteht überwiegend aus alten, schmalen Landstraßen, die schon lange überlastet sind und durch unzählige Dörfer und Städte führen.

Die Verbesserung und Erneuerung konnte nicht länger hinausgeschoben werden. Die erste **Autobahn,** die sogenannte M7, wurde in den 1970er-Jahren gebaut und führte zum Plattensee. Sie war gerade mal 100 km lang. Bis 2010 hat sich ihre Länge verdoppelt, sie verläuft nun bis Zalaegerszeg. Die zweite, die M1 Richtung Westen, wurde noch in der Zeit des Kádár-Regimes angefangen und nur einspurig bis Györ fertig gestellt. Angeblich haben sich die Sowjets wegen der Richtung beschwert und deshalb hatte man mit dem Ausbau der M1 aufgehört und der Bau der M3 nach Osten, Richtung Sowjetunion wurde gestartet. Bis zur Wende wurde eine 60 km lange Strecke dem Verkehr übergeben.

Nach der Wende war eine der ersten verkehrstechnischen Maßnahmen der neuen demokratischen Regierung der Ausbau beider Seiten der Auto-

071un Foto: ba

bahn M1, die Richtung Westen bis zur österreichischen Grenze führt. Zurzeit strebt die Führung Ungarns den **Bau weiterer Autobahnstrecken** zum Teil mit Hilfe westlicher Konsortien an. Neben den ersten Teilstrecken der M5 Richtung Südosten wurde die M3 Richtung Miskolc weitergebaut. Die Innenstadt von Miskolc, Ungarns zweitgrößte Stadt, wurde durch den Bau der Umfahrung M30 vom Durchgangsverkehr entlastet. Bis Ende 2004 wurden 57 km Autobahnstrecke dem Verkehr übergeben: Neben der erwähnten M30 das Teilstück der M3 zwischen Polgar und Görbeháza, die M7 zwischen Becsehely und Letenye und ein Stück der M70.

Die M6 entlang der Donau befindet sich bis zur südungarischen Stadt Pécs im Ausbau, teilweise kann sie schon befahren werden. Allerdings wird seit 2003 auch in Ungarn vorgeschrieben, dass die Autos auf allen Autobahnen, ähnlich dem österreichischen „Pickerl", nur noch mit einer vorher gekauften „Vignette" fahren dürfen. Ab Januar 2005 wurden die **Autobahngebühren** um 15 % verteuert.

Die **öffentlichen Verkehrsverbindungen** waren schon früher sehr gut und nach der Wende blieben die Verkehrsunternehmen in staatlicher Hand. Durch Subventionen sind die Fahrkarten sehr billig und die Rentner dürfen kostenlos fahren. Die Schüler und Studenten bekommen eine 66-prozentige Ermäßigung auf alle öffentlichen Verkehrsmittel im ganzen Land. Wehrdienstleistende zahlen lediglich 10 % des Fahrkartenpreises. Es ist fraglich, wie lange dies noch so bleiben kann, denn die Infrastruktur ist überall ziemlich veraltet und in der Staatskasse bleibt auch sonst nicht besonders viel übrig für die Instandhaltung der Verkehrswege.

Das **Schienennetz** befindet sich besonders östlich von Budapest in einem katastrophalen Zustand. Der Reisende merkt dies an den ungewöhnlich starken seitlichen Schwingungen beim lauten Knattern der Schienen, wenn er z. B. nach *Miskolc*, in die nach der Bevölkerungszahl zweitgrößte Stadt des Landes, fährt. Das alles ändert sich mit der Zeit, denn mithilfe von EU-Geldern wird die ganze Infrastruktur erneuert. Die Modernisierung der Bahn hat eine außergewöhnliche Bedeutung für die EU, denn mehrere wichtige Verkehrskorridore führen durch Ungarn. Für die Erneuerung der Navigationssysteme in der Luftfahrt wurden weitere Finanzhilfen seitens der EU zur Verfügung gestellt.

Von allen größeren europäischen Flughäfen gibt es gute **Flugverbindungen** nach Budapest. Neben den großen Fluggesellschaften Lufthansa und MALÉV fliegen auch etliche Billigflieger wie Easy Jet, Sky Europe und Wizz Air Budapest an.

Die ungarische Hauptstadt verfügt über zwei internationale **Flughäfen:** Ferihegy 1 und der ca. 20 km weiter östlich gebaute Ferihegy 2. Die Verbindungen von beiden zur Innenstadt sind bescheiden. Lediglich Ferihegy 1 hat eine extra für ihn gebaute schmale Straße, auf der ausschließlich die zwischen dem Zentrum und dem Flughafen pendelnden Busse und Pkws fahren. Seit 2007 ist die ungarische Fluggesellschaft MALÉV Mitglied der *oneworld* Allianz der Fluggesellschaften.

In der Zwei-Millionen-Metropole **Budapest** kommt man sehr gut auch ohne Pkw zurecht, denn es gibt zahlreiche **öffentliche Verkehrsmittel.** Drei Metro-Linien (Linie 4 wird gerade gebaut), drei S-Bahn-Verbindungen („HÉV"), ein dichtes Straßenbahnnetz, Trolley- und Autobuslinien sorgen dafür, dass der Reisende zu jeder Uhrzeit gut vorankommt. Zu den Besonderheiten gehören der Zahnradzug und der ehemalige „Pionierzug" auf dem Szabadság-Berg und die zum königlichen Palast von Buda hochfahrende Seilbahn („Sikló"). Alle Verkehrsmittel gehören zum staatlichen Unternehmen **BKV** (Budapester Verkehrsunternehmen). Fahrkarten gibt es einzeln oder im Vorteilspack, der aus zehn oder zwanzig Einzelkarten besteht. Man kann auch eine Art Touristenausweis kaufen, der für einen bestimmten Zeitraum die Reise mit allen Transportmitteln erlaubt. Die Tickets müssen in den Fahrzeugen entwertet werden. Es wird ziemlich oft kontrolliert!

Über die Löwen der Kettenbrücke erzählen die Ungarn Legenden

Die für Budapest so typischen gelben **Straßenbahnen** werden in der Nacht durch Autobusse ersetzt, die meistens die selbe Strecken fahren. Tagsüber aber pendeln die Bahnen im Fünf-Minuten-Takt durch die Hauptstraßen oder etwas seltener in Richtung der Wohngegenden.

Die **S-Bahnen** verbinden beliebte Ausflugsorte mit der Hauptstadt. Eine Linie fährt in die nördlich liegende Künstlerstadt Szentendre, eine weitere in den Süden nach Csepel und Ráckeve. Die dritte bringt den Besucher nach Gödöllő, in die Stadt nordöstlich von Budapest, mit botanischem Garten, Agrarhochschule und einem ehemals königlichen Jagdschloss.

Unterkunft

Der Besucher aus Deutschland wird angenehm überrascht sein, wenn er merkt, dass die Menschen in den **Hotels und Pensionen** mit Sicherheit gut Deutsch oder Englisch sprechen und verstehen. Heutzutage findet der Reisende auch auf dem Land genügend Übernachtungsmöglichkeiten. Nach der Wende wurden viele kleine private Motels und Pensionen gebaut. Diese oder die vor allem in von Tourismus frequentierten Gegenden wie z. B. am Plattensee liegenden privaten Unterkünfte bei Familien sind die günstigsten Alternativen zu großen und teuren Hotels.

Wo Zimmer zu mieten sind oder andere **private Unterkünfte** angeboten werden, ist dies mit von Weitem gut sichtbarer Aufschrift in Deutsch

049un Foto: ut

(„Zimmer frei") beschildert. Dies verrät auch gleich, welcher Nation in den vergangenen Jahrzehnten die meisten Besucher angehörten.

Neuerdings ist in den **Übernachtungspreisen** das Frühstück nicht mehr inbegriffen, der Gast hat aber natürlich die Möglichkeit, es zu bestellen. Für ein paar Euro bekommt man mit Salami oder Wurst, gekochten Eiern, Käse, Butter und Marmelade oder Honig und je nach Wunsch Kaffee oder Tee meistens mehr, als man essen kann.

Hotels mittlerer und oberer Preisklasse sind relativ teuer und haben natürlich internationale Standards. In Budapest, vor allem bei Veranstaltungen mit internationalem Interesse wie z. B. das Formel-1-Rennen auf dem Hungaroring, können Engpässe beim Übernachtungsangebot in Hotels und anderen Unterkünften auftreten. Es ist deshalb ratsam, schon vor der Reise zu reservieren.

Private Unterkünfte sind oft nette und günstige Alternativen zu den Hotels

006un Foto: eb

ANHANG

Glossar

- **Ady, Endre (1877–1919):** Neben *Petöfi* der vielleicht zweitbedeutendste Dichter Ungarns. In seinen revolutionären, allegorischen, symbolistischen Gedichten kritisierte er das feudale, zurückgebliebene königliche Ungarn der k. u. k. Monarchie. Eine ganze Generation von Dichtern und Schriftstellern des 20. Jahrhunderts setzte seinen Namen auf die Flagge der Bewegung der „neuen" Literatur.
- **Anjou Könige:** König *Karl Robert* und sein *Sohn Ludwig I.* aus dem Hause der Anjous. Während ihrer Herrschaft erreichte Ungarn etwa Mitte des 14. Jahrhunderts die geografisch größte Ausdehnung.
- **„die Arader 13" (die 13 Märtyrer von Arad):** Nach der Niederschlagung des Aufstandes und Freiheitskampfes von 1848–1849 hat *Arthur Görgey,* der Oberbefehlshaber der ungarischen Armee, bewusst nur vor den Russen, aber nicht vor der Habsburger Armee kapituliert. Der russische Zar garantierte allerdings nur für ihn, *Görgey,* freies Geleit. Alle anderen ungarischen Offiziere übergab er Baron *Haynau* mit einer Bitte um „Barmherzigkeit". Die Habsburger haben aber blutige Rache genommen. Als Erste wurden 13 hohe Offiziere der ungarischen Heimwehrarmee am 6. Oktober 1849 in Arad (heute Rumänien) hingerichtet. Die Generäle *Ernö Kiss* und *József Schweidel* wurden erschossen, *Lajos Aulich, János Damjanich, Aurél Deseffy, Károly Knézich, György Lahner, Vilmos Lázár, József Nagy-Sándor,* Graf *Károly Leiningen, Ernö Pöltenberg, Ignác Török* und Graf *Károly Vécsey* wurden gehängt. Der Tag ihres Martyriums – obwohl nie gesetzlich geregelt – galt und gilt als nationaler Trauertag.
- **Árpádenhaus:** Die Nachkommen Árpáds, des ersten gemeinsamen Führers der ungarischen Stämme. Die ungarischen Könige nannten sich „aus dem Hause Árpáds".
- **Bánk Bán:** Das Nationaldrama der Ungarn, geschrieben von *Imre Katona* im 19. Jahrhundert. Es erzählt die persönliche Tragödie des königstreuen Adligen *Bánk Báns* während einer symbolhaft schweren Zeit Ungarns im 13. Jahrhundert. *Bánk* handelt uneigennützig und in einer hitzigen Debatte tötet er die Königin, während seine Frau, Opfer verschiedener Intrigen am Hof, vor Schande Selbstmord begeht.
- **Báthory, Elisabeth (1560–1614):** Gräfin, Witwe von *Nádasdy, Ferenc.* Angeblich ließ die sadistisch veranlagte Frau Bauernmädchen in ihrem Schloss quälen und anschließend töten, um in ihrem Blut ein „Verjüngungsbad" zu nehmen. Ihr wurde der Prozess gemacht, sie wurde verurteilt und lebend eingemauert. In Filmproduktionen aus den USA und Frankreich wurde aus ihr eine Art weiblicher Vampir kreiert.

- **Busójárás:** Traditioneller Faschingszug in Mohács am Faschingssonntag. In Angst einflößende Kostüme und Masken gekleidete Teilnehmer verbrennen eine Puppe, die den Winter symbolisiert. Eine andere Interpretation für den Umzug: Im 16. Jahrhundert hatte man die abergläubischen Türken mit einer solchen Maskerade verjagt.
- **Csárdás (Tschardasch):** Traditioneller ungarischer Volkstanz, der auf eine sehr charakteristische, feurig-rhythmische Musik getanzt wird.
- **Csikós** (sprich: Tschikos): ungarischer Pferdehirt in einer charakteristischen Tracht. Nach dem Wort *csikó* (sprich: Tschikoh) = Fohlen.
- **Deák, Ferenc (1803–1876):** „Der Weise der Heimat", Politiker, nicht zuletzt ihm ist die historische Einigung zwischen Österreich und Ungarn 1867 zu verdanken, der sogenannte „Ausgleich", der Ungarn weitgehende Autonomie sicherte. Als Folge wurde Kaiser *Franz Josef* am 8. Juni 1867 zum König Ungarns gekrönt. *Deák* trat der neuen Regierung nicht bei, sondern zog sich aus dem öffentlichen Leben zurück. Nach seinem Tod wurde er als Nationalheld in einem Mausoleum im Kerepesi-Friedhof beigesetzt.
- **Dózsa, György:** Führer des Bauernkrieges von 1514. Der ursprünglich gegen die Türken gerichtete Volksaufstand weitete sich zu einem Krieg der Kleinbauern gegen den Großadel aus. Nach der Niederschlagung wurde der aus dem Kleinadel stammende *Dózsa* auf grausamste Weise getötet. Er wurde auf einem brennenden Thron mit einer glühenden Metallkrone gekrönt. Seine Gefolgsleute wurden gezwungen, von seinem verbrannten Fleisch zu essen, bevor auch sie hingerichtet wurden.
- **Erkel, Ferenc** (1810–1893): Komponist, Schöpfer einiger Opern mit historischem Libretto aus der ungarischen Geschichte (wie *Bánk Bán, Hunyadi László*). *Erkel* schrieb auch die Musik der ungarischen Nationalhymne.
- **Gellért (Bischof):** In Venedig geborener Missionar, der in den Zeiten von *Stephan I.* am Ende des 10. Jh. half, die Ungarn zum Christentum zu bekehren. Der Legende nach warfen ihn die heidnischen Ungarn in einem von innen mit Nägeln bestückten Fass vom heute nach ihm benannten Berg herunter.
- **Géza (Fürst):** Er begann, die Stammesgesellschaft Ungarn in ein christliches Königreich umzuwandeln. Die Hauptaufgabe, das Volk zum Christentum zu bekehren, jedoch hinterließ er seinem Sohn *Vajk,* dem späteren *Stephan I.*
- **Goldene Bulle:** Eine Art Grundgesetz, das 1222 König *Andreas II.* erlassen hat. In ihm wurden dem Großadel einige Sonderrechte eingeräumt.
- **Horthy, Miklós** (amtlich ungarisch: *Vitéz Nagybányai Horthy Miklós*) **(1868–1957):** Nach einer steilen militärischen Karriere im Ersten Welt-

krieg wurde er Konteradmiral und letzter Oberbefehlshaber der k.u.k. Monarchie. Während der kommunistischen Räterepublik von *Béla Kun* in Ungarn bildete *Horthy* in der südungarischen Stadt *Szeged* eine konservativ-reaktionäre Gegenregierung und marschierte an der Spitze der konservativen Truppen am 16. November 1919 in Budapest ein. Die ungarische Nationalversammlung wählte ihn 1920 zum Reichsverweser (Gouverneur), dem provisorischen Staatsoberhaupt Ungarns. Später schlug er die Restaurierungsversuche der Monarchisten nieder (Karlisten-Putsch). Er wurde *Hitlers* erster Verbündeter in Europa und blieb als Reichsverweser an der Macht, bis die Hitler-Truppen Ungarn im März 1944 besetzten und ihn entmachteten. Er starb 1957 im Exil in Portugal. Seine sterblichen Überreste wurden 1993 nach Ungarn zurückgebracht und in seinem Heimatort Kenderes beigesetzt.

- **József, Attila (1905–1937):** Was die Auswirkung auf die ungarische Literatur des 20. Jh. betrifft, ist *Attila József* einer der bedeutendsten Poeten der modernen Zeiten. Er stammte aus einer mittellosen Familie. Seine Mutter arbeitete als Magd und Waschfrau, sein Vater war ein einfacher Arbeiter, der 1908 die Familie verließ und nach Rumänien zog. *Attila József* kam wegen der Krankheit seiner Mutter mehrmals ins Pflegeheim. Als seine Mutter 1919 starb, wurde der Ehemann seiner älteren Schwester, der Rechtsanwalt *Ödön Makai,* zu seinem Vormund ernannt. Ab 1920 besuchte er das Gymnasium in Makó. Er lernte den Dichter *Gyula Juhász kennen,* dessen Unterstützung ihm 1922 die Veröffentlichung seines ersten Gedichtsbandes „Der Bettler der Schönheit" *(A Szépség koldusa)* ermöglichte. 1923 wurde er wegen seines Gedichts „Empörter Christus" *(Lázadó Krisztus)* wegen Blasphemie angeklagt, verurteilt, jedoch später freigesprochen. Im Jahr 1924 studierte er an der Universität von Szeged an der französisch-ungarischen Fakultät. Im folgenden Jahr wurde er „wegen des revolutionären Inhalts" seines Gedichts „Mit reinem Herzen" *(Tiszta szívvel)* von der Universität verwiesen. Seine Gedichte erschienen bereits in den besten literarischen Blättern und Tageszeitungen. 1926 meldete er sich an der Universität in Wien an. In der österreichischen Hauptstadt lernte er die literarische Emigration Ungarns (*Lajos Kassák, György Lukács* usw.) kennen und wurde bekennender Marxist. 1927–1928 studierte er in Paris an der Sorbonne. Nach der Rückkehr nach Ungarn wurde er Mitglied der illegalen kommunistischen Partei, später jedoch wegen seines eigenständigen Denkens und seiner Begeisterung für die Lehren Freuds aus der Partei ausgeschlossen. Wegen dieser Enttäuschungen und seiner unerfüllten Liebesbeziehungen übermannte ihn immer mehr eine Nervenkrankheit, durch die er ab Juli 1937 auf die Dauerbehandlung im Krankenhaus angewiesen war. Trotz allem schrieb Attila József geniale Werke, die ihn in den literarischen Kreisen des Landes immer berühmter machen. Am 3. Dezember 1937 wirft er sich im Ort Balatonszárszó vor einen Lastzug.

- **Hunyadi, János (1387–1456):** Gouverneur Ungarns, nachdem der König in der Schlacht gegen die Türken auf dem Amselfeld 1444 gefallen war. Er hat später mit einer größtenteils aus eigenen Mitteln finanzierten Armee und mithilfe eines Volksaufstandes die Türken bei Nándorfehérvár (heute Belgrad) besiegt. Der Papst *Callixtus III.* verordnete, dass die Glocken aller Kirchen in Erinnerung an diesen Sieg mittags 12 Uhr läuten sollen. *Hunyadi* fiel nach der Schlacht der Pestepidemie zum Opfer.
- **Kádár, János (1912–1989):** Sein ursprünglicher Name war *Csermanek*. Als einfacher Hilfsarbeiter trat er 1931 in die illegale kommunistische Partei Ungarns ein. In der Bewegung bekam er den Decknamen *János Barna*. Er wurde mehrmals verhaftet und stand unter ständiger polizeilicher Beobachtung. Im Gefängnis machte er Bekanntschaft mit mehreren Funktionären der ungarischen Kommunisten, so auch mit *Mátyás Rákosi*. Nach der Entlassung wurde er Mitglied der Sozialdemokratischen Partei (SZDP). 1942 trat er wieder in die Partei der Kommunisten Ungarns (KMP) ein, bald wurde er Mitglied des Zentralkomitees, ab Februar 1943 wurde er Erster Sekretär. Im April 1944 wurde er nach Jugoslawien geschickt, um mit den dort in der Illegalität lebenden Kommunisten Kontakt aufzunehmen. Er bekam den Decknamen *János Kádár*. An der Grenze wurde er festgenommen, aber nicht erkannt, sodass er „nur" als Deserteur zu zwei Jahren Gefängnis verurteilt wurde. Nach der Befreiung Budapests wurde er zum stellvertretenden Polizeichef, zwischen 1948 und 1950 zum Innenminister ernannt. In dieser Funktion spielte er eine wichtige Rolle bei den Vorbereitungen des Rajk-Prozesses. Anfang 1951 wurde er durch den Staatssicherheitsdienst (ÁVH) verhaftet und ein Jahr später zu lebenslanger Haft verurteilt. Im Juli 1954 wurde er rehabilitiert, ab Herbst 1955 war er bereits Erster Sekretär der Partei im Komitat Pest, im Sommer 1956 wurde er wieder in die Zentralführung (KV) der Partei (MDP) aufgenommen. Während des Aufstandes 1956 wurde er am 25. Oktober Erster Sekretär der Zentralführung. Er gehörte dem am 26. Oktober neu gewählten *Direktorium* an und wurde zum Staatsminister der neuen Regierung ernannt. Am 1. November wechselte er zu den Sowjets und verließ das Land. In Moskau nahm er an der Sitzung des ZKs der KPdSU teil. Am 4. November kündigte er die Gründung einer revolutionären Regierung der Arbeiter und Bauern Ungarns an und flog mit einer sowjetischen Militärmaschine in die ostungarische Stadt Szolnok. Im Juni 1957 wurde er Generalsekretär

der neu formierten Kommunistischen Partei MSZMP. Er blieb über 30 Jahre an der Macht und wurde in der Sitzung des ZK im Mai 1989 entmachtet. Wenig später starb Kádár am 6. Juli 1989.

- **Károlyi, Mihály Graf (1875–1955):** Der „rote Graf", wie die Zeitgenossen ihn wegen seiner volksnahen Einstellung und linken politischen Ansichten nannten. Er stammte aus einer Großgrundbesitzer-Familie. Als Politiker war er Liberaler, später Demokrat. Ab 1913 wurde er Vorsitzender der Unabhängigkeitspartei, deren linker Flügel sich später als eigenständige „Károlyi Partei" abspaltete. *Károlyi* war führende Persönlichkeit und populärster Politiker der bürgerlich-demokratischen „Chrysanthemen-Revolution" im Oktober 1918. Er wurde der Vorsitzende des neugeschaffenen Nationalrates. Auf den Druck der Massen hin ernannte König *Karl IV. Károlyi* zum Ministerpräsidenten. Ab 11. Januar 1919 wurde er Staatspräsident der Republik Ungarn. Er begann, die notwendigen Reformen durchzusetzen und teilte seinen Grundbesitz zwischen den mittellosen Bauern auf. Nach der Machtübernahme der Kommunisten am 21. März 1919 ging er ins Exil. Zwischen 1946 und 1949 war er Ungarns Botschafter in Paris. Nach der Machtergreifung der Kommunisten und den Konzeptionsprozessen erklärte er seinen Rücktritt, lehnte die Rückkehr ab und starb 1955 im Exil. Im März 1962 wurden seine Überreste nach Ungarn zurückgebracht und auf dem Kerepesi-Friedhof in einem Mausoleum beigesetzt.
- **Katona, József (1791–1830):** Schriftsteller, Dramatiker. Er schrieb 1815 „Bánk Bán", das Nationaldrama Ungarns.
- **Kerepesi temetö:** Friedhof in der Nähe des Ostbahnhofes in Budapest. Der ungarische „Père Lachaise". Die meisten Prominenten und Märtyrer der ungarischen Geschichte, Politiker, Dichter, Wissenschaftler, Schauspieler usw. fanden hier ihren ewigen Frieden unter einem Ehrengrabmal.
- **Koestler, Arthur (1905–1983):** Journalist, Schriftsteller, Philosoph, Romancier. Er wurde in Budapest in einer jüdischen Familie geboren. Er trat 1931 der kommunistischen Partei bei, war 1932–1933 im Auftrag der Komintern in Stalins Russland. 1936–1937 reiste er als Korrespondent im Spanischen Bürgerkrieg und wurde von *Francos* Falangisten als Spion verhaftet. 1938 trat er aus der kommunistischen Partei aus und floh 1939 aus einem französischen Gefängnis für Kommunisten. Ironischerweise wurde er, der Antifaschist, 1940 in Großbritannien mit der Anschuldigung ein „NS-Agent" zu sein, verhaftet. Von 1941 bis 1942 kämpfte er in der englischen Armee. Er schrieb, in der Hoffnung eines zukünftigen sozialen Humanismus, Romane, Berichte, philosophische Werke gegen jegliche Form des Totalitarismus. 1983 starb er in England.

- **Kossuth, Lajos (1802–1894):** Gouverneur Ungarns nach der Entthronisierung der Habsburger 1849. Im Gegensatz zu *Széchenyi,* der durch Modernisierung und politische Reformen die Eigenständigkeit Ungarns erreichen wollte, war *Kossuth* für den bewaffneten Freiheitskampf. Nach der Niederlage gegen die russische Armee ging er ins Exil. Er starb in Turin.
- **Kun, Béla (1886–1938 oder 1939):** „Volkstribun", Führer und Gestalter der Räterepublik, ausgerufen am 21. März 1919. Nach dem Scheitern der kommunistischen Räterepublik emigrierte er in die Sowjetunion, wo er später durch Stalin hingerichtet wurde.
- **Kuruc** (sprich: Kuruz, aus dem Latein Crux = Kreuz): Soldaten des Rákóczi-Aufstandes (1703–1711). Sie nannten sich Kreuzritter, denn den Krieg führten sie gegen „zwei Verbrecher", d.h. die Türken und die Deutschen.
- **Kuruc kesergö** (*keserü* = bitter, *kesergö* = Klagelied, das Verbitterung übermittelt): Mit tiefer Traurigkeit und Schmerz erfülltes Musikstück oder Lied aus dem 18. Jahrhundert über die verlorene Freiheit und die verlorenen Ideale.
- **Labanc** (sprich: labanz): Angehöriger bzw. Soldat der Habsburger Armee während des von *Rákóczi II.* geführten Unabhängigkeitskrieges. Ein spöttischer magyarisierter Ausdruck nach dem Deutschen „Lauf Hans!" *(hadjad Hans!)* – als diese vor den Kuruzen flüchteten.
- **Lepanto** (das griechische Naupaktos): Bei der Seeschlacht von Lepanto am 7. Oktober 1571 haben die christlichen Großmächte unter der Führung Spaniens die Herrschaft der Osmanen übers Mittelmeer gebrochen. Der Kommandant der christlichen Flotte war *Don Juan d'Austria,* ein Halbbruder des spanischen Königs. (Auch *Cervantes* nahm an dieser Schlacht teil und seine Erlebnisse sind angeblich teilweise in „Don Quijote" eingeflossen.) Der Sieg der Heiligen Liga war psychologisch sehr wichtig, denn damit war der Mythos über die Unbesiegbarkeit der Osmanen endgültig gebrochen. Die osmanische Flotte setzte 30 ihrer Schiffe selbst auf Grund, 80 wurden versenkt, 180 Galeeren fielen in die Hände der Sieger. Es starben 30.000 Soldaten auf osmanischer Seite. Selbst *Ali Pascha,* der Admiral der türkischen Flotte, starb in der Schlacht.
- **Maléter, Pál (1917–1958):** Politiker. Nach dem Medizinstudium wechselte er an die Militärakademie und wurde Militäroffizier. Er wurde während des Volksaufstandes am 2. November 1956 zum Verteidigungsminister ernannt. Die Sowjets haben ihn am 3. November unter dem Vorwand der „Waffenstillstandsverhandlungen" in eine Falle gelockt und verhaftet. *Maléter* wurde zusammen mit *Imre Nagy* am 16. Juni 1958 hingerichtet.

- **Nagy, Imre (1896–1958):** Er wurde am 7. Juni 1896 in Kaposvár als Bauernsohn geboren. Er leistete im Ersten Weltkrieg seinen Kriegsdienst und geriet 1916 in russische Kriegsgefangenschaft, wo er erstmals mit bolschewistischem Gedankengut in Berührung kam. Nach der Oktoberrevolution 1917 kämpfte er als sowjetischer Bürger für die Rote Armee. 1919 kehrt er nach Ungarn zurück, flüchtete nach dem Scheitern der kommunistischen Regierung aber in die Sowjetunion zurück. 1921 kam er wieder nach Ungarn, wurde erst Mitglied der Sozialdemokratischen Partei, später, nachdem man ihn wegen seiner linksextremen Ansichten ausgeschlossen hatte, Mitglied der illegalen (kommunistischen) Sozialistischen Arbeiterpartei Ungarns. 1927 wurde er verhaftet und interniert. 1929 emigrierte er wieder in die Sowjetunion. Während des Zweiten Weltkrieges arbeitete er in Moskau als Chefredakteur für das ungarische „Radio Kossuth". Nach dem Krieg kehrte er nach Ungarn zurück und wurde Landwirtschaftsminister. 1945 übernahm er das Amt des Innenministers und befasste sich mit Maßnahmen zur Vertreibung der Ungarndeutschen. 1949 erfolgte der Ausschluss und 1951 die Wiederaufnahme in das Politbüro der KP. Am 4. Juli 1953 wurde er im Zuge des „Neuen Kurses" der ungarischen KP „Gegenspieler" von *Rákosi*. Er propagierte die Idee des „nationalen und menschlichen Sozialismus". 1955 wurde *Nagy* wegen „Rechtsabweichung" seiner Ämter enthoben und aus der Partei ausgeschlossen. Während der Revolution von 1956 wurde er rehabilitiert und zum ersten demokratischen Ministerpräsidenten Ungarns berufen. Er versuchte, das reformsozialistische Ungarn in eine parlamentarische Demokratie und in die Neutralität zu führen. Am 2. November 1956 kündigte er die Mitgliedschaft des Landes im Warschauer Pakt auf und proklamierte die Neutralität Ungarns. Nach der Niederschlagung der Revolution durch die Sowjets wurde er trotz Zusicherung von freiem Geleit verhaftet und am 16. Juni 1958 hingerichtet. Nach der Wende 1989 wurde er rehabilitiert, aus dem bis dahin geheim gehaltenen Grab geholt und mit großer Anteilnahme beerdigt.
- **Petöfi, Sándor (1823–1849):** Nationaldichter Ungarns. Nach kometenhaftem literarischem Erfolg wird er einer der Anführer der Revolution vom 15. März 1848. Verfasser des Nationallieds und der 12 Punkte („Was wünscht sich die ungarische Nation?"). Er fiel in der Schlacht gegen die russische Armee bei Segesvár (Sigisoara) im Herbst 1849.
- **Rajk, László (1909–1949):** Er studierte ab 1929 an der Universität von Budapest auf der französisch-ungarischen Fakultät. Ab 1931 wurde er Mitglied der Organisation der Jungen Kommunisten Ungarns (KIMSZ) und der Partei der Kommunisten Ungarns (KMP). Er ging der Weisung der Partei folgend 1936 nach Prag und im Jahr darauf nach Spanien, wo

er im Bürgerkrieg an der Seite der Republikaner kämpfte. Er wurde der Sekretär des ungarischen Batallions der internationalen Brigaden. In den Kämpfen wurde er schwer verletzt. Nach dem Spanischen Bürgerkrieg ging er wie viele andere Republikaner nach Frankreich und wurde interniert. 1941 kehrte er nach Ungarn zurück, wurde verhaftet und interniert und schließlich nach Deutschland verschleppt. Als er am 13. Mai 1945 nach Ungarn zurückkam, wurde er gleich ein Aktivist der Ungarischen Kommunistischen Partei (MKP) und bald stellvertretender Generalsekretär. Zwischen März 1946 und August 1948 war er Innenminister. In dieser Position hat er viele religiöse und demokratische Organisationen verboten und die ersten sogenannten Konzeptionsprozesse organisiert. Im August 1948 wurde er von seinem Posten als Innenminister abgelöst und zum Außenminister ernannt. Anfang 1949 wurde er nach konspirativen Anschuldigungen verhaftet, vor dem Volkstribunal im September zum Tode verurteilt und am 15. Oktober hingerichtet. 1955 wurde er rehabilitiert und am 6. Oktober 1956 im Ehrenfriedhof von Budapest (Kerepesi temetö) beigesetzt.

- **Rákóczi, Ferenc II. (1676–1735):** Fürst von Ungarn, Anführer des Freiheitskampfes 1703–1711. Er setzte eine provisorische Regierung ein und erklärte die Unabhängigkeit von Österreich. Nach der Niederlage ging er ins Exil und starb einsam in Rodosto (heute Tekirdag) in der Türkei.
- **Rákosi, Mátyás (1892–1971):** Generalsekretär der Ungarischen Kommunistischen Partei nach dem Zweiten Weltkrieg. Während des Volksaufstandes 1956 wurde er abgesetzt. Er starb in der Sowjetunion.
- **Ratkó, Anna (1903–1981):** Gesundheitsministerin der kommunistischen Regierung Anfang der 1950er-Jahre. Namensgeberin einer Generation der vielen Neugeborenen („*Ratkó-Kinder*"). Aus dieser Zeit stammt der berühmt-berüchtigte Slogan: „Einer Frau zu entbinden ist Pflicht, einem Mädchen zu entbinden ist Ruhm."
- **Széchenyi, István (1791–1860):** Graf, Reformpolitiker aus einer Familie, die schon lange unter dem Namen „Die Beglücker der Heimat" bekannt war. Der Vater, *Ferenc Széchenyi,* gründete das Ungarische Nationalmuseum. *István Széchenyi* bereiste die Türkei, Ost- und Westeuropa und erkannte die Rückständigkeit seiner Heimat. Nach seiner Heimkehr wurde er Initiator und wichtigster Vertreter des Reformgedankens. Es ist fast unmöglich, vollständig aufzulisten, was er in seinem Leben für Ungarn getan hat. 1825 gründete er in der Parlamentssitzung von Pozsony durch eine großzügige Spende die Ungarische Wissenschaftliche Akademie. Im Oberhaus des Parlaments hielt er als Erster seine Rede auf Ungarisch. Die Modernisierung der ungarischen Sprache beschäftigte ihn ein Leben lang. 1825 gründete er den ersten Pferdezüchter-Verein

und startete die ersten Pferderennen. Im Jahr 1827 gründete er das Pester Casino. Ab 1828 veröffentlichte er seine Werke: „Über die Pferde", „Kredit", „Welt", „Stadium", „Pester Staub und Schlamm", „Hunnia", „Das Volk vom Orient", „Steuer und zwei Garasch" u. a. Ab 1831 unterstützte *István Széchenyi* die Dampfschifffahrt auf Donau, Theiß und Plattensee und trieb sie somit voran, war Mitbegründer der Schiffsfabrik in Óbuda (des ersten Großbetriebs in Pest), finanzierte Großprojekte wie die Regulierung des Flusses Theiß und der unteren Strecke der Donau, den Bau der Kettenbrücke zwischen Pest und Buda, der ersten ständigen Brücke zwischen diesen Stadtteilen, den Ausbau der ungarischen Eisenbahnlinien usw. Er wollte unbedingt durchsetzen, dass aus den Zwillingsstädten Pest und Buda die Hauptstadt Ungarns, Budapest, entsteht. (Dies wurde nach seinem Tod auch verwirklicht.) Er war gegen einen bewaffneten Unabhängigkeitskampf und somit in der politischen Opposition zu *Kossuth,* der vom Sieg der Revolution überzeugt war. Der bewaffnete Konflikt zwischen Wien und dem freien Ungarn war zu viel für die Nerven von *István Széchenyi* und er landete im Herbst 1848 in einer psychiatrischen Anstalt in Döbling, Österreich, wo er 1860 starb.

- **Thököly, Imre (1657–1705):** Graf, Anführer des mit seinem Namen bezeichneten Freiheitskampfes gegen die Habsburger. Zwischen 1682 und 1685 Fürst von Oberungarn, 1690 Fürst von Transsilvanien. Zweiter Ehemann von *Ilona Zrínyi.*
- **Trianon:** Zwei Schlösser im Garten von Versailles. Das kleinere, von *Marie-Antoinette* eingerichtete Lustschloss diente der ungarischen Delegation als Kulisse für die Unterzeichnung der Friedensverträge nach dem Ersten Weltkrieg.
- **Turulvogel:** Mythischer, Adler ähnlicher Greifvogel. Der Legende nach ist *Emese* von ihm schwanger geworden. Demnach wurde *Álmos* (*Árpáds* Vater) von einem Turul gezeugt. Der Hunnenkönig *Attila* stammte auch aus dem Geschlecht der Turuls.
- **Wallenberg, Raoul (1912–?):** Schwedischer Diplomat, der während der deutschen Besatzung 1943–1944 durch sein Engagement und durch das Ausstellen von „Schutzpässen" Tausenden von Juden das Leben gerettet hat. Er wurde von den Sowjets verhaftet und verschleppt. Sein weiteres Schicksal blieb unbekannt.
- **Zrínyi, Ilona (1643–1703):** Ehefrau von Graf *Thököly,* Mutter des „Kuruzenfürsten" *Rákóczi II.* Während des Thököly-Aufstandes gegen den Habsburger Kaiser verteidigte sie bis zum Ende die Festung von Munkács. Nach der militärischen Niederlage folgte sie ihrem Mann ins Exil in die Türkei.

(Welt-)berühmte „Ungarn“ (Prominente mit ungarischen Wurzeln)

- **Albrecht Dürer** (1471–1528): Maler und Zeichner aus Nürnberg, sein Vater kam im 16. Jahrhundert aus Ungarn
- **Franz Liszt** (1811–1886): Komponist und Pianist des 19. Jahrhunderts, Schwiegervater von Wagner
- **Ignác Semmelweis** (1818–1865): Arzt, Bekämpfer des Wochenbett-fiebers
- **George Cukor** (1899–1983): Regisseur in Hollywood, „Vom Winde verweht“ (1939)
- **Alexander Korda / Sir Alexander** (1881–1955): Regisseur unter anderem von „Der Dieb von Bagdad“ (1940), „Das Dschungel-buch“ (1942)
- **Jonny Weissmüller** (1904–1984): Schwimmweltmeister, spielte später Tarzan in der Hollywood-Verfilmung
- **Zsazsa Gábor** (geb. 1917): Schauspielerin und Lebenskünstlerin in den USA
- **Marika Röck** (1913–2004): Schauspielerin, Tänzerin, einer der größten deutschen Leinwandstars
- **Tony Curtis** (1925–2010): Schauspieler in den USA, z. B. „Manche mögen's heiß“ mit Marilyn Monroe
- **Paul Newman** (1925–2008): Schauspieler in den USA, seine Mutter war Ungarin
- **Vercors alias J. M. de Bruller** (1902–1991): französischer Schriftsteller, Kritiker, Grafiker; sein Vater war Ungar
- **Rubik Ernö** (geb. 1944): Bildhauer, Architekt, Designer, Erfinder des „Rubik-Würfel“, lebt in Ungarn
- **Frida Kahlo** (1907–1954): Malerin in Mexiko, ihr Vater war Ungar
- **Victor Vasarely** (1906–1997): Maler in Frankreich, emigrierte aus Ungarn, „Op-Art“
- **László Moholy Nagy** (1895–1946): bildender Künstler, bedeutender Repräsentant der Bauhaus-Bewegung, geborener Ungar
- **Andy Warhol** (1928–1987): Kunstmaler in der USA, „Pop-Art“, die Eltern stammen aus Ungarn
- **Pièrre Székely** (1923–2001): Bildhauer in Frankreich
- **Joseph Pulitzer** (1847–1911): avancierte vom einfachen Verlags-arbeiter zum Eigner des größten Pressekonzerns der USA, nach ihm wurde der „Pulitzer-Preis“, die höchste Auszeichnung des Journalis-mus, benannt

- **Robert Kappa alias Friedmann Endre** (1913–1954): Kriegsfotograf z. B. „Der Tod des Legioners", Bilder des D-Days, Kappa kam aus Budapest
- **André Kertész** (1894–1985): weltbekannter Fotograf, war Ungar
- **Brassai alias Gyula Halász** (1899–1984): weltbekannter Fotograf, war Ungar
- **János Selye** (1907–1982): Arzt, Wissenschaftler, Erfinder der „Stress"-Theorie, Ungar
- **Ede Teller** (1908–2003): einer der führenden Physiker, die die Atombombe bauten
- **László József Bíró** (1899–1985): Erfinder des Kugelschreibers
- **György Soros** (geb. 1930): Finanzjongleur, „Magier der Börsenwelt"
- **Béla Bartók** (1881–1945): weltberühmter Komponist und Pianist, Klassiker der modernen Musik des 20. Jahrhunderts, kam aus Budapest
- **Ephraim Kishon alias Ferenc Hoffmann** (1924–2005): Schriftsteller, Humorist, kam aus Budapest
- **Gloria von Thurn und Taxis** (geb. 1960): Fürstin, ihre Mutter war ungarische Gräfin

... und die anderen, „von denen es noch nicht herausgefunden wurde ..."

Von Ungarn stammende technische Entdeckungen und Erfindungen

- „Kocsi"= Kutsche (um 1000 bzw. nach andere Theorien um 1400 im Dorf Kocs)
- Zündhölzer (1836): *János Irinyi*
- elektrischer Dynamo (1861): *Ányos Jedlik*
- Telefonzentrale (1879): *Tivadar Puskás*
- Wechselstrom-Technik (1882): *Miksa Déry* und *Károly Zipernowsky*
- Transformator (1885): *Ottó Bláthy*
- steuerbares Luftschiff, der spätere „Zeppelin" (1897): *Dávid Schwarcz*
- Vergaser (Karburator): *Donát Bánki* (1900)
- Wolfram-Glühbirne (1903): *Sándor Just* und *Ferenc Hanamann*
- radioaktive Spurenverfolgung (1913): *György Hevesy*
- Volkswagen „Käfer" (1925): *Béla Barényi* (nicht Porsche, wie später behauptet wurde)
- aerodynamisches Flugzeug (1928): *Tódor Kármán*
- Hubschrauber (1928): *Oszkár Asboth*

- Fernsehen (1929): *Dénes Mihály*
- kriptongefüllte elektronische Glühbirne (1936): *Imre Brody*
- Farbfernsehen von *Péter K. Goldmark* (1940)
- Atomreaktor (1942): *Jenö Wigner* mit *Leó Szilárd* und *Enrico Fermi*
- Kugelschreiber (1943): *László József Bíró*
- elektronisch programmierter Rechner (1945): *János Neumann*
- Knautschzonen der Pkws (1951): *Béla Barényi*
- zeiteinteilendes Rechnersystem (Time Sharing System, 1963): *János Kemény* mit *T. Kurtz*
- Rubik-Würfel (1978): *Rubik Ernö*
- BASIC Computersprache (1964): *János Kemény*
- WINDOWS WORD Textverarbeitungsprogramm (1990): *Károly Simonyi jun.*
- EXCEL Datenbank (1992): *Károly Simonyi*
- PENTIUM Mikroprozessor (1995): *Andy Grove*

Literaturhinweise

- Historia 2000/05–06. Soldos, Attila: A szent korona. A korona a történelemben ... *(Die heilige Krone. Die Krone in der Geschichte ...)*
- Gerö, János: Évezredek üzenete (Miért vagyunk magyarok?) *(Die Botschaft der Jahrtausende: Warum sind wir Ungarn?)*, Zrínyi Verlag Budapest, 1994
- Dorosmai Imre: A magyarság útja Perzsiától Pannóniáig *(Der Weg des Ungarntums von Persien bis zum Pannonien)*, Budapest, 1995
- Götz, László: Keleten kél a nap *(Die Sonne geht im Osten auf)*, 1990
- Szöcs, István: Antiszumír álláspontok kritikája *(Kritik der antisumir Standpunkte)*, Chicago, 1984
- Nagy, László: A rossz hírü Báthoryak *(Die Báthorys mit schlechtem Ruf)*, Kossuth Verlag Budapest, 1985
- Bondor, Vilmos: A Mikó rejtély *(Das Mikó-Rätsel)*, Püski Verlag Budapest, 1995
- Fazakas-Székely: A népbabonák világa *(Die Welt der Volksaberglauben)*, Fekete Sas Verlag Budapest, 2001
- Bari, Árpád: „ ...Hier musst Du leben und sterben ...", R. G. Fischer Verlag Frankfurt, 2002
- Marx György: A marslakók érkezése *(Die Ankunft der Marsbewohner)*, Akadémia Verlag, 2000

Internetadressen

- http://www.ungarn-guide.com
- http://de.wikipedia.org/wiki/kuruzen
- www.kuk-wehrmacht.de/regiment/husaren.html
- http://de.wikipedia.org/wiki/Lajos_Kossuth
- http://de.reuters.com/article/topNews/idDEBEE6530DA20100604
- www.auswaertiges-amt.de/www/de/laenderinfos/
- www.tripadvisor.de/Tourism-g274881-Hungary-Vacations.html
- www.stern.de/politik/ausland/522388.html
- www.symbolforschung.ch/files/pdf/HornWappen.pdf
- www.ganz-muenchen.de/fasching/diverses/in ungarn.html
- www.philolex.de/pungarn3.htm
- www.muz-online.de/europe/ungarn.html
- www.kssursee.ch/schuelerweb/kalter-krieg/kk/ungarn.htm
- www.hboelke.de/gabrielgilde/zeit/gab0512.htm
- www.ungarntourismus.de
- www.jf-archiv.de/archiv04/094yy29.htm

Typisch ungarische Begriffe

Gastronomie

- *Akácméz* = Akazienhonig
- *Ásványvíz* = Mineralwasser
- *(Sárga)barack* = Aprikose
- *Barackpálinka* = Aprikosenschnaps
- *Badacsonyi szürkebarát* = Badacsonyer grauer Mönch (lieblicher Weißwein)
- *Balatoni borok* = Balaton-Weine
- *Belsõségek* = Innereien
- *Bécsiszelet* (auch: Rántotthús) = Wiener Schnitzel
- *Birkapörkölt* = Lammgulasch
- *Bogrács* = Kessel, Kochkessel
- *Bor* = Wein
- *Cukor* = Zucker
- *Debreceni* = Debreziner (Wurstsorte)
- *Disznósajt* = Presssack („Schweinekäse")
- *Egri bikavér* = Erlauer Stierblut (kräftiger Rotwein)
- *Erõs* = scharf

- *Erõs Pista* = „Scharfer Stephan" - Paprikacreme (scharf!)
- *Eszpresszó* = Espresso
- *Fánk* = Krapfen
- *Fogas* (auch: *Süllõ*) = Zander
- *Fokhagyma* = Knoblauch
- *Gesztenye* = Kastanie/Marone
- *Gulyás* = Gulasch
- *Gulyásleves* = Gulaschsuppe
- *Hagyma* = Zwiebel
- *Halászlé* = Fischsuppe
- *Hurka* = Brühwurst
- *Juhtúró* = Schafskäse
- *Kenyér* = Brot
- *Kocsonya* = Sülze
- *Kolbász* = Wurst, Kolbasz
- *Kukorica* = Mais
- *Lángos* = Langosch (in Öl gebratenes Fladenbrot aus Ungarn)
- *Lecsó* = Letscho (Gemüsegericht aus Zwiebel, Paprika und Tomaten)
- *Libamáj* = Gänseleber
- *Méz* = Honig
- *Mézeskalács* = Lebkuchen
- *Must* = Most
- *Nokedli* (auch: *Galuska*) = Nockerln (beliebte Beilage in Ungarn)
- *Pacalpörkölt* = Kuttelgulasch
- *Palacsinta* = Palatschinken (Pfannkuchen)
- *Pálinka* = Palinka (Schnaps)
- *Paprika* (Füszerpaprika, Pirospaprika) = Paprika (Paprikapulver)
- *Pékáruk* = Bäckerprodukte
- *Pezsgõ* = Sekt (z. B. Törley)
- *Piros Arany* = Rotes Gold (Paprikacreme; mild, mittelscharf oder scharf)
- *Pisztráng* = Forelle
- *Pogácsa* = Pogatschen (Salzgebäck)
- *Ponty* = Karpfen
- *Pörkölt* = Gulasch (z. B. aus Wild, wird mit Eiernudeln serviert)
- *Rablóhús* = Räuberfleisch (Schaschlik auf ungarische Art)
- *Rétes* = Strudel
- *Sajt* = Käse
- *Só* = Salz
- *Somlói galuska* = Schomlauer Nockerln (Dessert aus Vanille-Pudding und Schokolade)
- *Sonka* = Schinken

- *Szakács* = Koch
- *Szalámi* = Salami
- *Szalonna* = Speck
- *Tarhonya* = Eiergraupen
- *Tejföl* = saure Sahne
- *Tészta* = Nudeln
- *Törköly (Törkölypálinka)* = ungarischer „Grappa"
- *Túró* = Quark/Topfen
- *Túró Rudi* = Turo Rudi (das wirklich erste Quarkpraliné der Welt)
- *Unicum* = Bitterlikör *(Keserülikõr)*
- *Vörösbor* = Rotwein
- Zsidó ételek = jiddische Speisen

Geografie

- *Alföld* = Tiefebene
- *Balaton* = Plattensee
- *Bugac (Puszta)* = Landesteil zw. Donau und Theiß
- *Duna* = Donau
- *Dunakanyar* = Donauknie
- *Dunántúl* = Transdanubien
- *Erdély* = Transsilvanien (Siebenbürgen)
- *Hortobágy (Hortobágyi Nemzeti Park)* = Landesteil auf der östlichen Tiefebene
- *Puszta* = Ödnis (Steppenlandschaft)
- *Tisza* = Theiß

Vergnügen

- *Betyárok* = Betyaren (Straßenräuber)
- *Cigányzene* = „Zigeunermusik", Musik der Roma
- *Csárda* = Tscharda
- *Csárdás* = Tschardasch (der berühmteste Tanz Ungarns)
- *Horgászni* = Angeln
- *Lakodalom* = Hochzeit
- *Lovagolni* = Reiten
- *Néptánc* = Volkstanz
- *Szüret* = Weinlese
- *Vadászat* = Jagd

CityGuides

Reise Know-How bietet aktuelle **Reiseführer für die schönsten Metropolen der Welt:**

Frank Strzyzewski
Budapest und Umgebung
312 Seiten, durchgehend farbig illustriert, 25 Ausflugsziele in der Umgebung

Heike Maria Johenning
Moskau
348 Seiten, 16 detaillierte Karten und Stadtteilpläne, Faltplan, komplett in Farbe

Katarzyna Jone, Christiane Rahn
Warschau
252 Seiten, komplett in Farbe, detaillierte Karten zu den einzelnen Stadtvierteln

Beppo Beyerl
Wien und Umgebung
288 Seiten, komplett in Farbe, 17 Karten und Pläne, 12 thematische Stadttouren

Gabriele Kalmbach
Paris
300 Seiten, 22-seitiger Cityatlas, Faltplan, durchgehend farbig illustriert

Hans-Günther Semsek
London
312 Seiten, 25-seitiger Cityatlas, Faltplan, durchgehend farbig illustriert

Reise Know-How Verlag, Bielefeld

sound))trip
in cooperation with
(((piranha)))
Musik im
REISE KNOW-HOW Verlag
REISE KNOW-HOW
East Africa
Northern Africa
South Africa
The Andes
Argentina
Australia
The Balkans
Baltic States
Barbados
Oriental Belly Dance
Northeast Brazil
Canada
Chile
China
Colombia
Cuba
Finland
Iceland
India
Ireland
Israel
Japan
Mexico
New Zealand
Norway
Russia, St. Petersburg
Scotland
Switzerland
Turkey
Uruguay
Die Compilations der CD-Reihe sound))trip stellen aktuelle, typische Musik eines Landes oder einer Region vor.
Im Buchhandel erhältlich | Unverbindl. Preisempf.: EURO 15,90 [D]
Kostenlose Hörprobe im Internet.
www.reise-know-how.de

Register

Bildnachweis

Die Kürzel an den Abbildungen stehen für folgende Personen, Firmen und Einrichtungen. Wir bedanken uns für ihre freundliche Abdruckgenehmigung.

ba Arpad Bari (inkl. Titelbild)
eb Elisabeth Bari
kw Klaus Werner
ut Ungarisches Tourismusamt, Frankfurt

Bild S. 70: Fejér Megyei Hírlap
Bild S. 79: www.leonardo.com
Bild S. 105: © Fotolyse-Fotolia.com
Bild S. 148: Wikimedia Commons

Ungarn
TSCHECHIEN
SLOWAKE
ÖSTERREICH
SLO-
WE-
NIEN
KROATIEN
0
60 km
Wien
Bratislava
Nové Zámky
Donau
Győr
Sopron
Tatabánya
Budapest
Rába
Marcal
Székesfehérvar
Veszprém
Dunahar
Balaton- Felvidéki
Nemzéti-Park
Balaton
Keszthely
Cece
Dunaföldv
Kis
Tamási
Nagykanizsa
Kaposvár
Szekszárd
Bátaszak
Mohács
Pécs
Szigetvár
Barcs
Zagreb
Drava
E 77
D 61
E 75
E 65
E 571
A 4
E 59
E 60
A 2
E 66
M 7
E 71
E 73
E 661

UKRAINE
E 50
Záhony
E 71
Tornal'a
Encs
Bodrog
Theiß
Tokaj
Vásárosnamény
Miskolc
Nyiregyháza
Tiszavasvari
Eger
M 3
UNGARN
Füzesabony
E 71
Tiszafüred
Debrecen
Jászberény
Püspökladány
Berettyóújfalu
Oradea
Cegléd
Szolnok
Törökszentmiklós
E 60
E 671
Körös
Kecskemét
Szarvas
E 79
Theiß
Békéscsaba
Kiskunfélegyháza
Orosháza
M 5
Hódmező-Vásárhely
RUMÄNIEN
E 75
Szeged
Arad
Subotica
Sînnicolau
E 671
E 75
Timisoara
SERBIEN

Der Autor

Der Autor Arpad Bari wurde 1953 in Ungarn geboren. Seit seiner Kindheit beschäftigt er sich mit Literatur und bildender Kunst. Nach dem Abitur studiert er Medizin an der Semmelweis Universität in Budapest und promoviert 1978 als Arzt der Allgemeinmedizin. Ende 1981 beendet er in Ungarn die Tätigkeit als Arzt und widmet sich ganz der Kunst. Anfang 1984 reist er in die USA und kehrt nicht mehr nach Ungarn zurück. Es folgen über 80 Ausstellungen seiner Gemälde in Ungarn, den USA, Frankreich, Deutschland und anderen europäischen Ländern. Arpad Bari lebt seit 1985 in Aschaffenburg (Bayern). Ab Ende der 1990er-Jahre nahm er als Arzt an vielen humanitären Einsätzen in verschiedenen Krisenregionen in Asien und Afrika teil, unter anderem auf den Philippinen, in Ost-Timor, Kenia, im Sudan und zuletzt in Eritrea und im Tschad. Seit 1999 erscheinen seine Bücher in Deutschland und in Ungarn.